T&P BOOKS

KOREANISCH

WORTSCHATZ

FÜR DAS SELBSTSTUDIUM

DEUTSCH KOREANISCH

Die nützlichsten Wörter
Zur Erweiterung Ihres Wortschatzes und
Verbesserung der Sprachfertigkeit

9000 Wörter

Wortschatz Deutsch-Koreanisch für das Selbststudium - 9000 Wörter
Von Andrey Taranov

T&P Books Vokabelbücher sind dafür vorgesehen, beim Lernen einer Fremdsprache zu helfen, Wörter zu memorieren und zu wiederholen. Das Wörterbuch ist nach Themen aufgeteilt und deckt alle wichtigen Bereiche des täglichen Lebens, Berufs, Wissenschaft, Kultur etc. ab.

Durch das Benutzen der themenbezogenen T&P Books ergeben sich folgende Vorteile für den Lernprozess:

- Sachgemäß geordnete Informationen bestimmen den späteren Erfolg auf den darauffolgenden Stufen der Memorisierung
- Die Verfügbarkeit von Wörtern, die sich aus der gleichen Wurzel ableiten lassen, erlaubt die Memorisierung von Worteinheiten (mehr als bei einzeln stehenden Wörtern)
- Kleine Worteinheiten unterstützen den Aufbauprozess von assoziativen Verbindungen für die Festigung des Wortschatzes
- Die Kenntnis der Sprache kann aufgrund der Anzahl der gelernten Wörter eingeschätzt werden

T&P Books Publishing
www.tpbooks.com

ISBN: 978-1-78616-571-8

Dieses Buch ist auch im E-Book Format erhältlich.
Besuchen Sie uns auch auf www.tpbooks.com oder auf einer der bedeutenden Buchhandlungen online.

WORTSCHATZ DEUTSCH-KOREANISCH
für das Selbststudium

Die Vokabelbücher von T&P Books sind dafür vorgesehen, Ihnen beim Lernen einer Fremdsprache zu helfen, Wörter zu memorieren und zu wiederholen. Der Wortschatz enthält über 9000 häufig gebrauchte, thematisch geordnete Wörter.

- Der Wortschatz enthält die am häufigsten benutzten Wörter
- Eignet sich als Ergänzung zu jedem Sprachkurs
- Erfüllt die Bedürfnisse von Anfängern und fortgeschrittenen Lernenden von Fremdsprachen
- Praktisch für den täglichen Gebrauch, zur Wiederholung und um sich selbst zu testen
- Ermöglicht es, Ihren Wortschatz einzuschätzen

Besondere Merkmale des Wortschatzes:

- Wörter sind entsprechend ihrer Bedeutung und nicht alphabetisch organisiert
- Wörter werden in drei Spalten präsentiert, um das Wiederholen und den Selbstüberprüfungsprozess zu erleichtern
- Wortgruppen werden in kleinere Einheiten aufgespalten, um den Lernprozess zu fördern
- Der Wortschatz bietet eine praktische und einfache Lautschrift jedes Wortes der Fremdsprache

Der Wortschatz hat 256 Themen, einschließlich:

Grundbegriffe, Zahlen, Farben, Monate, Jahreszeiten, Maßeinheiten, Kleidung und Accessoires, Essen und Ernährung, Restaurant, Familienangehörige, Verwandte, Charaktereigenschaften, Empfindungen, Gefühle, Krankheiten, Großstadt, Kleinstadt, Sehenswürdigkeiten, Einkaufen, Geld, Haus, Zuhause, Büro, Import & Export, Marketing, Arbeitssuche, Sport, Ausbildung, Computer, Internet, Werkzeug, Natur, Länder, Nationalitäten und vieles mehr...

INHALT

LEITFADEN FÜR DIE AUSSPRACHE

Konsonanten

Buchstabe	Koreanisch Beispiel	T&P phonetisches Alphabet	Deutsch Beispiel
ㄱ [1]	개	[k]	Kalender
ㄱ [2]	아기	[g]	gelb
ㄲ	겸	[k]	gackern
ㄴ	눈	[n]	nicht
ㄷ [3]	달	[t]	still
ㄷ [4]	사다리	[d]	Detektiv
ㄸ	딸	[t]	Futter
ㄹ [5]	라디오	[r]	richtig
ㄹ [6]	십팔	[l]	Juli
ㅁ	문	[m]	Mitte
ㅂ [7]	봄	[p]	Polizei
ㅂ [8]	아버지	[b]	Brille
ㅃ	빵	[p]	Schuppe
ㅅ [9]	실	[s]	sein
ㅅ [10]	옷	[t]	still
ㅆ	쌀	[ja:]	Jacke
ㅇ [11]	강	[ŋg]	Grüngemüse
ㅈ [12]	집	[tɕ]	ähnlich wie tch oder tj in Brötchen oder tja
ㅈ [13]	아주	[dʑ]	Jeans
ㅉ	짬	[tɕ]	ähnlich wie in Deutsch
ㅊ	차	[tʃh]	aspiriert [tsch]
ㅌ	택시	[th]	Mädchen
ㅋ	칼	[kh]	Flughafen
ㅍ	포도	[ph]	Abhang
ㅎ	한국	[h]	brauchbar

Buchstabe	Koreanisch Beispiel	T&P phonetisches Alphabet	Deutsch Beispiel

Vokale und Verbindungen mit Vokalen

ㅏ	사	[a]	schwarz
ㅑ	향	[ja]	Jacke
ㅓ	머리	[ʌ]	Gas
ㅕ	병	[jɑ]	Jacke
ㅗ	몸	[o]	orange
ㅛ	표	[jɔ]	Jordanien
ㅜ	물	[u]	kurz
ㅠ	슈퍼	[ju]	Verzeihung
ㅡ	음악	[ı]	Mitte
ㅣ	길	[i], [i:]	Wieviel
ㅐ	뱀	[ɛ], [ɛ:]	essen
ㅒ	얘기	[je]	Petersilie
ㅔ	펜	[e]	Pferde
ㅖ	계산	[je]	Petersilie
ㅘ	왕	[wa]	schwanger
ㅙ	왜	[ʊə]	Unruhe
ㅚ	회의	[ø], [we]	können, web
ㅝ	권	[uɔ]	Spirituosen
ㅞ	웬	[ʊə]	Unruhe
ㅟ	쥐	[wi]	kiwi
ㅢ	거의	[ɯi]	Kombination [ıi]

Anmerkungen

[1] am Wortanfang
[2] zwischen stimmhaften Lauten
[3] am Wortanfang
[4] zwischen stimmhaften Lauten
[5] am Silbenanfang
[6] am Silbenende
[7] am Wortanfang
[8] zwischen stimmhaften Lauten
[9] am Silbenanfang
[10] am Silbenende
[11] am Silbenende
[12] am Wortanfang
[13] zwischen stimmhaften Lauten

ABKÜRZUNGEN
die im Vokabular verwendet werden

Deutsch. Abkürzungen

Adj	-	Adjektiv
Adv	-	Adverb
Amtsspr.	-	Amtssprache
f	-	Femininum
f, n	-	Femininum, Neutrum
Fem.	-	Femininum
m	-	Maskulinum
m, f	-	Maskulinum, Femininum
m, n	-	Maskulinum, Neutrum
Mask.	-	Maskulinum
n	-	Neutrum
pl	-	Plural
Sg.	-	Singular
ugs.	-	umgangssprachlich
unzähl.	-	unzählbar
usw.	-	und so weiter
v mod	-	Modalverb
vi	-	intransitives Verb
vi, vt	-	intransitives, transitives Verb
vt	-	transitives Verb
zähl.	-	zählbar
z.B.	-	zum Beispiel

GRUNDBEGRIFFE

Grundbegriffe. Teil 1

1. Pronomen

ich	나, 저	na
du	너	neo
er	그, 그분	geu, geu-bun
sie	그녀	geu-nyeo
es	그것	geu-geot
wir	우리	u-ri
ihr	너희	neo-hui
Sie (Sg.)	당신	dang-sin
sie	그들	geu-deul

2. Grüße. Begrüßungen. Verabschiedungen

Hallo! (ugs.)	안녕!	an-nyeong!
Hallo! (Amtsspr.)	안녕하세요!	an-nyeong-ha-se-yo!
Guten Morgen!	안녕하세요!	an-nyeong-ha-se-yo!
Guten Tag!	안녕하세요!	an-nyeong-ha-se-yo!
Guten Abend!	안녕하세요!	an-nyeong-ha-se-yo!
grüßen (vi, vt)	인사하다	in-sa-ha-da
Hallo! (ugs.)	안녕!	an-nyeong!
Gruß (m)	인사	in-sa
begrüßen (vt)	인사하다	in-sa-ha-da
Wie geht's?	잘 지내세요?	jal ji-nae-se-yo?
Was gibt es Neues?	어떻게 지내?	eo-tteo-ke ji-nae?
Auf Wiedersehen!	안녕히 가세요!	an-nyeong-hi ga-se-yo!
Bis bald!	또 만나요!	tto man-na-yo!
Lebe wohl!	잘 있어!	jal i-sseo!
Leben Sie wohl!	안녕히 계세요!	an-nyeong-hi gye-se-yo!
sich verabschieden	작별인사를 하다	jak-byeo-rin-sa-reul ha-da
Tschüs!	안녕!	an-nyeong!
Danke!	감사합니다!	gam-sa-ham-ni-da!
Dankeschön!	대단히 감사합니다!	dae-dan-hi gam-sa-ham-ni-da!
Bitte (Antwort)	천만이에요	cheon-man-i-e-yo
Keine Ursache.	천만의 말씀입니다	cheon-man-ui mal-sseum-im-ni-da
Nichts zu danken.	천만에	cheon-man-e

Entschuldige!	실례!	sil-lye!
Entschuldigung!	실례합니다!	sil-lye-ham-ni-da!
entschuldigen (vt)	용서하다	yong-seo-ha-da
sich entschuldigen	사과하다	sa-gwa-ha-da
Verzeihung!	사과드립니다	sa-gwa-deu-rim-ni-da
Es tut mir leid!	죄송합니다!	joe-song-ham-ni-da!
verzeihen (vt)	용서하다	yong-seo-ha-da
bitte (Die Rechnung, ~!)	부탁합니다	bu-tak-am-ni-da
Nicht vergessen!	잊지 마십시오!	it-ji ma-sip-si-o!
Natürlich!	물론이에요!	mul-lon-i-e-yo!
Natürlich nicht!	물론 아니에요!	mul-lon a-ni-e-yo!
Gut! Okay!	그래요!	geu-rae-yo!
Es ist genug!	그만!	geu-man!

3. Jemanden ansprechen

Herr	선생	seon-saeng
Frau	여사님	yeo-sa-nim
Frau (Fräulein)	아가씨	a-ga-ssi
Junger Mann	젊은 분	jeol-meun bun
Junge	꼬마	kko-ma
Mädchen	꼬마	kko-ma

4. Grundzahlen. Teil 1

null	영	yeong
eins	일	il
zwei	이	i
drei	삼	sam
vier	사	sa
fünf	오	o
sechs	육	yuk
sieben	칠	chil
acht	팔	pal
neun	구	gu
zehn	십	sip
elf	십일	si-bil
zwölf	십이	si-bi
dreizehn	십삼	sip-sam
vierzehn	십사	sip-sa
fünfzehn	십오	si-bo
sechzehn	십육	si-byuk
siebzehn	십칠	sip-chil
achtzehn	십팔	sip-pal
neunzehn	십구	sip-gu
zwanzig	이십	i-sip
einundzwanzig	이십일	i-si-bil

zweiundzwanzig	이십이	i-si-bi
dreiundzwanzig	이십삼	i-sip-sam
dreißig	삼십	sam-sip
einunddreißig	삼십일	sam-si-bil
zweiunddreißig	삼십이	sam-si-bi
dreiunddreißig	삼십삼	sam-sip-sam
vierzig	사십	sa-sip
einundvierzig	사십일	sa-si-bil
zweiundvierzig	사십이	sa-si-bi
dreiundvierzig	사십삼	sa-sip-sam
fünfzig	오십	o-sip
einundfünfzig	오십일	o-si-bil
zweiundfünfzig	오십이	o-si-bi
dreiundfünfzig	오십삼	o-sip-sam
sechzig	육십	yuk-sip
einundsechzig	육십일	yuk-si-bil
zweiundsechzig	육십이	yuk-si-bi
dreiundsechzig	육십삼	yuk-sip-sam
siebzig	칠십	chil-sip
einundsiebzig	칠십일	chil-si-bil
zweiundsiebzig	칠십이	chil-si-bi
dreiundsiebzig	칠십삼	chil-sip-sam
achtzig	팔십	pal-sip
einundachtzig	팔십일	pal-si-bil
zweiundachtzig	팔십이	pal-si-bi
dreiundachtzig	팔십삼	pal-sip-sam
neunzig	구십	gu-sip
einundneunzig	구십일	gu-si-bil
zweiundneunzig	구십이	gu-si-bi
dreiundneunzig	구십삼	gu-sip-sam

5. Grundzahlen. Teil 2

einhundert	백	baek
zweihundert	이백	i-baek
dreihundert	삼백	sam-baek
vierhundert	사백	sa-baek
fünfhundert	오백	o-baek
sechshundert	육백	yuk-baek
siebenhundert	칠백	chil-baek
achthundert	팔백	pal-baek
neunhundert	구백	gu-baek
eintausend	천	cheon
zweitausend	이천	i-cheon
dreitausend	삼천	sam-cheon

zehntausend	만	man
hunderttausend	십만	sim-man
Million (f)	백만	baeng-man
Milliarde (f)	십억	si-beok

6. Ordnungszahlen

der erste	첫 번째의	cheot beon-jjae-ui
der zweite	두 번째의	du beon-jjae-ui
der dritte	세 번째의	se beon-jjae-ui
der vierte	네 번째의	ne beon-jjae-ui
der fünfte	다섯 번째의	da-seot beon-jjae-ui
der sechste	여섯 번째의	yeo-seot beon-jjae-ui
der siebte	일곱 번째의	il-gop beon-jjae-ui
der achte	여덟 번째의	yeo-deol beon-jjae-ui
der neunte	아홉 번째의	a-hop beon-jjae-ui
der zehnte	열 번째의	yeol beon-jjae-ui

7. Zahlen. Brüche

Bruch (m)	분수	bun-su
Hälfte (f)	이분의 일	i-bun-ui il
Drittel (n)	삼분의 일	sam-bun-ui il
Viertel (n)	사분의 일	sa-bun-ui il
Achtel (m, n)	팔분의 일	pal-bun-ui il
Zehntel (n)	십분의 일	sip-bun-ui il
zwei Drittel	삼분의 이	sam-bun-ui i
drei Viertel	사분의 삼	sa-bun-ui sam

8. Zahlen. Grundrechenarten

Subtraktion (f)	빼기	ppae-gi
subtrahieren (vt)	빼다	ppae-da
Division (f)	나누기	na-nu-gi
dividieren (vt)	나누다	na-nu-da
Addition (f)	더하기	deo-ha-gi
addieren (vt)	합하다	ha-pa-da
hinzufügen (vt)	더하다	deo-ha-da
Multiplikation (f)	곱하기	go-pa-gi
multiplizieren (vt)	곱하다	go-pa-da

9. Zahlen. Verschiedenes

Ziffer (f)	숫자	sut-ja
Zahl (f)	숫자	sut-ja

Zahlwort (n)	수사	su-sa
Minus (n)	마이너스	ma-i-neo-seu
Plus (n)	플러스	peul-leo-seu
Formel (f)	공식	gong-sik
Berechnung (f)	계산	gye-san
zählen (vt)	세다	se-da
berechnen (vt)	헤아리다	he-a-ri-da
vergleichen (vt)	비교하다	bi-gyo-ha-da
Wie viel?	얼마?	eol-ma?
Wie viele?	얼마나?	eo-di-ro?
Summe (f)	총합	chong-hap
Ergebnis (n)	결과	gyeol-gwa
Rest (m)	나머지	na-meo-ji
einige (~ Tage)	몇	myeot
wenig (Adv)	조금	jo-geum
Übrige (n)	나머지	na-meo-ji
anderthalb	일과 이분의 일	il-gwa i-bun-ui il
Dutzend (n)	다스	da-seu
entzwei (Adv)	반으로	ba-neu-ro
zu gleichen Teilen	균등하게	gyun-deung-ha-ge
Hälfte (f)	절반	jeol-ban
Mal (n)	번	beon

10. Die wichtigsten Verben. Teil 1

abbiegen (nach links ~)	돌다	dol-da
abschicken (vt)	보내다	bo-nae-da
ändern (vt)	바꾸다	ba-kku-da
andeuten (vt)	힌트를 주다	hin-teu-reul ju-da
Angst haben	무서워하다	mu-seo-wo-ha-da
ankommen (vi)	도착하다	do-chak-a-da
antworten (vi)	대답하다	dae-da-pa-da
arbeiten (vi)	일하다	il-ha-da
auf … zählen	… 에 의지하다	… e ui-ji-ha-da
aufbewahren (vt)	보관하다	bo-gwan-ha-da
aufschreiben (vt)	적다	jeok-da
ausgehen (vi)	나가다	na-ga-da
aussprechen (vt)	발음하다	ba-reum-ha-da
bedauern (vt)	후회하다	hu-hoe-ha-da
bedeuten (vt)	의미하다	ui-mi-ha-da
beenden (vt)	끝내다	kkeun-nae-da
befehlen (Milit.)	명령하다	myeong-nyeong-ha-da
befreien (Stadt usw.)	해방하다	hae-bang-ha-da
beginnen (vt)	시작하다	si-jak-a-da
bemerken (vt)	알아차리다	a-ra-cha-ri-da
beobachten (vt)	지켜보다	ji-kyeo-bo-da
berühren (vt)	닿다	da-ta

besitzen (vt)	소유하다	so-yu-ha-da
besprechen (vt)	의논하다	ui-non-ha-da
bestehen auf	주장하다	ju-jang-ha-da
bestellen (im Restaurant)	주문하다	ju-mun-ha-da
bestrafen (vt)	처벌하다	cheo-beol-ha-da
beten (vi)	기도하다	gi-do-ha-da
bitten (vt)	부탁하다	bu-tak-a-da
brechen (vt)	깨뜨리다	kkae-tteu-ri-da
denken (vi, vt)	생각하다	saeng-gak-a-da
drohen (vi)	협박하다	hyeop-bak-a-da
Durst haben	목마르다	mong-ma-reu-da
einladen (vt)	초대하다	cho-dae-ha-da
einstellen (vt)	그만두다	geu-man-du-da
einwenden (vt)	반대하다	ban-dae-ha-da
empfehlen (vt)	추천하다	chu-cheon-ha-da
erklären (vt)	설명하다	seol-myeong-ha-da
erlauben (vt)	허가하다	heo-ga-ha-da
ermorden (vt)	죽이다	ju-gi-da
erwähnen (vt)	언급하다	eon-geu-pa-da
existieren (vi)	존재하다	jon-jae-ha-da

11. Die wichtigsten Verben. Teil 2

fallen (vi)	떨어지다	tteo-reo-ji-da
fallen lassen	떨어뜨리다	tteo-reo-tteu-ri-da
fangen (vt)	잡다	jap-da
finden (vt)	찾다	chat-da
fliegen (vi)	날다	nal-da
folgen (Folge mir!)	… 를 따라가다	… reul tta-ra-ga-da
fortsetzen (vt)	계속하다	gye-sok-a-da
fragen (vt)	묻다	mut-da
frühstücken (vi)	아침을 먹다	a-chi-meul meok-da
geben (vt)	주다	ju-da
gefallen (vi)	좋아하다	jo-a-ha-da
gehen (zu Fuß gehen)	가다	ga-da
gehören (vi)	… 에 속하다	… e sok-a-da
graben (vt)	파다	pa-da
haben (vt)	가지다	ga-ji-da
helfen (vi)	도와주다	do-wa-ju-da
herabsteigen (vi)	내려오다	nae-ryeo-o-da
hereinkommen (vi)	들어가다	deu-reo-ga-da
hoffen (vi)	희망하다	hui-mang-ha-da
hören (vt)	듣다	deut-da
hungrig sein	배가 고프다	bae-ga go-peu-da
informieren (vt)	알리다	al-li-da
jagen (vi)	사냥하다	sa-nyang-ha-da
kennen (vt)	알다	al-da

klagen (vi)	불평하다	bul-pyeong-ha-da
können (v mod)	할 수 있다	hal su it-da
kontrollieren (vt)	제어하다	je-eo-ha-da
kosten (vt)	값이 … 이다	gap-si … i-da
kränken (vt)	모욕하다	mo-yok-a-da
lächeln (vi)	미소를 짓다	mi-so-reul jit-da
lachen (vi)	웃다	ut-da
laufen (vi)	달리다	dal-li-da
leiten (Betrieb usw.)	운영하다	u-nyeong-ha-da
lernen (vt)	공부하다	gong-bu-ha-da
lesen (vi, vt)	읽다	ik-da
lieben (vt)	사랑하다	sa-rang-ha-da
machen (vt)	하다	ha-da
mieten (Haus usw.)	임대하다	im-dae-ha-da
nehmen (vt)	잡다	jap-da
noch einmal sagen	반복하다	ban-bok-a-da
nötig sein	필요하다	pi-ryo-ha-da
öffnen (vt)	열다	yeol-da

12. Die wichtigsten Verben. Teil 3

planen (vt)	계획하다	gye-hoek-a-da
prahlen (vi)	자랑하다	ja-rang-ha-da
raten (vt)	조언하다	jo-eon-ha-da
rechnen (vt)	세다	se-da
reservieren (vt)	예약하다	ye-yak-a-da
retten (vt)	구조하다	gu-jo-ha-da
richtig raten (vt)	추측하다	chu-cheuk-a-da
rufen (um Hilfe ~)	부르다, 요청하다	bu-reu-da, yo-cheong-ha-da
sagen (vt)	말하다	mal-ha-da
schaffen (Etwas Neues zu ~)	창조하다	chang-jo-ha-da
schelten (vt)	꾸짖다	kku-jit-da
schießen (vi)	쏘다	sso-da
schmücken (vt)	장식하다	jang-sik-a-da
schreiben (vi, vt)	쓰다	sseu-da
schreien (vi)	소리치다	so-ri-chi-da
schweigen (vi)	침묵을 지키다	chim-mu-geul ji-ki-da
schwimmen (vi)	수영하다	su-yeong-ha-da
schwimmen gehen	수영하다	su-yeong-ha-da
sehen (vi, vt)	보다	bo-da
sich beeilen	서두르다	seo-du-reu-da
sich entschuldigen	사과하다	sa-gwa-ha-da
sich interessieren	… 에 관심을 가지다	… e gwan-si-meul ga-ji-da
sich irren	실수하다	sil-su-ha-da
sich setzen	앉다	an-da
sich weigern	거절하다	geo-jeol-ha-da

spielen (vi, vt)	놀다	nol-da
sprechen (vi)	말하다	mal-ha-da
staunen (vi)	놀라다	nol-la-da
stehlen (vt)	훔치다	hum-chi-da
stoppen (vt)	정지하다	jeong-ji-ha-da
suchen (vt)	… 를 찾다	… reul chat-da

13. Die wichtigsten Verben. Teil 4

täuschen (vt)	속이다	so-gi-da
teilnehmen (vi)	참가하다	cham-ga-ha-da
übersetzen (Buch usw.)	번역하다	beo-nyeok-a-da
unterschätzen (vt)	과소평가하다	gwa-so-pyeong-ga-ha-da
unterschreiben (vt)	서명하다	seo-myeong-ha-da
vereinigen (vt)	연합하다	yeon-ha-pa-da
vergessen (vt)	잊다	it-da
vergleichen (vt)	비교하다	bi-gyo-ha-da
verkaufen (vt)	팔다	pal-da
verlangen (vt)	요구하다	yo-gu-ha-da
versäumen (vt)	결석하다	gyeol-seok-a-da
versprechen (vt)	약속하다	yak-sok-a-da
verstecken (vt)	숨기다	sum-gi-da
verstehen (vt)	이해하다	i-hae-ha-da
versuchen (vt)	해보다	hae-bo-da
verteidigen (vt)	방어하다	bang-eo-ha-da
vertrauen (vi)	신뢰하다	sil-loe-ha-da
verwechseln (vt)	혼동하다	hon-dong-ha-da
verzeihen (vt)	용서하다	yong-seo-ha-da
voraussehen (vt)	예상하다	ye-sang-ha-da
vorschlagen (vt)	제안하다	je-an-ha-da
vorziehen (vt)	선호하다	seon-ho-ha-da
wählen (vt)	선택하다	seon-taek-a-da
warnen (vt)	경고하다	gyeong-go-ha-da
warten (vi)	기다리다	gi-da-ri-da
weinen (vi)	울다	ul-da
wissen (vt)	알다	al-da
Witz machen	농담하다	nong-dam-ha-da
wollen (vt)	원하다	won-ha-da
zahlen (vt)	지불하다	ji-bul-ha-da
zeigen (jemandem etwas)	보여주다	bo-yeo-ju-da
zu Abend essen	저녁을 먹다	jeo-nyeo-geul meok-da
zu Mittag essen	점심을 먹다	jeom-si-meul meok-da
zubereiten (vt)	요리하다	yo-ri-ha-da
zustimmen (vi)	동의하다	dong-ui-ha-da
zweifeln (vi)	의심하다	ui-sim-ha-da

14. Farben

Farbe (f)	색	sae
Schattierung (f)	색조	saek-jo
Farbton (m)	색상	saek-sang
Regenbogen (m)	무지개	mu-ji-gae
weiß	흰	huin
schwarz	검은	geo-meun
grau	회색의	hoe-sae-gui
grün	초록색의	cho-rok-sae-gui
gelb	노란	no-ran
rot	빨간	ppal-gan
blau	파란	pa-ran
hellblau	하늘색의	ha-neul-sae-gui
rosa	분홍색의	bun-hong-sae-gui
orange	주황색의	ju-hwang-sae-gui
violett	보라색의	bo-ra-sae-gui
braun	갈색의	gal-sae-gui
golden	금색의	geum-sae-gui
silbrig	은색의	eun-sae-gui
beige	베이지색의	be-i-ji-sae-gui
cremefarben	크림색의	keu-rim-sae-gui
türkis	청록색의	cheong-nok-sae-gui
kirschrot	암적색의	am-jeok-sae-gui
lila	연보라색의	yeon-bo-ra-sae-gui
himbeerrot	진홍색의	jin-hong-sae-gui
hell	밝은	bal-geun
dunkel	짙은	ji-teun
grell	선명한	seon-myeong-han
Farb- (z.B. -stifte)	색의	sae-gui
Farb- (z.B. -film)	컬러의	keol-leo-ui
schwarz-weiß	흑백의	heuk-bae-gui
einfarbig	단색의	dan-sae-gui
bunt	다색의	da-sae-gui

15. Fragen

Wer?	누구?	nu-gu?
Was?	무엇?	mu-eot?
Wo?	어디?	eo-di?
Wohin?	어디로?	eo-di-ro?
Woher?	어디로부터?	eo-di-ro-bu-teo?
Wann?	언제?	eon-je?
Wozu?	왜?	wae?
Warum?	왜?	wae?
Wofür?	무엇을 위해서?	mu-eos-eul rwi-hae-seo?

Wie?	어떻게?	eo-tteo-ke?
Welcher?	어떤?	eo-tteon?
Wem?	누구에게?	nu-gu-e-ge?
Über wen?	누구에 대하여?	nu-gu-e dae-ha-yeo?
Wovon? (~ sprichst du?)	무엇에 대하여?	mu-eos-e dae-ha-yeo?
Mit wem?	누구하고?	nu-gu-ha-go?
Wie viel? Wie viele?	얼마?	eol-ma?
Wessen?	누구의?	nu-gu-ui?

16. Präpositionen

mit (Frau ~ Katzen)	… 하고	… ha-go
ohne (~ Dich)	없이	eop-si
nach (~ London)	… 에	… e
über (~ Geschäfte sprechen)	… 에 대하여	… e dae-ha-yeo
vor (z.B. ~ acht Uhr)	전에	jeon-e
vor (z.B. ~ dem Haus)	… 앞에	… a-pe
unter (~ dem Schirm)	밑에	mi-te
über (~ dem Meeresspiegel)	위에	wi-e
auf (~ dem Tisch)	위에	wi-e
aus (z.B. ~ München)	… 에서	… e-seo
aus (z.B. ~ Porzellan)	… 로	… ro
in (~ zwei Tagen)	… 안에	… a-ne
über (~ zaun)	너머	dwi-e

17. Funktionswörter. Adverbien. Teil 1

Wo?	어디?	eo-di?
hier	여기	yeo-gi
dort	거기	geo-gi
irgendwo	어딘가	eo-din-ga
nirgends	어디도	eo-di-do
an (bei)	옆에	yeo-pe
am Fenster	창문 옆에	chang-mun nyeo-pe
Wohin?	어디로?	eo-di-ro?
hierher	여기로	yeo-gi-ro
dahin	거기로	geo-gi-ro
von hier	여기서	yeo-gi-seo
von da	거기서	geo-gi-seo
nah (Adv)	가까이	ga-kka-i
weit, fern (Adv)	멀리	meol-li
in der Nähe von …	근처에	geun-cheo-e
in der Nähe	인근에	in-geu-ne

unweit (~ unseres Hotels)	멀지 않게	meol-ji an-ke
link (Adj)	왼쪽의	oen-jjo-gui
links (Adv)	왼쪽에	oen-jjo-ge
nach links	왼쪽으로	oen-jjo-geu-ro
recht (Adj)	오른쪽의	o-reun-jjo-gui
rechts (Adv)	오른쪽에	o-reun-jjo-ge
nach rechts	오른쪽으로	o-reun-jjo-geu-ro
vorne (Adv)	앞쪽에	ap-jjo-ge
Vorder-	앞의	a-pui
vorwärts	앞으로	a-peu-ro
hinten (Adv)	뒤에	dwi-e
von hinten	뒤에서	dwi-e-seo
rückwärts (Adv)	뒤로	dwi-ro
Mitte (f)	가운데	ga-un-de
in der Mitte	가운데에	ga-un-de-e
seitlich (Adv)	옆에	yeo-pe
überall (Adv)	모든 곳에	mo-deun gos-e
ringsherum (Adv)	주위에	ju-wi-e
von innen (Adv)	내면에서	nae-myeon-e-seo
irgendwohin (Adv)	어딘가에	eo-din-ga-e
geradeaus (Adv)	똑바로	ttok-ba-ro
zurück (Adv)	뒤로	dwi-ro
irgendwoher (Adv)	어디에서든지	eo-di-e-seo-deun-ji
von irgendwo (Adv)	어디로부터인지	eo-di-ro-bu-teo-in-ji
erstens	첫째로	cheot-jjae-ro
zweitens	둘째로	dul-jjae-ro
drittens	셋째로	set-jjae-ro
plötzlich (Adv)	갑자기	gap-ja-gi
zuerst (Adv)	처음에	cheo-eum-e
zum ersten Mal	처음으로	cheo-eu-meu-ro
lange vor…	… 오래 전에	… o-rae jeon-e
von Anfang an	다시	da-si
für immer	영원히	yeong-won-hi
nie (Adv)	절대로	jeol-dae-ro
wieder (Adv)	다시	da-si
jetzt (Adv)	이제	i-je
oft (Adv)	자주	ja-ju
damals (Adv)	그때	geu-ttae
dringend (Adv)	급히	geu-pi
gewöhnlich (Adv)	보통으로	bo-tong-eu-ro
übrigens, …	그건 그렇고, …	geu-geon geu-reo-ko, …
möglicherweise (Adv)	가능한	ga-neung-han
wahrscheinlich (Adv)	아마	a-ma
vielleicht (Adv)	어쩌면	eo-jjeo-myeon
außerdem …	게다가 …	ge-da-ga …

deshalb ...	그래서 ...	geu-rae-seo ...
trotz ...	... 에도 불구하고	... e-do bul-gu-ha-go
dank ...	... 덕분에	... deok-bun-e
etwas	무엇인가	mu-eon-nin-ga
irgendwas	무엇이든지	mu-eon-ni-deun-ji
nichts	아무것도	a-mu-geot-do
jemand	누구	nu-gu
irgendwer	누군가	nu-gun-ga
niemand	아무도	a-mu-do
nirgends	아무데도	a-mu-de-do
niemandes (~ Eigentum)	누구의 것도 아닌	nu-gu-ui geot-do a-nin
jemandes	누군가의	nu-gun-ga-ui
so (derart)	그래서	geu-rae-seo
auch	역시	yeok-si
ebenfalls	또한	tto-han

18. Funktionswörter. Adverbien. Teil 2

Warum?	왜?	wae?
aus irgendeinem Grund	어떤 이유로	eo-tteon ni-yu-ro
weil ...	왜냐하면 ...	wae-nya-ha-myeon ...
zu irgendeinem Zweck	어떤 목적으로	eo-tteon mok-jeo-geu-ro
und	그리고	geu-ri-go
oder	또는	tto-neun
aber	그러나	geu-reo-na
für (präp)	위해서	wi-hae-seo
zu (~ viele)	너무	neo-mu
nur (~ einmal)	... 만	... man
genau (Adv)	정확하게	jeong-hwak-a-ge
etwa	약	yak
ungefähr (Adv)	대략	dae-ryak
ungefähr (Adj)	대략적인	dae-ryak-jeo-gin
fast	거의	geo-ui
Übrige (n)	나머지	na-meo-ji
jeder (~ Mann)	각각의	gak-ga-gui
beliebig (Adj)	아무	a-mu
viel	많이	ma-ni
viele Menschen	많은 사람들	ma-neun sa-ram-deul
alle (wir ~)	모두	mo-du
im Austausch gegen ...	... 의 교환으로	... ui gyo-hwa-neu-ro
dafür (Adv)	교환으로	gyo-hwa-neu-ro
mit der Hand (Hand-)	수공으로	su-gong-eu-ro
schwerlich (Adv)	거의	geo-ui
wahrscheinlich (Adv)	아마	a-ma
absichtlich (Adv)	일부러	il-bu-reo

zufällig (Adv)	우연히	u-yeon-hi
sehr (Adv)	아주	a-ju
zum Beispiel	예를 들면	ye-reul deul-myeon
zwischen	사이에	sa-i-e
unter (Wir sind ~ Mördern)	중에	jung-e
so viele (~ Ideen)	이만큼	i-man-keum
besonders (Adv)	특히	teuk-i

Grundbegriffe. Teil 2

19. Wochentage

Montag (m)	월요일	wo-ryo-il
Dienstag (m)	화요일	hwa-yo-il
Mittwoch (m)	수요일	su-yo-il
Donnerstag (m)	목요일	mo-gyo-il
Freitag (m)	금요일	geu-myo-il
Samstag (m)	토요일	to-yo-il
Sonntag (m)	일요일	i-ryo-il
heute	오늘	o-neul
morgen	내일	nae-il
übermorgen	모레	mo-re
gestern	어제	eo-je
vorgestern	그저께	geu-jeo-kke
Tag (m)	낮	nat
Arbeitstag (m)	근무일	geun-mu-il
Feiertag (m)	공휴일	gong-hyu-il
freier Tag (m)	휴일	hyu-il
Wochenende (n)	주말	ju-mal
den ganzen Tag	하루종일	ha-ru-jong-il
am nächsten Tag	다음날	da-eum-nal
zwei Tage vorher	이틀 전	i-teul jeon
am Vortag	전날	jeon-nal
täglich (Adj)	일간의	il-ga-nui
täglich (Adv)	매일	mae-il
Woche (f)	주	ju
letzte Woche	지난 주에	ji-nan ju-e
nächste Woche	다음 주에	da-eum ju-e
wöchentlich (Adj)	주간의	ju-ga-nui
wöchentlich (Adv)	매주	mae-ju
zweimal pro Woche	일주일에 두번	il-ju-i-re du-beon
jeden Dienstag	매주 화요일	mae-ju hwa-yo-il

20. Stunden. Tag und Nacht

Morgen (m)	아침	a-chim
morgens	아침에	a-chim-e
Mittag (m)	정오	jeong-o
nachmittags	오후에	o-hu-e
Abend (m)	저녁	jeo-nyeok
abends	저녁에	jeo-nyeo-ge

Nacht (f)	밤	bam
nachts	밤에	bam-e
Mitternacht (f)	자정	ja-jeong
Sekunde (f)	초	cho
Minute (f)	분	bun
Stunde (f)	시	si
eine halbe Stunde	반시간	ban-si-gan
Viertelstunde (f)	십오분	si-bo-bun
fünfzehn Minuten	십오분	si-bo-bun
Tag und Nacht	이십사시간	i-sip-sa-si-gan
Sonnenaufgang (m)	일출	il-chul
Morgendämmerung (f)	새벽	sae-byeok
früher Morgen (m)	이른 아침	i-reun a-chim
Sonnenuntergang (m)	저녁 노을	jeo-nyeok no-eul
früh am Morgen	이른 아침에	i-reun a-chim-e
heute Morgen	오늘 아침에	o-neul ra-chim-e
morgen früh	내일 아침에	nae-il ra-chim-e
heute Mittag	오늘 오후에	o-neul ro-hu-e
nachmittags	오후에	o-hu-e
morgen Nachmittag	내일 오후에	nae-il ro-hu-e
heute Abend	오늘 저녁에	o-neul jeo-nyeo-ge
morgen Abend	내일 밤에	nae-il bam-e
Punkt drei Uhr	3시 정각에	se-si jeong-ga-ge
gegen vier Uhr	4시쯤에	ne-si-jjeu-me
um zwölf Uhr	12시까지	yeoldu si-kka-ji
in zwanzig Minuten	20분 안에	isib-bun na-ne
in einer Stunde	한 시간 안에	han si-gan na-ne
rechtzeitig (Adv)	제시간에	je-si-gan-e
Viertel vor ...	… 십오 분	... si-bo bun
innerhalb einer Stunde	한 시간 내에	han si-gan nae-e
alle fünfzehn Minuten	15분 마다	sibo-bun ma-da
Tag und Nacht	하루종일	ha-ru-jong-il

21. Monate. Jahreszeiten

Januar (m)	일월	i-rwol
Februar (m)	이월	i-wol
März (m)	삼월	sam-wol
April (m)	사월	sa-wol
Mai (m)	오월	o-wol
Juni (m)	유월	yu-wol
Juli (m)	칠월	chi-rwol
August (m)	팔월	pa-rwol
September (m)	구월	gu-wol
Oktober (m)	시월	si-wol

November (m)	십일월	si-bi-rwol
Dezember (m)	십이월	si-bi-wol
Frühling (m)	봄	bom
im Frühling	봄에	bom-e
Frühlings-	봄의	bom-ui
Sommer (m)	여름	yeo-reum
im Sommer	여름에	yeo-reum-e
Sommer-	여름의	yeo-reu-mui
Herbst (m)	가을	ga-eul
im Herbst	가을에	ga-eu-re
Herbst-	가을의	ga-eu-rui
Winter (m)	겨울	gyeo-ul
im Winter	겨울에	gyeo-u-re
Winter-	겨울의	gyeo-ul
Monat (m)	월, 달	wol, dal
in diesem Monat	이번 달에	i-beon da-re
nächsten Monat	다음 달에	da-eum da-re
letzten Monat	지난 달에	ji-nan da-re
vor einem Monat	한달 전에	han-dal jeon-e
über eine Monat	한 달 안에	han dal ra-ne
in zwei Monaten	두 달 안에	du dal ra-ne
den ganzen Monat	한달간 내내	han-dal-gan nae-nae
monatlich (Adj)	월간의	wol-ga-nui
monatlich (Adv)	매월, 매달	mae-wol, mae-dal
jeden Monat	매달	mae-dal
zweimal pro Monat	한 달에 두 번	han da-re du beon
Jahr (n)	년	nyeon
dieses Jahr	올해	ol-hae
nächstes Jahr	내년	nae-nyeon
voriges Jahr	작년	jang-nyeon
vor einem Jahr	일년 전	il-lyeon jeon
in einem Jahr	일 년 안에	il lyeon na-ne
in zwei Jahren	이 년 안에	i nyeon na-ne
das ganze Jahr	일년 내내	il-lyeon nae-nae
jedes Jahr	매년	mae-nyeon
jährlich (Adj)	연간의	yeon-ga-nui
jährlich (Adv)	매년	mae-nyeon
viermal pro Jahr	일년에 네 번	il-lyeon-e ne beon
Datum (heutige ~)	날짜	nal-jja
Datum (Geburts-)	월일	wo-ril
Kalender (m)	달력	dal-lyeok
ein halbes Jahr	반년	ban-nyeon
Halbjahr (n)	육개월	yuk-gae-wol
Saison (f)	계절	gye-jeol
Jahrhundert (n)	세기	se-gi

22. Zeit. Verschiedenes

Zeit (f)	시간	si-gan
Augenblick (m)	순간	sun-gan
Moment (m)	찰나	chal-la
augenblicklich (Adj)	찰나의	chal-la-ui
Zeitspanne (f)	기간	gi-gan
Leben (n)	일생	il-saeng
Ewigkeit (f)	영원	yeong-won
Epoche (f)	시대	si-dae
Ära (f)	시대	si-dae
Zyklus (m)	주기	ju-gi
Periode (f)	기간	gi-gan
Frist (äußerste ~)	기간	gi-gan
Zukunft (f)	미래	mi-rae
zukünftig (Adj)	미래의	mi-rae-ui
nächstes Mal	다음번	da-eum-beon
Vergangenheit (f)	과거	gwa-geo
vorig (Adj)	지나간	ji-na-gan
letztes Mal	지난 번에	ji-nan beon-e
später (Adv)	나중에	na-jung-e
danach	… 후에	… hu-e
zur Zeit	요즘	yo-jeum
jetzt	이제	i-je
sofort	즉시	jeuk-si
bald	곧	got
im Voraus	미리	mi-ri
lange her	오래 전	o-rae jeon
vor kurzem	최근	choe-geun
Schicksal (n)	운명	un-myeong
Erinnerungen (pl)	회상, 추억	hoe-sang, chu-eok
Archiv (n)	기록	gi-rok
während …	… 동안	… dong-an
lange (Adv)	오래	o-rae
nicht lange (Adv)	길지 않은	gil-ji a-neun
früh (~ am Morgen)	일찍	il-jjik
spät (Adv)	늦게	neut-ge
für immer	영원히	yeong-won-hi
beginnen (vt)	시작하다	si-jak-a-da
verschieben (vt)	연기하다	yeon-gi-ha-da
gleichzeitig	동시에	dong-si-e
ständig (Adv)	영구히	yeong-gu-hi
konstant (Adj)	끊임없는	kkeu-nim-eom-neun
zeitweilig (Adj)	일시적인	il-si-jeo-gin
manchmal	가끔	ga-kkeum
selten (Adv)	드물게	deu-mul-ge
oft	자주	ja-ju

23. Gegenteile

reich (Adj)	부유한	bu-yu-han
arm (Adj)	가난한	ga-nan-han
krank (Adj)	아픈	a-peun
gesund (Adj)	건강한	geon-gang-han
groß (Adj)	큰	keun
klein (Adj)	작은	ja-geun
schnell (Adv)	빨리	ppal-li
langsam (Adv)	천천히	cheon-cheon-hi
schnell (Adj)	빠른	ppa-reun
langsam (Adj)	느린	neu-rin
froh (Adj)	기쁜	gi-ppeun
traurig (Adj)	슬픈	seul-peun
zusammen	같이	ga-chi
getrennt (Adv)	따로	tta-ro
laut (~ lesen)	큰소리로	keun-so-ri-ro
still (~ lesen)	묵독	muk-dok
hoch (Adj)	높은	no-peun
niedrig (Adj)	낮은	na-jeun
tief (Adj)	깊은	gi-peun
flach (Adj)	얕은	ya-teun
ja	네	ne
nein	아니오	a-ni-o
fern (Adj)	먼	meon
nah (Adj)	인근의	in-geu-nui
weit (Adv)	멀리	meol-li
nebenan (Adv)	인근에	in-geu-ne
lang (Adj)	긴	gin
kurz (Adj)	짧은	jjal-beun
gut (gütig)	착한	cha-kan
böse (der ~ Geist)	사악한	sa-a-kan
verheiratet (Ehemann)	결혼한	gyeol-hon-han
ledig (Adj)	미혼의	mi-hon-ui
verbieten (vt)	금지하다	geum-ji-ha-da
erlauben (vt)	허가하다	heo-ga-ha-da
Ende (n)	끝	kkeut
Anfang (m)	시작	si-jak

link (Adj)	왼쪽의	oen-jjo-gui
recht (Adj)	오른쪽의	o-reun-jjo-gui
der erste	첫 번째의	cheot beon-jjae-ui
der letzte	마지막의	ma-ji-ma-gui
Verbrechen (n)	범죄	beom-joe
Bestrafung (f)	벌	beol
befehlen (vt)	명령하다	myeong-nyeong-ha-da
gehorchen (vi)	복종하다	bok-jong-ha-da
gerade (Adj)	곧은	go-deun
krumm (Adj)	굽은	gu-beun
Paradies (n)	천국	cheon-guk
Hölle (f)	지옥	ji-ok
geboren sein	태어나다	tae-eo-na-da
sterben (vi)	죽다	juk-da
stark (Adj)	강한	gang-han
schwach (Adj)	약한	yak-an
alt	늙은	neul-geun
jung (Adj)	젊은	jeol-meun
alt (Adj)	낡은	nal-geun
neu (Adj)	새로운	sae-ro-un
hart (Adj)	단단한	dan-dan-han
weich (Adj)	부드러운	bu-deu-reo-un
warm (Adj)	따뜻한	tta-tteu-tan
kalt (Adj)	추운	chu-un
dick (Adj)	뚱뚱한	ttung-ttung-han
mager (Adj)	마른	ma-reun
eng (Adj)	좁은	jo-beun
breit (Adj)	넓은	neol-beun
gut (Adj)	좋은	jo-eun
schlecht (Adj)	나쁜	na-ppeun
tapfer (Adj)	용감한	yong-gam-han
feige (Adj)	비겁한	bi-geo-pan

24. Linien und Formen

Quadrat (n)	정사각형	jeong-sa-gak-yeong
quadratisch	사각의	sa-ga-gui
Kreis (m)	원	won
rund	원형의	won-hyeong-ui

Dreieck (n)	삼각형	sam-gak-yeong
dreieckig	삼각형의	sam-gak-yeong-ui
Oval (n)	타원	ta-won
oval	타원의	ta-won-ui
Rechteck (n)	직사각형	jik-sa-gak-yeong
rechteckig	직사각형의	jik-sa-gak-yeong-ui
Pyramide (f)	피라미드	pi-ra-mi-deu
Rhombus (m)	마름모	ma-reum-mo
Trapez (n)	사다리꼴	sa-da-ri-kkol
Würfel (m)	정육면체	jeong-yung-myeon-che
Prisma (n)	각기둥	gak-gi-dung
Kreis (m)	원주	won-ju
Sphäre (f)	구	gu
Kugel (f)	구체	gu-che
Durchmesser (m)	지름	ji-reum
Radius (m)	반경	ban-gyeong
Umfang (m)	둘레	dul-le
Zentrum (n)	중심	jung-sim
waagerecht (Adj)	가로의	ga-ro-ui
senkrecht (Adj)	세로의	se-ro-ui
Parallele (f)	평행	pyeong-haeng
parallel (Adj)	평행한	pyeong-haeng-han
Linie (f)	선, 줄	seon, jul
Strich (m)	획	hoek
Gerade (f)	직선	jik-seon
Kurve (f)	곡선	gok-seon
dünn (schmal)	얇은	yal-beun
Kontur (f)	외곽선	oe-gwak-seon
Schnittpunkt (m)	교점	gyo-jeom
rechter Winkel (m)	직각	jik-gak
Segment (n)	활꼴	hwal-kkol
Sektor (m)	부채꼴	bu-chae-kkol
Seite (f)	변	byeon
Winkel (m)	각	gak

25. Maßeinheiten

Gewicht (n)	무게	mu-ge
Länge (f)	길이	gi-ri
Breite (f)	폭, 너비	pok, neo-bi
Höhe (f)	높이	no-pi
Tiefe (f)	깊이	gi-pi
Volumen (n)	부피	bu-pi
Fläche (f)	면적	myeon-jeok
Gramm (n)	그램	geu-raem
Milligramm (n)	밀리그램	mil-li-geu-raem
Kilo (n)	킬로그램	kil-lo-geu-raem

Tonne (f)	톤	ton
Pfund (n)	파운드	pa-un-deu
Unze (f)	온스	on-seu
Meter (m)	미터	mi-teo
Millimeter (m)	밀리미터	mil-li-mi-teo
Zentimeter (m)	센티미터	sen-ti-mi-teo
Kilometer (m)	킬로미터	kil-lo-mi-teo
Meile (f)	마일	ma-il
Zoll (m)	인치	in-chi
Fuß (m)	피트	pi-teu
Yard (n)	야드	ya-deu
Quadratmeter (m)	제곱미터	je-gom-mi-teo
Hektar (n)	헥타르	hek-ta-reu
Liter (m)	리터	ri-teo
Grad (m)	도	do
Volt (n)	볼트	bol-teu
Ampere (n)	암페어	am-pe-eo
Pferdestärke (f)	마력	ma-ryeok
Anzahl (f)	수량, 양	su-ryang, yang
etwas ...	… 조금	... jo-geum
Hälfte (f)	절반	jeol-ban
Dutzend (n)	다스	da-seu
Stück (n)	조각	jo-gak
Größe (f)	크기	keu-gi
Maßstab (m)	축척	chuk-cheok
minimal (Adj)	최소의	choe-so-ui
der kleinste	가장 작은	ga-jang ja-geun
mittler, mittel-	중간의	jung-gan-ui
maximal (Adj)	최대의	choe-dae-ui
der größte	가장 큰	ga-jang keun

26. Behälter

Glas (Einmachglas)	유리병	yu-ri-byeong
Dose (z.B. Bierdose)	캔, 깡통	kaen, kkang-tong
Eimer (m)	양동이	yang-dong-i
Fass (n), Tonne (f)	통	tong
Waschschüssel (n)	대야	dae-ya
Tank (m)	탱크	taeng-keu
Flachmann (m)	휴대용 술병	hyu-dae-yong sul-byeong
Kanister (m)	통	tong
Zisterne (f)	탱크	taeng-keu
Kaffeebecher (m)	머그컵	meo-geu-keop
Tasse (f)	컵	keop
Untertasse (f)	받침 접시	bat-chim jeop-si

Wasserglas (n)	유리잔	yu-ri-jan
Weinglas (n)	와인글라스	wa-in-geul-la-seu
Kochtopf (m)	냄비	naem-bi
Flasche (f)	병	byeong
Flaschenhals (m)	병목	byeong-mok
Karaffe (f)	디캔터	di-kaen-teo
Tonkrug (m)	물병	mul-byeong
Gefäß (n)	용기	yong-gi
Tontopf (m)	항아리	hang-a-ri
Vase (f)	화병	hwa-byeong
Flakon (n)	향수병	hyang-su-byeong
Fläschchen (n)	약병	yak-byeong
Tube (z.B. Zahnpasta)	튜브	tyu-beu
Sack (~ Kartoffeln)	자루	ja-ru
Tüte (z.B. Plastiktüte)	봉투	bong-tu
Schachtel (f) (z.B. Zigaretten~)	갑	gap
Karton (z.B. Schuhkarton)	박스	bak-seu
Kiste (z.B. Bananenkiste)	상자	sang-ja
Korb (m)	바구니	ba-gu-ni

27. Werkstoffe

Stoff (z.B. Baustoffe)	재료	jae-ryo
Holz (n)	목재	mok-jae
hölzern	목재의	mok-jae-ui
Glas (n)	유리	yu-ri
gläsern, Glas-	유리의	yu-ri-ui
Stein (m)	돌	dol
steinern	돌의	do-rui
Kunststoff (m)	플라스틱	peul-la-seu-tik
Kunststoff-	플라스틱의	peul-la-seu-ti-gui
Gummi (n)	고무	go-mu
Gummi-	고무의	go-mu-ui
Stoff (m)	직물	jing-mul
aus Stoff	직물의	jing-mu-rui
Papier (n)	종이	jong-i
Papier-	종이의	jong-i-ui
Pappe (f)	판지	pan-ji
Pappen-	판지의	pan-ji-ui
Polyäthylen (n)	폴리에틸렌	pol-li-e-til-len
Zellophan (n)	셀로판	sel-lo-pan

Furnier (n)	합판	hap-pan
Porzellan (n)	도자기	do-ja-gi
aus Porzellan	도자기의	do-ja-gi-ui
Ton (m)	점토	jeom-to
Ton-	점토의	jeom-to-ui
Keramik (f)	세라믹	se-ra-mik
keramisch	세라믹의	se-ra-mi-gui

28. Metalle

Metall (n)	금속	geum-sok
metallisch, Metall-	금속제의	geum-sok-je-ui
Legierung (f)	합금	hap-geum
Gold (n)	금	geum
golden	금의	geum-ui
Silber (n)	은	eun
silbern, Silber-	은의	eun-ui
Eisen (n)	철	cheol
eisern, Eisen-	철제의	cheol-je-ui
Stahl (m)	강철	gang-cheol
stählern	강철의	gang-cheo-rui
Kupfer (n)	구리	gu-ri
kupfern, Kupfer-	구리의	gu-ri-ui
Aluminium (n)	알루미늄	al-lu-mi-nyum
Aluminium-	알루미늄의	al-lu-mi-nyum-ui
Bronze (f)	청동	cheong-dong
bronzen	청동의	cheong-dong-ui
Messing (n)	황동	hwang-dong
Nickel (n)	니켈	ni-kel
Platin (n)	백금	baek-geum
Quecksilber (n)	수은	su-eun
Zinn (n)	주석	ju-seok
Blei (n)	납	nap
Zink (n)	아연	a-yeon

DER MENSCH

Der Mensch. Körper

29. Menschen. Grundbegriffe

Mensch (m)	사람	sa-ram
Mann (m)	남자	nam-ja
Frau (f)	여자	yeo-ja
Kind (n)	아이, 아동	a-i, a-dong
Mädchen (n)	소녀	so-nyeo
Junge (m)	소년	so-nyeon
Teenager (m)	청소년	cheong-so-nyeon
Greis (m)	노인	no-in
alte Frau (f)	노인	no-in

30. Anatomie des Menschen

Organismus (m)	생체	saeng-che
Herz (n)	심장	sim-jang
Blut (n)	피	pi
Arterie (f)	동맥	dong-maek
Vene (f)	정맥	jeong-maek
Gehirn (n)	두뇌	du-noe
Nerv (m)	신경	sin-gyeong
Nerven (pl)	신경	sin-gyeong
Wirbel (m)	척추	cheok-chu
Wirbelsäule (f)	등뼈	deung-ppyeo
Magen (m)	위	wi
Gedärm (n)	창자	chang-ja
Darm (z.B. Dickdarm)	장	jang
Leber (f)	간	gan
Niere (f)	신장	sin-jang
Knochen (m)	뼈	ppyeo
Skelett (n)	뼈대	ppyeo-dae
Rippe (f)	늑골	neuk-gol
Schädel (m)	두개골	du-gae-gol
Muskel (m)	근육	geu-nyuk
Bizeps (m)	이두근	i-du-geun
Sehne (f)	힘줄, 건	him-jul, geon
Gelenk (n)	관절	gwan-jeol

Lungen (pl)	폐	pye
Geschlechtsorgane (pl)	생식기	saeng-sik-gi
Haut (f)	피부	pi-bu

31. Kopf

Kopf (m)	머리	meo-ri
Gesicht (n)	얼굴	eol-gul
Nase (f)	코	ko
Mund (m)	입	ip
Auge (n)	눈	nun
Augen (pl)	눈	nun
Pupille (f)	눈동자	nun-dong-ja
Augenbraue (f)	눈썹	nun-sseop
Wimper (f)	속눈썹	song-nun-sseop
Augenlid (n)	눈꺼풀	nun-kkeo-pul
Zunge (f)	혀	hyeo
Zahn (m)	이	i
Lippen (pl)	입술	ip-sul
Backenknochen (pl)	광대뼈	gwang-dae-ppyeo
Zahnfleisch (n)	잇몸	in-mom
Gaumen (m)	입천장	ip-cheon-jang
Nasenlöcher (pl)	콧구멍	kot-gu-meong
Kinn (n)	턱	teok
Kiefer (m)	턱	teok
Wange (f)	뺨, 볼	ppyam, bol
Stirn (f)	이마	i-ma
Schläfe (f)	관자놀이	gwan-ja-no-ri
Ohr (n)	귀	gwi
Nacken (m)	뒤통수	dwi-tong-su
Hals (m)	목	mok
Kehle (f)	목구멍	mok-gu-meong
Haare (pl)	머리털, 헤어	meo-ri-teol, he-eo
Frisur (f)	머리 스타일	meo-ri seu-ta-il
Haarschnitt (m)	헤어컷	he-eo-keot
Perücke (f)	가발	ga-bal
Schnurrbart (m)	콧수염	kot-su-yeom
Bart (m)	턱수염	teok-su-yeom
haben (einen Bart ~)	기르다	gi-reu-da
Zopf (m)	땋은 머리	tta-eun meo-ri
Backenbart (m)	구레나룻	gu-re-na-rut
rothaarig	빨강머리의	ppal-gang-meo-ri-ui
grau	흰머리의	huin-meo-ri-ui
kahl	대머리인	dae-meo-ri-in
Glatze (f)	땜통	ttaem-tong
Pferdeschwanz (m)	말총머리	mal-chong-meo-ri
Pony (Ponyfrisur)	앞머리	am-meo-ri

32. Menschlicher Körper

Hand (f)	손	son
Arm (m)	팔	pal
Finger (m)	손가락	son-ga-rak
Daumen (m)	엄지손가락	eom-ji-son-ga-rak
kleiner Finger (m)	새끼손가락	sae-kki-son-ga-rak
Nagel (m)	손톱	son-top
Faust (f)	주먹	ju-meok
Handfläche (f)	손바닥	son-ba-dak
Handgelenk (n)	손목	son-mok
Unterarm (m)	전박	jeon-bak
Ellbogen (m)	팔꿈치	pal-kkum-chi
Schulter (f)	어깨	eo-kkae
Bein (n)	다리	da-ri
Fuß (m)	발	bal
Knie (n)	무릎	mu-reup
Wade (f)	종아리	jong-a-ri
Hüfte (f)	엉덩이	eong-deong-i
Ferse (f)	발뒤꿈치	bal-dwi-kkum-chi
Körper (m)	몸	mom
Bauch (m)	배	bae
Brust (f)	가슴	ga-seum
Busen (m)	가슴	ga-seum
Seite (f), Flanke (f)	옆구리	yeop-gu-ri
Rücken (m)	등	deung
Kreuz (n)	허리	heo-ri
Taille (f)	허리	heo-ri
Nabel (m)	배꼽	bae-kkop
Gesäßbacken (pl)	엉덩이	eong-deong-i
Hinterteil (n)	엉덩이	eong-deong-i
Leberfleck (m)	점	jeom
Muttermal (n)	모반	mo-ban
Tätowierung (f)	문신	mun-sin
Narbe (f)	흉터	hyung-teo

Kleidung & Accessoires

33. Oberbekleidung. Mäntel

Kleidung (f)	옷	ot
Oberkleidung (f)	겉옷	geo-tot
Winterkleidung (f)	겨울옷	gyeo-u-rot
Mantel (m)	코트	ko-teu
Pelzmantel (m)	모피 외투	mo-pi oe-tu
Pelzjacke (f)	짧은 모피 외투	jjal-beun mo-pi oe-tu
Daunenjacke (f)	패딩점퍼	pae-ding-jeom-peo
Jacke (z.B. Lederjacke)	재킷	jae-kit
Regenmantel (m)	트렌치코트	teu-ren-chi-ko-teu
wasserdicht	방수의	bang-su-ui

34. Herren- & Damenbekleidung

Hemd (n)	셔츠	syeo-cheu
Hose (f)	바지	ba-ji
Jeans (pl)	청바지	cheong-ba-ji
Jackett (n)	재킷	jae-kit
Anzug (m)	양복	yang-bok
Damenkleid (n)	드레스	deu-re-seu
Rock (m)	치마	chi-ma
Bluse (f)	블라우스	beul-la-u-seu
Strickjacke (f)	니트 재킷	ni-teu jae-kit
Jacke (Damen Kostüm)	재킷	jae-kit
T-Shirt (n)	티셔츠	ti-syeo-cheu
Shorts (pl)	반바지	ban-ba-ji
Sportanzug (m)	운동복	un-dong-bok
Bademantel (m)	목욕가운	mo-gyok-ga-un
Schlafanzug (m)	파자마	pa-ja-ma
Sweater (m)	스웨터	seu-we-teo
Pullover (m)	풀오버	pu-ro-beo
Weste (f)	조끼	jo-kki
Frack (m)	연미복	yeon-mi-bok
Smoking (m)	턱시도	teok-si-do
Uniform (f)	제복	je-bok
Arbeitskleidung (f)	작업복	ja-geop-bok
Overall (m)	작업바지	ja-geop-ba-ji
Kittel (z.B. Arztkittel)	가운	ga-un

35. Kleidung. Unterwäsche

Unterwäsche (f)	속옷	so-got
Unterhemd (n)	러닝 셔츠	reo-ning syeo-cheu
Socken (pl)	양말	yang-mal
Nachthemd (n)	잠옷	jam-ot
Büstenhalter (m)	브라	beu-ra
Kniestrümpfe (pl)	무릎길이 스타킹	mu-reup-gi-ri seu-ta-king
Strumpfhose (f)	팬티 스타킹	paen-ti seu-ta-king
Strümpfe (pl)	밴드 스타킹	baen-deu seu-ta-king
Badeanzug (m)	수영복	su-yeong-bok

36. Kopfbekleidung

Mütze (f)	모자	mo-ja
Filzhut (m)	중절모	jung-jeol-mo
Baseballkappe (f)	야구 모자	ya-gu mo-ja
Schiebermütze (f)	플랫캡	peul-laet-kaep
Baskenmütze (f)	베레모	be-re-mo
Kapuze (f)	후드	hu-deu
Panamahut (m)	파나마 모자	pa-na-ma mo-ja
Strickmütze (f)	니트 모자	ni-teu mo-ja
Kopftuch (n)	스카프	seu-ka-peu
Damenhut (m)	여성용 모자	yeo-seong-yong mo-ja
Schutzhelm (m)	안전모	an-jeon-mo
Feldmütze (f)	개리슨 캡	gae-ri-seun kaep
Helm (z.B. Motorradhelm)	헬멧	hel-met

37. Schuhwerk

Schuhe (pl)	신발	sin-bal
Stiefeletten (pl)	구두	gu-du
Halbschuhe (pl)	구두	gu-du
Stiefel (pl)	부츠	bu-cheu
Hausschuhe (pl)	슬리퍼	seul-li-peo
Tennisschuhe (pl)	운동화	un-dong-hwa
Leinenschuhe (pl)	스니커즈	seu-ni-keo-jeu
Sandalen (pl)	샌들	saen-deul
Schuster (m)	구둣방	gu-dut-bang
Absatz (m)	굽	gup
Paar (n)	켤레	kyeol-le
Schnürsenkel (m)	끈	kkeun
schnüren (vt)	끈을 매다	kkeu-neul mae-da
Schuhlöffel (m)	구둣주걱	gu-dut-ju-geok
Schuhcreme (f)	구두약	gu-du-yak

38. Textilien. Stoffe

Baumwolle (f)	면	myeon
Baumwolle-	면의	myeo-nui
Leinen (m)	리넨	ri-nen
Leinen-	린넨의	rin-ne-nui
Seide (f)	실크	sil-keu
Seiden-	실크의	sil-keu-ui
Wolle (f)	모직, 울	mo-jik, ul
Woll-	모직의	mo-ji-gui
Samt (m)	벨벳	bel-bet
Wildleder (n)	스웨이드	seu-we-i-deu
Cord (m)	코듀로이	ko-dyu-ro-i
Nylon (n)	나일론	na-il-lon
Nylon-	나일론의	na-il-lo-nui
Polyester (m)	폴리에스테르	pol-li-e-seu-te-reu
Polyester-	폴리에스테르의	pol-li-e-seu-te-reu-ui
Leder (n)	가죽	ga-juk
Leder-	가죽의	ga-ju-gui
Pelz (m)	모피	mo-pi
Pelz-	모피의	mo-pi-ui

39. Persönliche Accessoires

Handschuhe (pl)	장갑	jang-gap
Fausthandschuhe (pl)	벙어리장갑	beong-eo-ri-jang-gap
Schal (Kaschmir-)	목도리	mok-do-ri
Brille (f)	안경	an-gyeong
Brillengestell (n)	안경테	an-gyeong-te
Regenschirm (m)	우산	u-san
Spazierstock (m)	지팡이	ji-pang-i
Haarbürste (f)	빗, 솔빗	bit, sol-bit
Fächer (m)	부채	bu-chae
Krawatte (f)	넥타이	nek-ta-i
Fliege (f)	나비넥타이	na-bi-nek-ta-i
Hosenträger (pl)	멜빵	mel-ppang
Taschentuch (n)	손수건	son-su-geon
Kamm (m)	빗	bit
Haarspange (f)	머리핀	meo-ri-pin
Haarnadel (f)	머리핀	meo-ri-pin
Schnalle (f)	버클	beo-keul
Gürtel (m)	벨트	bel-teu
Umhängegurt (m)	어깨끈	eo-kkae-kkeun
Tasche (f)	가방	ga-bang
Handtasche (f)	핸드백	haen-deu-baek
Rucksack (m)	배낭	bae-nang

40. Kleidung. Verschiedenes

Mode (f)	패션	pae-syeon
modisch	유행하는	yu-haeng-ha-neun
Modedesigner (m)	패션 디자이너	pae-syeon di-ja-i-neo
Kragen (m)	옷깃	ot-git
Tasche (f)	주머니, 포켓	ju-meo-ni, po-ket
Taschen-	주머니의	ju-meo-ni-ui
Ärmel (m)	소매	so-mae
Aufhänger (m)	거는 끈	geo-neun kkeun
Hosenschlitz (m)	바지 지퍼	ba-ji ji-peo
Reißverschluss (m)	지퍼	ji-peo
Verschluss (m)	조임쇠	jo-im-soe
Knopf (m)	단추	dan-chu
Knopfloch (n)	단춧 구멍	dan-chut gu-meong
abgehen (Knopf usw.)	떨어지다	tteo-reo-ji-da
nähen (vi, vt)	바느질하다	ba-neu-jil-ha-da
sticken (vt)	수놓다	su-no-ta
Stickerei (f)	자수	ja-su
Nadel (f)	바늘	ba-neul
Faden (m)	실	sil
Naht (f)	솔기	sol-gi
sich beschmutzen	더러워지다	deo-reo-wo-ji-da
Fleck (m)	얼룩	eol-luk
sich knittern	구겨지다	gu-gyeo-ji-da
zerreißen (vt)	찢다	jjit-da
Motte (f)	좀	jom

41. Kosmetikartikel. Kosmetik

Zahnpasta (f)	치약	chi-yak
Zahnbürste (f)	칫솔	chit-sol
Zähne putzen	이를 닦다	i-reul dak-da
Rasierer (m)	면도기	myeon-do-gi
Rasiercreme (f)	면도용 크림	myeon-do-yong keu-rim
sich rasieren	깎다	kkak-da
Seife (f)	비누	bi-nu
Shampoo (n)	샴푸	syam-pu
Schere (f)	가위	ga-wi
Nagelfeile (f)	손톱줄	son-top-jul
Nagelzange (f)	손톱깎이	son-top-kka-kki
Pinzette (f)	족집게	jok-jip-ge
Kosmetik (f)	화장품	hwa-jang-pum
Gesichtsmaske (f)	얼굴 마스크	eol-gul ma-seu-keu
Maniküre (f)	매니큐어	mae-ni-kyu-eo

Maniküre machen	매니큐어를 칠하다	mae-ni-kyu-eo-reul chil-ha-da
Pediküre (f)	페디큐어	pe-di-kyu-eo
Kosmetiktasche (f)	화장품 가방	hwa-jang-pum ga-bang
Puder (m)	분	bun
Puderdose (f)	콤팩트	kom-paek-teu
Rouge (n)	블러셔	beul-leo-syeo
Parfüm (n)	향수	hyang-su
Duftwasser (n)	화장수	hwa-jang-su
Lotion (f)	로션	ro-syeon
Kölnischwasser (n)	오드콜로뉴	o-deu-kol-lo-nyu
Lidschatten (m)	아이섀도	a-i-syae-do
Kajalstift (m)	아이라이너	a-i-ra-i-neo
Wimperntusche (f)	마스카라	ma-seu-ka-ra
Lippenstift (m)	립스틱	rip-seu-tik
Nagellack (m)	매니큐어	mae-ni-kyu-eo
Haarlack (m)	헤어 스프레이	he-eo seu-peu-re-i
Deodorant (n)	데오도란트	de-o-do-ran-teu
Creme (f)	크림	keu-rim
Gesichtscreme (f)	얼굴 크림	eol-gul keu-rim
Handcreme (f)	핸드 크림	haen-deu keu-rim
Anti-Falten-Creme (f)	주름제거 크림	ju-reum-je-geo keu-rim
Tages-	낮의	na-jui
Nacht-	밤의	ba-mui
Tampon (m)	탐폰	tam-pon
Toilettenpapier (n)	화장지	hwa-jang-ji
Föhn (m)	헤어 드라이어	he-eo deu-ra-i-eo

42. Schmuck

Schmuck (m)	보석	bo-seok
Edel- (stein)	귀중한	gwi-jung-han
Repunze (f)	품질 보증 마크	pum-jil bo-jeung ma-keu
Ring (m)	반지	ban-ji
Ehering (m)	결혼반지	gyeol-hon-ban-ji
Armband (n)	팔찌	pal-jji
Ohrringe (pl)	귀걸이	gwi-geo-ri
Kette (f)	목걸이	mok-geo-ri
Krone (f)	왕관	wang-gwan
Halskette (f)	구슬 목걸이	gu-seul mok-geo-ri
Brillant (m)	다이아몬드	da-i-a-mon-deu
Smaragd (m)	에메랄드	e-me-ral-deu
Rubin (m)	루비	ru-bi
Saphir (m)	사파이어	sa-pa-i-eo
Perle (f)	진주	jin-ju
Bernstein (m)	호박	ho-bak

43. Armbanduhren Uhren

Armbanduhr (f)	손목 시계	son-mok si-gye
Zifferblatt (n)	문자반	mun-ja-ban
Zeiger (m)	바늘	ba-neul
Metallarmband (n)	금속제 시계줄	geum-sok-je si-gye-jul
Uhrenarmband (n)	시계줄	si-gye-jul
Batterie (f)	건전지	geon-jeon-ji
verbraucht sein	나가다	na-ga-da
die Batterie wechseln	배터리를 갈다	bae-teo-ri-reul gal-da
vorgehen (vi)	빨리 가다	ppal-li ga-da
nachgehen (vi)	늦게 가다	neut-ge ga-da
Wanduhr (f)	벽시계	byeok-si-gye
Sanduhr (f)	모래시계	mo-rae-si-gye
Sonnenuhr (f)	해시계	hae-si-gye
Wecker (m)	알람 시계	al-lam si-gye
Uhrmacher (m)	시계 기술자	si-gye gi-sul-ja
reparieren (vt)	수리하다	su-ri-ha-da

Essen. Ernährung

44. Essen

Fleisch (n)	고기	go-gi
Hühnerfleisch (n)	닭고기	dak-go-gi
Küken (n)	영계	yeong-gye
Ente (f)	오리고기	o-ri-go-gi
Gans (f)	거위고기	geo-wi-go-gi
Wild (n)	사냥감	sa-nyang-gam
Pute (f)	칠면조고기	chil-myeon-jo-go-gi
Schweinefleisch (n)	돼지고기	dwae-ji-go-gi
Kalbfleisch (n)	송아지 고기	song-a-ji go-gi
Hammelfleisch (n)	양고기	yang-go-gi
Rindfleisch (n)	소고기	so-go-gi
Kaninchenfleisch (n)	토끼고기	to-kki-go-gi
Wurst (f)	소시지	so-si-ji
Würstchen (n)	비엔나 소시지	bi-en-na so-si-ji
Schinkenspeck (m)	베이컨	be-i-keon
Schinken (m)	햄	haem
Räucherschinken (m)	개먼	gae-meon
Pastete (f)	파테	pa-te
Leber (f)	간	gan
Hackfleisch (n)	다진 고기	da-jin go-gi
Zunge (f)	혀	hyeo
Ei (n)	계란	gye-ran
Eier (pl)	계란	gye-ran
Eiweiß (n)	흰자	huin-ja
Eigelb (n)	노른자	no-reun-ja
Fisch (m)	생선	saeng-seon
Meeresfrüchte (pl)	해물	hae-mul
Kaviar (m)	캐비어	kae-bi-eo
Krabbe (f)	게	ge
Garnele (f)	새우	sae-u
Auster (f)	굴	gul
Languste (f)	대하	dae-ha
Krake (m)	문어	mun-eo
Kalmar (m)	오징어	o-jing-eo
Störfleisch (n)	철갑상어	cheol-gap-sang-eo
Lachs (m)	연어	yeon-eo
Heilbutt (m)	넙치	neop-chi
Dorsch (m)	대구	dae-gu
Makrele (f)	고등어	go-deung-eo

Tunfisch (m)	참치	cham-chi
Aal (m)	뱀장어	baem-jang-eo
Forelle (f)	송어	song-eo
Sardine (f)	정어리	jeong-eo-ri
Hecht (m)	강꼬치고기	gang-kko-chi-go-gi
Hering (m)	청어	cheong-eo
Brot (n)	빵	ppang
Käse (m)	치즈	chi-jeu
Zucker (m)	설탕	seol-tang
Salz (n)	소금	so-geum
Reis (m)	쌀	ssal
Teigwaren (pl)	파스타	pa-seu-ta
Nudeln (pl)	면	myeon
Butter (f)	버터	beo-teo
Pflanzenöl (n)	식물유	sing-mu-ryu
Sonnenblumenöl (n)	해바라기유	hae-ba-ra-gi-yu
Margarine (f)	마가린	ma-ga-rin
Oliven (pl)	올리브	ol-li-beu
Olivenöl (n)	올리브유	ol-li-beu-yu
Milch (f)	우유	u-yu
Kondensmilch (f)	연유	yeo-nyu
Joghurt (m)	요구르트	yo-gu-reu-teu
saure Sahne (f)	사워크림	sa-wo-keu-rim
Sahne (f)	크림	keu-rim
Mayonnaise (f)	마요네즈	ma-yo-ne-jeu
Buttercreme (f)	버터크림	beo-teo-keu-rim
Grütze (f)	곡물	gong-mul
Mehl (n)	밀가루	mil-ga-ru
Konserven (pl)	통조림	tong-jo-rim
Maisflocken (pl)	콘플레이크	kon-peul-le-i-keu
Honig (m)	꿀	kkul
Marmelade (f)	잼	jaem
Kaugummi (m, n)	껌	kkeom

45. Getränke

Wasser (n)	물	mul
Trinkwasser (n)	음료수	eum-nyo-su
Mineralwasser (n)	미네랄 워터	mi-ne-ral rwo-teo
still	탄산 없는	tan-san neom-neun
mit Kohlensäure	탄산의	tan-sa-nui
mit Gas	탄산이 든	tan-san-i deun
Eis (n)	얼음	eo-reum
mit Eis	얼음을 넣은	eo-reu-meul leo-eun

alkoholfrei (Adj)	무알코올의	mu-al-ko-o-rui
alkoholfreies Getränk (n)	청량음료	cheong-nyang-eum-nyo
Erfrischungsgetränk (n)	청량 음료	cheong-nyang eum-nyo
Limonade (f)	레모네이드	re-mo-ne-i-deu
Spirituosen (pl)	술	sul
Wein (m)	와인	wa-in
Weißwein (m)	백 포도주	baek po-do-ju
Rotwein (m)	레드 와인	re-deu wa-in
Likör (m)	리큐르	ri-kyu-reu
Champagner (m)	샴페인	syam-pe-in
Wermut (m)	베르무트	be-reu-mu-teu
Whisky (m)	위스키	wi-seu-ki
Wodka (m)	보드카	bo-deu-ka
Gin (m)	진	jin
Kognak (m)	코냑	ko-nyak
Rum (m)	럼	reom
Kaffee (m)	커피	keo-pi
schwarzer Kaffee (m)	블랙 커피	beul-laek keo-pi
Milchkaffee (m)	밀크 커피	mil-keu keo-pi
Cappuccino (m)	카푸치노	ka-pu-chi-no
Pulverkaffee (m)	인스턴트 커피	in-seu-teon-teu keo-pi
Milch (f)	우유	u-yu
Cocktail (m)	칵테일	kak-te-il
Milchcocktail (m)	밀크 셰이크	mil-keu sye-i-keu
Saft (m)	주스	ju-seu
Tomatensaft (m)	토마토 주스	to-ma-to ju-seu
Orangensaft (m)	오렌지 주스	o-ren-ji ju-seu
frisch gepresster Saft (m)	생과일주스	saeng-gwa-il-ju-seu
Bier (n)	맥주	maek-ju
Helles (n)	라거	ra-geo
Dunkelbier (n)	흑맥주	heung-maek-ju
Tee (m)	차	cha
schwarzer Tee (m)	홍차	hong-cha
grüner Tee (m)	녹차	nok-cha

46. Gemüse

Gemüse (n)	채소	chae-so
grünes Gemüse (pl)	녹황색 채소	nok-wang-saek chae-so
Tomate (f)	토마토	to-ma-to
Gurke (f)	오이	o-i
Karotte (f)	당근	dang-geun
Kartoffel (f)	감자	gam-ja
Zwiebel (f)	양파	yang-pa
Knoblauch (m)	마늘	ma-neul

Kohl (m)	양배추	yang-bae-chu
Blumenkohl (m)	컬리플라워	keol-li-peul-la-wo
Rosenkohl (m)	방울다다기 양배추	bang-ul-da-da-gi yang-bae-chu
Brokkoli (m)	브로콜리	beu-ro-kol-li
Rote Bete (f)	비트	bi-teu
Aubergine (f)	가지	ga-ji
Zucchini (f)	애호박	ae-ho-bak
Kürbis (m)	호박	ho-bak
Rübe (f)	순무	sun-mu
Petersilie (f)	파슬리	pa-seul-li
Dill (m)	딜	dil
Kopf Salat (m)	양상추	yang-sang-chu
Sellerie (m)	셀러리	sel-leo-ri
Spargel (m)	아스파라거스	a-seu-pa-ra-geo-seu
Spinat (m)	시금치	si-geum-chi
Erbse (f)	완두	wan-du
Bohnen (pl)	콩	kong
Mais (m)	옥수수	ok-su-su
weiße Bohne (f)	강낭콩	gang-nang-kong
Paprika (m)	피망	pi-mang
Radieschen (n)	무	mu
Artischocke (f)	아티초크	a-ti-cho-keu

47. Obst. Nüsse

Frucht (f)	과일	gwa-il
Apfel (m)	사과	sa-gwa
Birne (f)	배	bae
Zitrone (f)	레몬	re-mon
Apfelsine (f)	오렌지	o-ren-ji
Erdbeere (f)	딸기	ttal-gi
Mandarine (f)	귤	gyul
Pflaume (f)	자두	ja-du
Pfirsich (m)	복숭아	bok-sung-a
Aprikose (f)	살구	sal-gu
Himbeere (f)	라즈베리	ra-jeu-be-ri
Ananas (f)	파인애플	pa-in-ae-peul
Banane (f)	바나나	ba-na-na
Wassermelone (f)	수박	su-bak
Weintrauben (pl)	포도	po-do
Sauerkirsche (f)	신양	si-nyang
Süßkirsche (f)	양벚나무	yang-beon-na-mu
Melone (f)	멜론	mel-lon
Grapefruit (f)	자몽	ja-mong
Avocado (f)	아보카도	a-bo-ka-do
Papaya (f)	파파야	pa-pa-ya

Mango (f)	망고	mang-go
Granatapfel (m)	석류	seong-nyu
rote Johannisbeere (f)	레드커렌트	re-deu-keo-ren-teu
schwarze Johannisbeere (f)	블랙커렌트	beul-laek-keo-ren-teu
Stachelbeere (f)	구스베리	gu-seu-be-ri
Heidelbeere (f)	빌베리	bil-be-ri
Brombeere (f)	블랙베리	beul-laek-be-ri
Rosinen (pl)	건포도	geon-po-do
Feige (f)	무화과	mu-hwa-gwa
Dattel (f)	대추야자	dae-chu-ya-ja
Erdnuss (f)	땅콩	ttang-kong
Mandel (f)	아몬드	a-mon-deu
Walnuss (f)	호두	ho-du
Haselnuss (f)	개암	gae-am
Kokosnuss (f)	코코넛	ko-ko-neot
Pistazien (pl)	피스타치오	pi-seu-ta-chi-o

48. Brot. Süßigkeiten

Konditorwaren (pl)	과자류	gwa-ja-ryu
Brot (n)	빵	ppang
Keks (m, n)	쿠키	ku-ki
Schokolade (f)	초콜릿	cho-kol-lit
Schokoladen-	초콜릿의	cho-kol-lis-ui
Bonbon (m, n)	사탕	sa-tang
Kuchen (m)	케이크	ke-i-keu
Torte (f)	케이크	ke-i-keu
Kuchen (Apfel-)	파이	pa-i
Füllung (f)	속	sok
Konfitüre (f)	잼	jaem
Marmelade (f)	마멀레이드	ma-meol-le-i-deu
Waffeln (pl)	와플	wa-peul
Eis (n)	아이스크림	a-i-seu-keu-rim

49. Gerichte

Gericht (n)	요리, 코스	yo-ri, ko-seu
Küche (f)	요리	yo-ri
Rezept (n)	요리법	yo-ri-beop
Portion (f)	분량	bul-lyang
Salat (m)	샐러드	sael-leo-deu
Suppe (f)	수프	su-peu
Brühe (f), Bouillon (f)	육수	yuk-su
belegtes Brot (n)	샌드위치	saen-deu-wi-chi

Spiegelei (n)	계란후라이	gye-ran-hu-ra-i
Hamburger (m)	햄버거	haem-beo-geo
Beefsteak (n)	비프스테이크	bi-peu-seu-te-i-keu
Beilage (f)	사이드 메뉴	sa-i-deu me-nyu
Spaghetti (pl)	스파게티	seu-pa-ge-ti
Kartoffelpüree (n)	으깬 감자	eu-kkaen gam-ja
Pizza (f)	피자	pi-ja
Brei (m)	죽	juk
Omelett (n)	오믈렛	o-meul-let
gekocht	삶은	sal-meun
geräuchert	훈제된	hun-je-doen
gebraten	튀긴	twi-gin
getrocknet	말린	mal-lin
tiefgekühlt	얼린	eol-lin
mariniert	초절인	cho-jeo-rin
süß	단	dan
salzig	짠	jjan
kalt	차가운	cha-ga-un
heiß	뜨거운	tteu-geo-un
bitter	쓴	sseun
lecker	맛있는	man-nin-neun
kochen (vt)	삶다	sam-da
zubereiten (vt)	요리하다	yo-ri-ha-da
braten (vt)	부치다	bu-chi-da
aufwärmen (vt)	데우다	de-u-da
salzen (vt)	소금을 넣다	so-geu-meul leo-ta
pfeffern (vt)	후추를 넣다	hu-chu-reul leo-ta
reiben (vt)	강판에 갈다	gang-pa-ne gal-da
Schale (f)	껍질	kkeop-jil
schälen (vt)	껍질 벗기다	kkeop-jil beot-gi-da

50. Gewürze

Salz (n)	소금	so-geum
salzig (Adj)	짜	jja
salzen (vt)	소금을 넣다	so-geu-meul leo-ta
schwarzer Pfeffer (m)	후추	hu-chu
roter Pfeffer (m)	고춧가루	go-chut-ga-ru
Senf (m)	겨자	gyeo-ja
Meerrettich (m)	고추냉이	go-chu-naeng-i
Gewürz (n)	양념	yang-nyeom
Gewürz (n)	향료	hyang-nyo
Soße (f)	소스	so-seu
Essig (m)	식초	sik-cho
Anis (m)	아니스	a-ni-seu
Basilikum (n)	바질	ba-jil

Nelke (f)	정향	jeong-hyang
Ingwer (m)	생강	saeng-gang
Koriander (m)	고수	go-su
Zimt (m)	계피	gye-pi
Sesam (m)	깨	kkae
Lorbeerblatt (n)	월계수잎	wol-gye-su-ip
Paprika (m)	파프리카	pa-peu-ri-ka
Kümmel (m)	캐러웨이	kae-reo-we-i
Safran (m)	사프란	sa-peu-ran

51. Mahlzeiten

Essen (n)	음식	eum-sik
essen (vi, vt)	먹다	meok-da
Frühstück (n)	아침식사	a-chim-sik-sa
frühstücken (vi)	아침을 먹다	a-chi-meul meok-da
Mittagessen (n)	점심식사	jeom-sim-sik-sa
zu Mittag essen	점심을 먹다	jeom-si-meul meok-da
Abendessen (n)	저녁식사	jeo-nyeok-sik-sa
zu Abend essen	저녁을 먹다	jeo-nyeo-geul meok-da
Appetit (m)	식욕	si-gyok
Guten Appetit!	맛있게 드십시오!	man-nit-ge deu-sip-si-o!
öffnen (vt)	열다	yeol-da
verschütten (vt)	엎지르다	eop-ji-reu-da
verschüttet werden	쏟아지다	sso-da-ji-da
kochen (vi)	끓다	kkeul-ta
kochen (Wasser ~)	끓이다	kkeu-ri-da
gekocht (Adj)	끓인	kkeu-rin
kühlen (vt)	식히다	sik-i-da
abkühlen (vi)	식다	sik-da
Geschmack (m)	맛	mat
Beigeschmack (m)	뒷 맛	dwit mat
auf Diät sein	살을 빼다	sa-reul ppae-da
Diät (f)	다이어트	da-i-eo-teu
Vitamin (n)	비타민	bi-ta-min
Kalorie (f)	칼로리	kal-lo-ri
Vegetarier (m)	채식주의자	chae-sik-ju-ui-ja
vegetarisch (Adj)	채식주의의	chae-sik-ju-ui-ui
Fett (n)	지방	ji-bang
Protein (n)	단백질	dan-baek-jil
Kohlenhydrat (n)	탄수화물	tan-su-hwa-mul
Scheibchen (n)	조각	jo-gak
Stück (ein ~ Kuchen)	조각	jo-gak
Krümel (m)	부스러기	bu-seu-reo-gi

52. Gedeck

Löffel (m)	숟가락	sut-ga-rak
Messer (n)	나이프	na-i-peu
Gabel (f)	포크	po-keu
Tasse (eine ~ Tee)	컵	keop
Teller (m)	접시	jeop-si
Untertasse (f)	받침 접시	bat-chim jeop-si
Serviette (f)	냅킨	naep-kin
Zahnstocher (m)	이쑤시개	i-ssu-si-gae

53. Restaurant

Restaurant (n)	레스토랑	re-seu-to-rang
Kaffeehaus (n)	커피숍	keo-pi-syop
Bar (f)	바	ba
Teesalon (m)	카페, 티룸	ka-pe, ti-rum
Kellner (m)	웨이터	we-i-teo
Kellnerin (f)	웨이트리스	we-i-teu-ri-seu
Barmixer (m)	바텐더	ba-ten-deo
Speisekarte (f)	메뉴판	me-nyu-pan
Weinkarte (f)	와인 메뉴	wa-in me-nyu
einen Tisch reservieren	테이블 예약을 하다	te-i-beul rye-ya-geul ha-da
Gericht (n)	요리, 코스	yo-ri, ko-seu
bestellen (vt)	주문하다	ju-mun-ha-da
eine Bestellung aufgeben	주문을 하다	ju-mu-neul ha-da
Aperitif (m)	아페리티프	a-pe-ri-ti-peu
Vorspeise (f)	애피타이저	ae-pi-ta-i-jeo
Nachtisch (m)	디저트	di-jeo-teu
Rechnung (f)	계산서	gye-san-seo
Rechnung bezahlen	계산하다	gye-san-ha-da
das Wechselgeld geben	거스름돈을 주다	geo-seu-reum-do-neul ju-da
Trinkgeld (n)	팁	tip

Familie, Verwandte und Freunde

54. Persönliche Informationen. Formulare

Vorname (m)	이름	i-reum
Name (m)	성	seong
Geburtsdatum (n)	생년월일	saeng-nyeon-wo-ril
Geburtsort (m)	탄생지	tan-saeng-ji
Nationalität (f)	국적	guk-jeok
Wohnort (m)	거소	geo-so
Land (n)	나라	na-ra
Beruf (m)	직업	ji-geop
Geschlecht (n)	성별	seong-byeol
Größe (f)	키	ki
Gewicht (n)	몸무게	mom-mu-ge

55. Familienmitglieder. Verwandte

Mutter (f)	어머니	eo-meo-ni
Vater (m)	아버지	a-beo-ji
Sohn (m)	아들	a-deul
Tochter (f)	딸	ttal
jüngste Tochter (f)	작은딸	ja-geun-ttal
jüngste Sohn (m)	작은아들	ja-geun-a-deul
ältere Tochter (f)	맏딸	mat-ttal
älterer Sohn (m)	맏아들	ma-da-deul
Bruder (m)	형제	hyeong-je
Schwester (f)	자매	ja-mae
Cousin (m)	사촌 형제	sa-chon hyeong-je
Cousine (f)	사촌 자매	sa-chon ja-mae
Mama (f)	엄마	eom-ma
Papa (m)	아빠	a-ppa
Eltern (pl)	부모	bu-mo
Kind (n)	아이, 아동	a-i, a-dong
Kinder (pl)	아이들	a-i-deul
Großmutter (f)	할머니	hal-meo-ni
Großvater (m)	할아버지	ha-ra-beo-ji
Enkel (m)	손자	son-ja
Enkelin (f)	손녀	son-nyeo
Enkelkinder (pl)	손자들	son-ja-deul
Onkel (m)	삼촌	sam-chon

Neffe (m)	조카	jo-ka
Nichte (f)	조카딸	jo-ka-ttal
Schwiegermutter (f)	장모	jang-mo
Schwiegervater (m)	시아버지	si-a-beo-ji
Schwiegersohn (m)	사위	sa-wi
Stiefmutter (f)	계모	gye-mo
Stiefvater (m)	계부	gye-bu
Säugling (m)	영아	yeong-a
Kleinkind (n)	아기	a-gi
Kleine (m)	꼬마	kko-ma
Frau (f)	아내	a-nae
Mann (m)	남편	nam-pyeon
Ehemann (m)	배우자	bae-u-ja
Gemahlin (f)	배우자	bae-u-ja
verheiratet (Ehemann)	결혼한	gyeol-hon-han
verheiratet (Ehefrau)	결혼한	gyeol-hon-han
ledig	미혼의	mi-hon-ui
Junggeselle (m)	미혼 남자	mi-hon nam-ja
geschieden (Adj)	이혼한	i-hon-han
Witwe (f)	과부	gwa-bu
Witwer (m)	홀아비	ho-ra-bi
Verwandte (m)	친척	chin-cheok
naher Verwandter (m)	가까운 친척	ga-kka-un chin-cheok
entfernter Verwandter (m)	먼 친척	meon chin-cheok
Verwandte (pl)	친척들	chin-cheok-deul
Waise (m, f)	고아	go-a
Vormund (m)	후견인	hu-gyeon-in
adoptieren (einen Jungen)	입양하다	i-byang-ha-da
adoptieren (ein Mädchen)	입양하다	i-byang-ha-da

56. Freunde. Arbeitskollegen

Freund (m)	친구	chin-gu
Freundin (f)	친구	chin-gu
Freundschaft (f)	우정	u-jeong
befreundet sein	사귀다	sa-gwi-da
Freund (m)	벗	beot
Freundin (f)	벗	beot
Partner (m)	파트너	pa-teu-neo
Chef (m)	상사	sang-sa
Vorgesetzte (m)	윗사람	wit-sa-ram
Untergeordnete (m)	부하	bu-ha
Kollege (m), Kollegin (f)	동료	dong-nyo
Bekannte (m)	아는 사람	a-neun sa-ram
Reisegefährte (m)	동행자	dong-haeng-ja

Mitschüler (m)	동급생	dong-geup-saeng
Nachbar (m)	이웃	i-ut
Nachbarin (f)	이웃	i-ut
Nachbarn (pl)	이웃들	i-ut-deul

57. Mann. Frau

Frau (f)	여자	yeo-ja
Mädchen (n)	소녀, 아가씨	so-nyeo, a-ga-ssi
Braut (f)	신부	sin-bu
schöne	아름다운	a-reum-da-un
große	키가 큰	ki-ga keun
schlanke	날씬한	nal-ssin-han
kleine (~ Frau)	키가 작은	ki-ga ja-geun
Blondine (f)	블론드 여자	beul-lon-deu yeo-ja
Brünette (f)	갈색머리 여성	gal-saeng-meo-ri yeo-seong
Damen-	여성의	yeo-seong-ui
Jungfrau (f)	처녀	cheo-nyeo
schwangere	임신한	im-sin-han
Mann (m)	남자	nam-ja
Blonde (m)	블론드 남자	beul-lon-deu nam-ja
Brünette (m)	갈색머리 남자	gal-saeng-meo-ri nam-ja
hoch	키가 큰	ki-ga keun
klein	키가 작은	ki-ga ja-geun
grob	무례한	mu-rye-han
untersetzt	땅딸막한	ttang-ttal-mak-an
robust	강건한	gang-han
stark	강한	gang-han
Kraft (f)	힘	him
dick	뚱뚱한	ttung-ttung-han
dunkelhäutig	거무스레한	geo-mu-seu-re-han
schlank	날씬한	nal-ssin-han
elegant	우아한	u-a-han

58. Alter

Alter (n)	나이	na-i
Jugend (f)	청년시절	cheong-nyeon-si-jeol
jung	젊은	jeol-meun
jünger (~ als Sie)	더 젊은	deo jeol-meun
älter (~ als ich)	더 나이 든	deo na-i deun
Junge (m)	젊은 분	jeol-meun bun
Teenager (m)	청소년	cheong-so-nyeon
Bursche (m)	사내	sa-nae

Greis (m)	노인	no-in
alte Frau (f)	노인	no-in
Erwachsene (m)	어른	eo-reun
in mittleren Jahren	중년의	jung-nyeo-nui
älterer (Adj)	나이 든	na-i deun
alt (Adj)	늙은	neul-geun
Ruhestand (m)	은퇴	eun-toe
in Rente gehen	은퇴하다	eun-toe-ha-da
Rentner (m)	은퇴자	eun-toe-ja

59. Kinder

Kind (n)	아이, 아동	a-i, a-dong
Kinder (pl)	아이들	a-i-deul
Zwillinge (pl)	쌍둥이	ssang-dung-i
Wiege (f)	요람	yo-ram
Rassel (f)	딸랑이	ttal-lang-i
Windel (f)	기저귀	gi-jeo-gwi
Schnuller (m)	젖꼭지	jeot-kkok-ji
Kinderwagen (m)	유모차	yu-mo-cha
Kindergarten (m)	유치원	yu-chi-won
Kinderfrau (f)	애기보는 사람	ae-gi-bo-neun sa-ram
Kindheit (f)	유년	yu-nyeon
Puppe (f)	인형	in-hyeong
Spielzeug (n)	장난감	jang-nan-gam
Baukasten (m)	블록 장난감	beul-lok jang-nan-gam
wohlerzogen	잘 교육받은	jal gyo-yuk-ba-deun
ungezogen	잘못 키운	jal-mot ki-un
verwöhnt	버릇없는	beo-reus-eom-neun
unartig sein	짓궂다	jit-gut-da
unartig	장난기 있는	jang-nan-gi in-neun
Unart (f)	장난기	jang-nan-gi
Schelm (m)	장난꾸러기	jang-nan-kku-reo-gi
gehorsam	말 잘 듣는	mal jal deun-neun
ungehorsam	반항적인	ban-hang-jeo-gin
fügsam	유순한	yu-sun-han
klug	영리한	yeong-ni-han
Wunderkind (n)	신동	sin-dong

60. Ehepaare. Familienleben

küssen (vt)	키스하다	ki-seu-ha-da
sich küssen	입을 맞추다	i-beul mat-chu-da

Familie (f)	가족	ga-jok
Familien-	가족의	ga-jo-gui
Paar (n)	부부	bu-bu
Ehe (f)	결혼	gyeol-hon
Heim (n)	따뜻한 가정	tta-tteu-tan ga-jeong
Dynastie (f)	혈통	hyeol-tong
Rendezvous (n)	데이트	de-i-teu
Kuss (m)	키스	ki-seu
Liebe (f)	사랑	sa-rang
lieben (vt)	사랑하다	sa-rang-ha-da
geliebt	사랑받는	sa-rang-ban-neun
Zärtlichkeit (f)	상냥함	sang-nyang-ham
zärtlich	자상한	ja-sang-han
Treue (f)	성실	seong-sil
treu (Adj)	성실한	seong-sil-han
Fürsorge (f)	배려	bae-ryeo
sorgsam	배려하는	bae-ryeo-ha-neun
Frischvermählte (pl)	신혼 부부	sin-hon bu-bu
Flitterwochen (pl)	허니문	heo-ni-mun
heiraten (einen Mann ~)	결혼하다	gyeol-hon-ha-da
heiraten (ein Frau ~)	결혼하다	gyeol-hon-ha-da
Hochzeit (f)	결혼식	gyeol-hon-sik
Jahrestag (m)	기념일	gi-nyeom-il
Geliebte (m)	애인	ae-in
Geliebte (f)	정부	jeong-bu
Ehebruch (m)	불륜	bul-lyun
Ehebruch begehen	바람을 피우다	ba-ra-meul pi-u-da
eifersüchtig	질투하는	jil-tu-ha-neun
eifersüchtig sein	질투하다	jil-tu-ha-da
Scheidung (f)	이혼	i-hon
sich scheiden lassen	이혼하다	i-hon-ha-da
streiten (vi)	다투다	da-tu-da
sich versöhnen	화해하다	hwa-hae-ha-da
zusammen (Adv)	같이	ga-chi
Sex (m)	섹스	sek-seu
Glück (n)	행복	haeng-bok
glücklich	행복한	haeng-bok-an
Unglück (n)	불행	bul-haeng
unglücklich	불행한	bul-haeng-han

Charakter. Empfindungen. Gefühle

61. Empfindungen. Gefühle

Gefühl (n)	감정	gam-jeong
Gefühle (pl)	감정	gam-jeong
fühlen (vt)	느끼다	neu-kki-da
Hunger (m)	배고픔	bae-go-peum
hungrig sein	배가 고프다	bae-ga go-peu-da
Durst (m)	목마름	mong-ma-reum
Durst haben	목마르다	mong-ma-reu-da
Schläfrigkeit (f)	졸음	jo-reum
schlafen wollen	졸리다	jol-li-da
Müdigkeit (f)	피로	pi-ro
müde	피곤한	pi-gon-han
müde werden	피곤하다	pi-gon-ha-da
Laune (f)	기분	gi-bun
Langeweile (f)	지루함	ji-ru-ham
sich langweilen	심심하다	sim-sim-ha-da
Zurückgezogenheit (n)	은둔 생활	eun-dun saeng-hwal
sich zurückziehen	고적하게 살다	go-jeok-a-ge sal-da
beunruhigen (vt)	걱정하게 만들다	geok-jeong-ha-ge man-deul-da
sorgen (vi)	걱정하다	geok-jeong-ha-da
Besorgnis (f)	걱정	geok-jeong
Angst (~ um …)	심려	sim-nyeo
besorgt (Adj)	사로잡힌	sa-ro-ja-pin
nervös sein	긴장하다	gin-jang-ha-da
in Panik verfallen (vi)	공황 상태에 빠지다	gong-hwang sang-tae-e ppa-ji-da
Hoffnung (f)	희망	hui-mang
hoffen (vi)	희망하다	hui-mang-ha-da
Sicherheit (f)	확실	hwak-sil
sicher	확실한	hwak-sil-han
Unsicherheit (f)	불확실성	bul-hwak-sil-seong
unsicher	불확실한	bul-hwak-sil-han
betrunken	취한	chwi-han
nüchtern	술 취하지 않은	sul chwi-ha-ji a-neun
schwach	약한	yak-an
glücklich	행복한	haeng-bok-an
erschrecken (vt)	겁주다	geop-ju-da
Wut (f)	격분	gyeok-bun
Rage (f)	격노	gyeong-no

Depression (f)	우울함	u-ul-ham
Unbehagen (n)	불편함	bul-pyeon-ham
Komfort (m)	안락	al-lak
bedauern (vt)	후회하다	hu-hoe-ha-da
Bedauern (n)	후회	hu-hoe
Missgeschick (n)	불운	bu-run
Kummer (m)	슬픔	seul-peum
Scham (f)	부끄러움	bu-kkeu-reo-um
Freude (f)	기쁨, 반가움	gi-ppeum, ban-ga-um
Begeisterung (f)	열광, 열성	yeol-gwang, yeol-seong
Enthusiast (m)	열광자	yeol-gwang-ja
Begeisterung zeigen	열의를 보이다	yeo-rui-reul bo-i-da

62. Charakter. Persönlichkeit

Charakter (m)	성격	seong-gyeok
Charakterfehler (m)	성격결함	seong-gyeok-gyeol-ham
Verstand (m)	마음	ma-eum
Vernunft (f)	이성	i-seong
Gewissen (n)	양심	yang-sim
Gewohnheit (f)	습관	seup-gwan
Fähigkeit (f)	능력	neung-nyeok
können (v mod)	할 수 있다	hal su it-da
geduldig	참을성 있는	cha-meul-seong in-neun
ungeduldig	참을성 없는	cha-meul-seong eom-neun
neugierig	호기심이 많은	ho-gi-sim-i ma-neun
Neugier (f)	호기심	ho-gi-sim
Bescheidenheit (f)	겸손	gyeom-son
bescheiden	겸손한	gyeom-son-han
unbescheiden	자만하는	ja-man-ha-neun
faul	게으른	ge-eu-reun
Faulenzer (m)	게으름뱅이	ge-eu-reum-baeng-i
Listigkeit (f)	교활	gyo-hwal
listig	교활한	gyo-hwal-han
Misstrauen (n)	불신	bul-sin
misstrauisch	불신하는	bul-sin-ha-neun
Freigebigkeit (f)	관대함	gwan-dae-ham
freigebig	관대한	gwan-dae-han
talentiert	재능이 있는	jae-neung-i in-neun
Talent (n)	재능	jae-neung
tapfer	용감한	yong-gam-han
Tapferkeit (f)	용기	yong-gi
ehrlich	정직한	jeong-jik-an
Ehrlichkeit (f)	정직	jeong-jik
vorsichtig	주의깊은	ju-ui-gi-peun
tapfer	용감한	yong-gam-han

ernst	진지한	jin-ji-han
streng	엄한	eom-han
entschlossen	과단성 있는	gwa-dan-seong in-neun
unentschlossen	과단성 없는	gwa-dan-seong eom-neun
schüchtern	소심한	so-sim-han
Schüchternheit (f)	소심	so-sim
Vertrauen (n)	신뢰	sil-loe
vertrauen (vi)	신뢰하다	sil-loe-ha-da
vertrauensvoll	잘 믿는	jal min-neun
aufrichtig (Adv)	성실하게	seong-sil-ha-ge
aufrichtig (Adj)	성실한	seong-sil-han
Aufrichtigkeit (f)	성실	seong-sil
offen	열린	yeol-lin
still (Adj)	차분한	cha-bun-han
freimütig	솔직한	sol-jik-an
naiv	순진한	sun-jin-han
zerstreut	건망증이 심한	geon-mang-jeung-i sim-han
drollig, komisch	웃긴	ut-gin
Gier (f)	욕심	yok-sim
habgierig	욕심 많은	yok-sim ma-neun
geizig	인색한	in-saek-an
böse	사악한	sa-a-kan
hartnäckig	고집이 센	go-ji-bi sen
unangenehm	불쾌한	bul-kwae-han
Egoist (m)	이기주의자	i-gi-ju-ui-ja
egoistisch	이기적인	i-gi-jeo-gin
Feigling (m)	비겁한 자, 겁쟁이	bi-geo-pan ja, geop-jaeng-i
feige	비겁한	bi-geo-pan

63. Schlaf. Träume

schlafen (vi)	잠을 자다	ja-meul ja-da
Schlaf (m)	잠	jam
Traum (m)	꿈	kkum
träumen (im Schlaf)	꿈을 꾸다	kku-meul kku-da
verschlafen	졸린	jol-lin
Bett (n)	침대	chim-dae
Matratze (f)	매트리스	mae-teu-ri-seu
Decke (f)	이불	i-bul
Kissen (n)	베개	be-gae
Laken (n)	시트	si-teu
Schlaflosigkeit (f)	불면증	bul-myeon-jeung
schlaflos	불면의	bul-myeon-ui
Schlafmittel (n)	수면제	su-myeon-je
Schlafmittel nehmen	수면제를 먹다	su-myeon-je-reul meok-da
schlafen wollen	졸리다	jol-li-da

gähnen (vi)	하품하다	ha-pum-ha-da
schlafen gehen	잠자리에 들다	jam-ja-ri-e deul-da
das Bett machen	침대를 정리하다	chim-dae-reul jeong-ni-ha-da
einschlafen (vi)	잠들다	jam-deul-da
Alptraum (m)	악몽	ang-mong
Schnarchen (n)	코골기	ko-gol-gi
schnarchen (vi)	코를 골다	ko-reul gol-da
Wecker (m)	알람 시계	al-lam si-gye
aufwecken (vt)	깨우다	kkae-u-da
erwachen (vi)	깨다	kkae-da
aufstehen (vi)	일어나다	i-reo-na-da
sich waschen	세수하다	se-su-ha-da

64. Humor. Lachen. Freude

Humor (m)	유머	yu-meo
Sinn (m) für Humor	유머 감각	yu-meo gam-gak
sich amüsieren	즐기다	jeul-gi-da
froh (Adj)	명랑한	myeong-nang-han
Fröhlichkeit (f)	즐거움	jeul-geo-um
Lächeln (n)	미소	mi-so
lächeln (vi)	미소를 짓다	mi-so-reul jit-da
auflachen (vi)	웃기 시작하다	ut-gi si-jak-a-da
lachen (vi)	웃다	ut-da
Lachen (n)	웃음	us-eum
Anekdote, Witz (m)	일화	il-hwa
lächerlich	웃긴	ut-gin
komisch	웃긴	ut-gin
Witz machen	농담하다	nong-dam-ha-da
Spaß (m)	농담	nong-dam
Freude (f)	기쁨, 즐거움	gi-ppeun, jeul-geo-um
sich freuen	기뻐하다	gi-ppeo-ha-da
froh (Adj)	기쁜	gi-ppeun

65. Diskussion, Unterhaltung. Teil 1

Kommunikation (f)	의사소통	ui-sa-so-tong
kommunizieren (vi)	연락을 주고받다	yeol-la-geul ju-go-bat-da
Konversation (f)	대화	dae-hwa
Dialog (m)	대화	dae-hwa
Diskussion (f)	논의	non-ui
Streitgespräch (n)	언쟁	eon-jaeng
streiten (vi)	언쟁하다	eon-jaeng-ha-da
Gesprächspartner (m)	대화 상대	dae-hwa sang-dae
Thema (n)	주제	ju-je

Gesichtspunkt (m)	관점	gwan-jeom
Meinung (f)	의견	ui-gyeon
Rede (f)	연설	yeon-seol
Besprechung (f)	의논	ui-non
besprechen (vt)	의논하다	ui-non-ha-da
Gespräch (n)	대화	dae-hwa
Gespräche führen	대화하다	i-ya-gi-ha-da
Treffen (n)	회의	hoe-ui
sich treffen	만나다	man-na-da
Sprichwort (n)	속담	sok-dam
Redensart (f)	속담	sok-dam
Rätsel (n)	수수께끼	su-su-kke-kki
ein Rätsel aufgeben	수수께끼를 내다	su-su-kke-kki-reul lae-da
Parole (f)	비밀번호	bi-mil-beon-ho
Geheimnis (n)	비밀	bi-mil
Eid (m), Schwur (m)	맹세	maeng-se
schwören (vi, vt)	맹세하다	maeng-se-ha-da
Versprechen (n)	약속	yak-sok
versprechen (vt)	약속하다	yak-sok-a-da
Rat (m)	조언	jo-eon
raten (vt)	조언하다	jo-eon-ha-da
gehorchen (jemandem ~)	… 를 따르다	… reul tta-reu-da
Neuigkeit (f)	소식	so-sik
Sensation (f)	센세이션	sen-se-i-syeon
Informationen (pl)	정보	jeong-bo
Schlussfolgerung (f)	결론	gyeol-lon
Stimme (f)	목소리	mok-so-ri
Kompliment (n)	칭찬	ching-chan
freundlich	친절한	chin-jeol-han
Wort (n)	단어	dan-eo
Phrase (f)	어구	eo-gu
Antwort (f)	대답	dae-dap
Wahrheit (f)	진리	jil-li
Lüge (f)	거짓말	geo-jin-mal
Gedanke (m)	생각	saeng-gak
Idee (f)	관념	gwan-nyeom
Phantasie (f)	판타지	pan-ta-ji

66. Diskussion, Unterhaltung. Teil 2

angesehen (Adj)	존경받는	jon-gyeong-ban-neun
respektieren (vt)	존경하다	jon-gyeong-ha-da
Respekt (m)	존경	jon-gyeong
Sehr geehrter …	친애하는 …	chin-ae-ha-neun …
bekannt machen	소개하다	so-gae-ha-da
Absicht (f)	의도	ui-do

beabsichtigen (vt)	의도하다	ui-do-ha-da
Wunsch (m)	바람	ba-ram
wünschen (vt)	바라다	ba-ra-da
Staunen (n)	놀라움	nol-la-um
erstaunen (vt)	놀라게 하다	nol-la-ge ha-da
staunen (vi)	놀라다	nol-la-da
geben (vt)	주다	ju-da
nehmen (vt)	잡다	jap-da
herausgeben (vt)	돌려주다	dol-lyeo-ju-da
zurückgeben (vt)	돌려주다	dol-lyeo-ju-da
sich entschuldigen	사과하다	sa-gwa-ha-da
Entschuldigung (f)	사과	sa-gwa
verzeihen (vt)	용서하다	yong-seo-ha-da
sprechen (vi)	말하다	mal-ha-da
hören (vt), zuhören (vi)	듣다	deut-da
sich anhören	끝까지 듣다	kkeut-kka-ji deut-da
verstehen (vt)	이해하다	i-hae-ha-da
zeigen (vt)	보여주다	bo-yeo-ju-da
ansehen (vt)	… 를 보다	… reul bo-da
rufen (vt)	부르다	bu-reu-da
stören (vt)	방해하다	bang-hae-ha-da
übergeben (vt)	건네주다	geon-ne-ju-da
Bitte (f)	요청	yo-cheong
bitten (vt)	부탁하다	bu-tak-a-da
Verlangen (n)	요구	yo-gu
verlangen (vt)	요구하다	yo-gu-ha-da
necken (vt)	놀리다	nol-li-da
spotten (vi)	조롱하다	jo-rong-ha-da
Spott (m)	조롱, 조소	jo-rong, jo-so
Spitzname (m)	별명	byeol-myeong
Andeutung (f)	암시	am-si
andeuten (vt)	암시하다	am-si-ha-da
meinen (vt)	의미하다	ui-mi-ha-da
Beschreibung (f)	서술	seo-sul
beschreiben (vt)	서술하다	seo-sul-ha-da
Lob (n)	칭찬	ching-chan
loben (vt)	칭찬하다	ching-chan-ha-da
Enttäuschung (f)	실망	sil-mang
enttäuschen (vt)	실망시키다	sil-mang-si-ki-da
enttäuscht sein	실망하다	sil-mang-ha-da
Vermutung (f)	추측	chu-cheuk
vermuten (vt)	추측하다	chu-cheuk-a-da
Warnung (f)	경고	gyeong-go
warnen (vt)	경고하다	gyeong-go-ha-da

67. Diskussion, Unterhaltung. Teil 3

überreden (vt)	설득하다	seol-deu-ka-da
beruhigen (vt)	진정시키다	jin-jeong-si-ki-da
Schweigen (n)	침묵	chim-muk
schweigen (vi)	침묵을 지키다	chim-mu-geul ji-ki-da
flüstern (vt)	속삭이다	sok-sa-gi-da
Flüstern (n)	속삭임	sok-sa-gim
offen (Adv)	솔직하게	sol-jik-a-ge
meiner Meinung nach ...	내 생각에 ···	nae saeng-ga-ge ...
Detail (n)	세부	se-bu
ausführlich (Adj)	자세한	ja-se-han
ausführlich (Adv)	자세하게	ja-se-ha-ge
Tipp (m)	단서	dan-seo
einen Tipp geben	힌트를 주다	hin-teu-reul ju-da
Blick (m)	흘낏 봄	heul-kkit bom
anblicken (vt)	보다	bo-da
starr (z.B. -en Blick)	고정된	go-jeong-doen
blinzeln (mit den Augen)	눈을 깜빡이다	nu-neul kkam-ppa-gi-da
zwinkern (mit den Augen)	눈짓하다	nun-ji-ta-da
nicken (vi)	끄덕이다	kkeu-deo-gi-da
Seufzer (m)	한숨	han-sum
aufseufzen (vi)	한숨을 쉬다	han-su-meul swi-da
zusammenzucken (vi)	몸을 떨다	mo-meul tteol-da
Geste (f)	손짓	son-jit
berühren (vt)	만지다	man-ji-da
ergreifen (vt)	잡다	jap-da
klopfen (vt)	툭 치다	tuk chi-da
Vorsicht!	조심!	jo-sim!
Wirklich?	정말?	jeong-mal?
Sind Sie sicher?	확실해요?	hwak-sil-hae-yo?
Viel Glück!	행운을 빕니다!	haeng-u-neul bim-ni-da!
Klar!	알겠어요!	al-ge-seo-yo!
Schade!	유감이에요!	yu-ga-mi-e-yo!

68. Zustimmung. Ablehnung

Einverständnis (n)	동의	dong-ui
zustimmen (vi)	동의하다	dong-ui-ha-da
Billigung (f)	찬성	chan-seong
billigen (vt)	찬성하다	chan-seong-ha-da
Absage (f)	거절	geo-jeol
sich weigern	거절하다	geo-jeol-ha-da
Ausgezeichnet!	좋아요!	jo-a-yo!
Ganz recht!	좋아요!	jo-a-yo!

Gut! Okay!	그래요!	geu-rae-yo!
verboten (Adj)	금지된	geum-ji-doen
Es ist verboten	금지되어 있다	geum-ji-doe-eo it-da
Es ist unmöglich	불가능하다	bul-ga-neung-ha-da
falsch	틀린	teul-lin
ablehnen (vt)	거부하다	geo-bu-ha-da
unterstützen (vt)	지지하다	ji-ji-ha-da
akzeptieren (vt)	받아들이다	ba-da-deu-ri-da
bestätigen (vt)	확인해 주다	hwa-gin-hae ju-da
Bestätigung (f)	확인	hwa-gin
Erlaubnis (f)	허락	heo-rak
erlauben (vt)	허가하다	heo-ga-ha-da
Entscheidung (f)	결정	gyeol-jeong
schweigen (nicht antworten)	아무 말도 않다	a-mu mal-do an-ta
Bedingung (f)	조건	jo-geon
Ausrede (f)	핑계	ping-gye
Lob (n)	칭찬	ching-chan
loben (vt)	칭찬하다	ching-chan-ha-da

69. Erfolg. Alles Gute. Misserfolg

Erfolg (m)	성공	seong-gong
erfolgreich (Adv)	성공적으로	seong-gong-jeo-geu-ro
erfolgreich (Adj)	성공적인	seong-gong-jeo-gin
Glück (Glücksfall)	운	un
Viel Glück!	행운을 빕니다!	haeng-u-neul bim-ni-da!
Glücks- (z.B. -tag)	운이 좋은	un-i jo-eun
glücklich (Adj)	운이 좋은	un-i jo-eun
Misserfolg (m)	실패	sil-pae
Missgeschick (n)	불운	bu-run
Unglück (n)	불운	bu-run
missglückt (Adj)	성공적이지 못한	seong-gong-jeo-gi-ji mo-tan
Katastrophe (f)	재난	jae-nan
Stolz (m)	자존심	ja-jon-sim
stolz	자존심 강한	ja-jon-sim gang-han
stolz sein	득의만면이다	deu-gui-man-myeon-i-da
Sieger (m)	승리자	seung-ni-ja
siegen (vi)	이기다	i-gi-da
verlieren (Spiel usw.)	지다	ji-da
Versuch (m)	사실, 시도	sa-sil, si-do
versuchen (vt)	해보다	hae-bo-da
Chance (f)	기회	gi-hoe

70. Streit. Negative Gefühle

Schrei (m)	고함	go-ham
schreien (vi)	소리치다	so-ri-chi-da

Zank (m)	싸움	ssa-um
sich zanken	다투다	da-tu-da
Riesenkrach (m)	싸움	ssa-um
Krach haben	싸움을 하다	ssa-u-meul ha-da
Konflikt (m)	갈등	gal-deung
Missverständnis (n)	오해	o-hae
Kränkung (f)	모욕	mo-yok
kränken (vt)	모욕하다	mo-yok-a-da
gekränkt (Adj)	모욕 당한	mo-yok dang-han
Beleidigung (f)	분노	bun-no
beleidigen (vt)	모욕하다	mo-yok-a-da
sich beleidigt fühlen	약오르다	ya-go-reu-da
Empörung (f)	분개	bun-gae
sich empören	분개하다	bun-gae-ha-da
Klage (f)	불평	bul-pyeong
klagen (vi)	불평하다	bul-pyeong-ha-da
Entschuldigung (f)	사과	sa-gwa
sich entschuldigen	사과하다	sa-gwa-ha-da
um Entschuldigung bitten	용서를 빌다	yong-seo-reul bil-da
Kritik (f)	비판	bi-pan
kritisieren (vt)	비판하다	bi-pan-ha-da
Anklage (f)	비난	bi-nan
anklagen (vt)	비난하다	bi-nan-ha-da
Rache (f)	복수	bok-su
rächen (vt)	복수하다	bok-su-ha-da
sich rächen	갚아주다	ga-pa-ju-da
Verachtung (f)	경멸	gyeong-myeol
verachten (vt)	경멸하다	gyeong-myeol-ha-da
Hass (m)	증오	jeung-o
hassen (vt)	증오하다	jeung-o-ha-da
nervös	긴장한	gin-jang-han
nervös sein	긴장하다	gin-jang-ha-da
verärgert	화가 난	hwa-ga nan
ärgern (vt)	화나게 하다	hwa-na-ge ha-da
Erniedrigung (f)	굴욕	gu-ryok
erniedrigen (vt)	굴욕감을 주다	gu-ryok-ga-meul ju-da
sich erniedrigen	창피를 당하다	chang-pi-reul dang-ha-da
Schock (m)	충격	chung-gyeok
schockieren (vt)	충격을 주다	chung-gyeo-geul ju-da
Ärger (m)	문제	mun-je
unangenehm	불쾌한	bul-kwae-han
Angst (f)	두려움	du-ryeo-um
furchtbar (z.B. -e Sturm)	끔찍한	kkeum-jjik-an
schrecklich	무서운	mu-seo-un
Entsetzen (n)	공포	gong-po

entsetzlich	지독한	ji-dok-an
weinen (vi)	울다	ul-da
anfangen zu weinen	울기 시작하다	ul-gi si-jak-a-da
Träne (f)	눈물	nun-mul
Schuld (f)	잘못	jal-mot
Schuldgefühl (n)	죄책감	joe-chaek-gam
Schmach (f)	불명예	bul-myeong-ye
Protest (m)	항의	hang-ui
Stress (m)	스트레스	seu-teu-re-seu
stören (vt)	방해하다	bang-hae-ha-da
sich ärgern	화내다	hwa-nae-da
ärgerlich	화가 난	hwa-ga nan
abbrechen (vi)	끝내다	kkeun-nae-da
schelten (vi)	욕하다	yok-a-da
erschrecken (vi)	무서워하다	mu-seo-wo-ha-da
schlagen (vt)	치다	chi-da
sich prügeln	싸우다	ssa-u-da
beilegen (Konflikt usw.)	해결하다	hae-gyeol-ha-da
unzufrieden	불만족한	bul-kwae-han
wütend	맹렬한	maeng-nyeol-han
Das ist nicht gut!	그건 좋지 않아요!	geu-geon jo-chi a-na-yo!
Das ist schlecht!	그건 나빠요!	geu-geon na-ppa-yo!

Medizin

71. Krankheiten

Krankheit (f)	병	byeong
krank sein	눕다	nup-da
Gesundheit (f)	건강	geon-gang
Schnupfen (m)	비염	bi-yeom
Angina (f)	편도염	pyeon-do-yeom
Erkältung (f)	감기	gam-gi
sich erkälten	감기에 걸리다	gam-gi-e geol-li-da
Bronchitis (f)	기관지염	gi-gwan-ji-yeom
Lungenentzündung (f)	폐렴	pye-ryeom
Grippe (f)	독감	dok-gam
kurzsichtig	근시의	geun-si-ui
weitsichtig	원시의	won-si-ui
Schielen (n)	사시	sa-si
schielend (Adj)	사시인	sa-si-in
grauer Star (m)	백내장	baeng-nae-jang
Glaukom (n)	녹내장	nong-nae-jang
Schlaganfall (m)	뇌졸중	noe-jol-jung
Infarkt (m)	심장마비	sim-jang-ma-bi
Herzinfarkt (m)	심근경색증	sim-geun-gyeong-saek-jeung
Lähmung (f)	마비	ma-bi
lähmen (vt)	마비되다	ma-bi-doe-da
Allergie (f)	알레르기	al-le-reu-gi
Asthma (n)	천식	cheon-sik
Diabetes (m)	당뇨병	dang-nyo-byeong
Zahnschmerz (m)	치통, 이앓이	chi-tong, i-a-ri
Karies (f)	충치	chung-chi
Durchfall (m)	설사	seol-sa
Verstopfung (f)	변비증	byeon-bi-jeung
Magenverstimmung (f)	배탈	bae-tal
Vergiftung (f)	식중독	sik-jung-dok
Vergiftung bekommen	식중독에 걸리다	sik-jung-do-ge geol-li-da
Arthritis (f)	관절염	gwan-jeo-ryeom
Rachitis (f)	구루병	gu-ru-byeong
Rheumatismus (m)	류머티즘	ryu-meo-ti-jeum
Gastritis (f)	위염	wi-yeom
Blinddarmentzündung (f)	맹장염	maeng-jang-yeom
Cholezystitis (f)	담낭염	dam-nang-yeom

Geschwür (n)	궤양	gwe-yang
Masern (pl)	홍역	hong-yeok
Röteln (pl)	풍진	pung-jin
Gelbsucht (f)	황달	hwang-dal
Hepatitis (f)	간염	gan-nyeom
Schizophrenie (f)	정신 분열증	jeong-sin bu-nyeol-jeung
Tollwut (f)	광견병	gwang-gyeon-byeong
Neurose (f)	신경증	sin-gyeong-jeung
Gehirnerschütterung (f)	뇌진탕	noe-jin-tang
Krebs (m)	암	am
Sklerose (f)	경화증	gyeong-hwa-jeung
multiple Sklerose (f)	다발성 경화증	da-bal-seong gyeong-hwa-jeung
Alkoholismus (m)	알코올 중독	al-ko-ol jung-dok
Alkoholiker (m)	알코올 중독자	al-ko-ol jung-dok-ja
Syphilis (f)	매독	mae-dok
AIDS	에이즈	e-i-jeu
Tumor (m)	종양	jong-yang
bösartig	악성의	ak-seong-ui
gutartig	양성의	yang-seong-ui
Fieber (n)	열병	yeol-byeong
Malaria (f)	말라리아	mal-la-ri-a
Gangrän (f, n)	괴저	goe-jeo
Seekrankheit (f)	뱃멀미	baen-meol-mi
Epilepsie (f)	간질	gan-jil
Epidemie (f)	유행병	yu-haeng-byeong
Typhus (m)	발진티푸스	bal-jin-ti-pu-seu
Tuberkulose (f)	결핵	gyeol-haek
Cholera (f)	콜레라	kol-le-ra
Pest (f)	페스트	pe-seu-teu

72. Symptome. Behandlungen. Teil 1

Symptom (n)	증상	jeung-sang
Temperatur (f)	체온	che-on
Fieber (n)	열	yeol
Puls (m)	맥박	maek-bak
Schwindel (m)	현기증	hyeon-gi-jeung
heiß (Stirne usw.)	뜨거운	tteu-geo-un
Schüttelfrost (m)	전율	jeo-nyul
blass (z.B. -es Gesicht)	창백한	chang-baek-an
Husten (m)	기침	gi-chim
husten (vi)	기침을 하다	gi-chi-meul ha-da
niesen (vi)	재채기하다	jae-chae-gi-ha-da
Ohnmacht (f)	실신	sil-sin
ohnmächtig werden	실신하다	sil-sin-ha-da

blauer Fleck (m)	멍	meong
Beule (f)	혹	hok
sich stoßen	부딪치다	bu-dit-chi-da
Prellung (f)	타박상	ta-bak-sang
sich stoßen	타박상을 입다	ta-bak-sang-eul rip-da
hinken (vi)	절다	jeol-da
Verrenkung (f)	탈구	tal-gu
ausrenken (vt)	탈구하다	tal-gu-ha-da
Fraktur (f)	골절	gol-jeol
brechen (Arm usw.)	골절하다	gol-jeol-ha-da
Schnittwunde (f)	베인	be-in
sich schneiden	베다	jeol-chang-eul rip-da
Blutung (f)	출혈	chul-hyeol
Verbrennung (f)	화상	hwa-sang
sich verbrennen	데다	de-da
stechen (vt)	찌르다	jji-reu-da
sich stechen	찔리다	jjil-li-da
verletzen (vt)	다치다	da-chi-da
Verletzung (f)	부상	bu-sang
Wunde (f)	부상	bu-sang
Trauma (n)	정신적 외상	jeong-sin-jeok goe-sang
irrereden (vi)	망상을 겪다	mang-sang-eul gyeok-da
stottern (vi)	말을 더듬다	ma-reul deo-deum-da
Sonnenstich (m)	일사병	il-sa-byeong

73. Symptome. Behandlungen. Teil 2

Schmerz (m)	통증	tong-jeung
Splitter (m)	가시	ga-si
Schweiß (m)	땀	ttam
schwitzen (vi)	땀이 나다	ttam-i na-da
Erbrechen (n)	구토	gu-to
Krämpfe (pl)	경련	gyeong-nyeon
schwanger	임신한	im-sin-han
geboren sein	태어나다	tae-eo-na-da
Geburt (f)	출산	chul-san
gebären (vt)	낳다	na-ta
Abtreibung (f)	낙태	nak-tae
Atem (m)	호흡	ho-heup
Atemzug (m)	들숨	deul-sum
Ausatmung (f)	날숨	nal-sum
ausatmen (vt)	내쉬다	nae-swi-da
einatmen (vt)	들이쉬다	deu-ri-swi-da
Invalide (m)	장애인	jang-ae-in
Krüppel (m)	병신	byeong-sin

Drogenabhängiger (m)	마약 중독자	ma-yak jung-dok-ja
taub	귀가 먼	gwi-ga meon
stumm	벙어리인	beong-eo-ri-in
taubstumm	농아인	nong-a-in
verrückt (Adj)	미친	mi-chin
Irre (m)	광인	gwang-in
Irre (f)	광인	gwang-in
den Verstand verlieren	미치다	mi-chi-da
Gen (n)	유전자	yu-jeon-ja
Immunität (f)	면역성	myeo-nyeok-seong
erblich	유전의	yu-jeon-ui
angeboren	선천적인	seon-cheon-jeo-gin
Virus (m, n)	바이러스	ba-i-reo-seu
Mikrobe (f)	미생물	mi-saeng-mul
Bakterie (f)	세균	se-gyun
Infektion (f)	감염	gam-nyeom

74. Symptome. Behandlungen. Teil 3

Krankenhaus (n)	병원	byeong-won
Patient (m)	환자	hwan-ja
Diagnose (f)	진단	jin-dan
Heilung (f)	치료	chi-ryo
Behandlung bekommen	치료를 받다	chi-ryo-reul bat-da
behandeln (vt)	치료하다	chi-ryo-ha-da
pflegen (Kranke)	간호하다	gan-ho-ha-da
Pflege (f)	간호	gan-ho
Operation (f)	수술	su-sul
verbinden (vt)	붕대를 감다	bung-dae-reul gam-da
Verband (m)	붕대	bung-dae
Impfung (f)	예방주사	ye-bang-ju-sa
impfen (vt)	접종하다	jeop-jong-ha-da
Spritze (f)	주사	ju-sa
eine Spritze geben	주사하다	ju-sa-ha-da
Amputation (f)	절단	jeol-dan
amputieren (vt)	절단하다	jeol-dan-ha-da
Koma (n)	혼수 상태	hon-su sang-tae
im Koma liegen	혼수 상태에 있다	hon-su sang-tae-e it-da
Reanimation (f)	집중 치료	jip-jung chi-ryo
genesen von … (vi)	회복하다	hoe-bok-a-da
Zustand (m)	상태	sang-tae
Bewusstsein (n)	의식	ui-sik
Gedächtnis (n)	기억	gi-eok
ziehen (einen Zahn ~)	빼다	ppae-da
Plombe (f)	충전물	chung-jeon-mul

plombieren (vt)	때우다	ttae-u-da
Hypnose (f)	최면	choe-myeon
hypnotisieren (vt)	최면을 걸다	choe-myeo-neul geol-da

75. Ärzte

Arzt (m)	의사	ui-sa
Krankenschwester (f)	간호사	gan-ho-sa
Privatarzt (m)	개인 의사	gae-in ui-sa
Zahnarzt (m)	치과 의사	chi-gwa ui-sa
Augenarzt (m)	안과 의사	an-gwa ui-sa
Internist (m)	내과 의사	nae-gwa ui-sa
Chirurg (m)	외과 의사	oe-gwa ui-sa
Psychiater (m)	정신과 의사	jeong-sin-gwa ui-sa
Kinderarzt (m)	소아과 의사	so-a-gwa ui-sa
Psychologe (m)	심리학자	sim-ni-hak-ja
Frauenarzt (m)	부인과 의사	bu-in-gwa ui-sa
Kardiologe (m)	심장병 전문의	sim-jang-byeong jeon-mun-ui

76. Medizin. Medikamente. Accessoires

Arznei (f)	약	yak
Heilmittel (n)	약제	yak-je
Rezept (n)	처방	cheo-bang
Tablette (f)	정제	jeong-je
Salbe (f)	연고	yeon-go
Ampulle (f)	앰풀	aem-pul
Mixtur (f)	혼합물	hon-ham-mul
Sirup (m)	물약	mul-lyak
Pille (f)	알약	a-ryak
Pulver (n)	가루약	ga-ru-yak
Verband (m)	거즈 붕대	geo-jeu bung-dae
Watte (f)	솜	som
Jod (n)	요오드	yo-o-deu
Pflaster (n)	반창고	ban-chang-go
Pipette (f)	점안기	jeom-an-gi
Thermometer (n)	체온계	che-on-gye
Spritze (f)	주사기	ju-sa-gi
Rollstuhl (m)	휠체어	hwil-che-eo
Krücken (pl)	목발	mok-bal
Betäubungsmittel (n)	진통제	jin-tong-je
Abführmittel (n)	완하제	wan-ha-je
Spiritus (m)	알코올	al-ko-ol
Heilkraut (n)	약초	yak-cho
Kräuter- (z.B. Kräutertee)	약초의	yak-cho-ui

77. Rauchen. Tabakwaren

Tabak (m)	담배	dam-bae
Zigarette (f)	담배	dam-bae
Zigarre (f)	시가	si-ga
Pfeife (f)	담뱃대	dam-baet-dae
Packung (f)	갑	gap
Streichhölzer (pl)	성냥	seong-nyang
Streichholzschachtel (f)	성냥 갑	seong-nyang gap
Feuerzeug (n)	라이터	ra-i-teo
Aschenbecher (m)	재떨이	jae-tteo-ri
Zigarettenetui (n)	담배 케이스	dam-bae ke-i-seu
Mundstück (n)	물부리	mul-bu-ri
Filter (n)	필터	pil-teo
rauchen (vi, vt)	피우다	pi-u-da
anrauchen (vt)	담배에 불을 붙이다	dam-bae-e bu-reul bu-chi-da
Rauchen (n)	흡연	heu-byeon
Raucher (m)	흡연자	heu-byeon-ja
Stummel (m)	꽁초	kkong-cho
Rauch (m)	연기	yeon-gi
Asche (f)	재	jae

LEBENSRAUM DES MENSCHEN

Stadt

78. Stadt. Leben in der Stadt

Stadt (f)	도시	do-si
Hauptstadt (f)	수도	su-do
Dorf (n)	마을	ma-eul
Stadtplan (m)	도시 지도	do-si ji-do
Stadtzentrum (n)	시내	si-nae
Vorort (m)	근교	geun-gyo
Vorort-	근교의	geun-gyo-ui
Umgebung (f)	주변	ju-byeon
Stadtviertel (n)	한 구획	han gu-hoek
Wohnblock (m)	동	dong
Straßenverkehr (m)	교통	gyo-tong
Ampel (f)	신호등	sin-ho-deung
Stadtverkehr (m)	대중교통	dae-jung-gyo-tong
Straßenkreuzung (f)	교차로	gyo-cha-ro
Übergang (m)	횡단 보도	hoeng-dan bo-do
Fußgängerunterführung (f)	지하 보도	ji-ha bo-do
überqueren (vt)	건너가다	geon-neo-ga-da
Fußgänger (m)	보행자	bo-haeng-ja
Gehweg (m)	인도	in-do
Brücke (f)	다리	da-ri
Kai (m)	강변로	gang-byeon-no
Allee (f)	길	gil
Park (m)	공원	gong-won
Boulevard (m)	대로	dae-ro
Platz (m)	광장	gwang-jang
Avenue (f)	가로	ga-ro
Straße (f)	거리	geo-ri
Gasse (f)	골목	gol-mok
Sackgasse (f)	막다른길	mak-da-reun-gil
Haus (n)	집	jip
Gebäude (n)	빌딩	bil-ding
Wolkenkratzer (m)	고층 건물	go-cheung geon-mul
Fassade (f)	전면	jeon-myeon
Dach (n)	지붕	ji-bung
Fenster (n)	창문	chang-mun

Bogen (m)	아치	a-chi
Säule (f)	기둥	gi-dung
Ecke (f)	모퉁이	mo-tung-i
Schaufenster (n)	쇼윈도우	syo-win-do-u
Firmenschild (n)	간판	gan-pan
Anschlag (m)	포스터	po-seu-teo
Werbeposter (m)	광고 포스터	gwang-go po-seu-teo
Werbeschild (n)	광고판	gwang-go-pan
Müll (m)	쓰레기	sseu-re-gi
Mülleimer (m)	쓰레기통	sseu-re-gi-tong
Mülldeponie (f)	쓰레기장	sseu-re-gi-jang
Telefonzelle (f)	공중 전화	gong-jung jeon-hwa
Straßenlaterne (f)	가로등	ga-ro-deung
Bank (Park-)	벤치	ben-chi
Polizist (m)	경찰관	gyeong-chal-gwan
Polizei (f)	경찰	gyeong-chal
Bettler (m)	거지	geo-ji
Obdachlose (m)	노숙자	no-suk-ja

79. Innerstädtische Einrichtungen

Laden (m)	가게, 상점	ga-ge, sang-jeom
Apotheke (f)	약국	yak-guk
Optik (f)	안경 가게	an-gyeong ga-ge
Einkaufszentrum (n)	쇼핑몰	syo-ping-mol
Supermarkt (m)	슈퍼마켓	syu-peo-ma-ket
Bäckerei (f)	빵집	ppang-jip
Bäcker (m)	제빵사	je-ppang-sa
Konditorei (f)	제과점	je-gwa-jeom
Lebensmittelladen (m)	식료품점	sing-nyo-pum-jeom
Metzgerei (f)	정육점	jeong-yuk-jeom
Gemüseladen (m)	야채 가게	ya-chae ga-ge
Markt (m)	시장	si-jang
Kaffeehaus (n)	커피숍	keo-pi-syop
Restaurant (n)	레스토랑	re-seu-to-rang
Bierstube (f)	바	ba
Pizzeria (f)	피자 가게	pi-ja ga-ge
Friseursalon (m)	미장원	mi-jang-won
Post (f)	우체국	u-che-guk
chemische Reinigung (f)	드라이 클리닝	deu-ra-i keul-li-ning
Fotostudio (n)	사진관	sa-jin-gwan
Schuhgeschäft (n)	신발 가게	sin-bal ga-ge
Buchhandlung (f)	서점	seo-jeom
Sportgeschäft (n)	스포츠용품 매장	seu-po-cheu-yong-pum mae-jang

Kleiderreparatur (f)	옷 수선 가게	ot su-seon ga-ge
Bekleidungsverleih (m)	의류 임대	ui-ryu im-dae
Videothek (f)	비디오 대여	bi-di-o dae-yeo
Zirkus (m)	서커스	seo-keo-seu
Zoo (m)	동물원	dong-mu-rwon
Kino (n)	영화관	yeong-hwa-gwan
Museum (n)	박물관	bang-mul-gwan
Bibliothek (f)	도서관	do-seo-gwan
Theater (n)	극장	geuk-jang
Opernhaus (n)	오페라극장	o-pe-ra-geuk-jang
Nachtklub (m)	나이트 클럽	na-i-teu keul-leop
Kasino (n)	카지노	ka-ji-no
Moschee (f)	모스크	mo-seu-keu
Synagoge (f)	유대교 회당	yu-dae-gyo hoe-dang
Kathedrale (f)	대성당	dae-seong-dang
Tempel (m)	사원, 신전	sa-won, sin-jeon
Kirche (f)	교회	gyo-hoe
Institut (n)	단과대학	dan-gwa-dae-hak
Universität (f)	대학교	dae-hak-gyo
Schule (f)	학교	hak-gyo
Präfektur (f)	도, 현	do, hyeon
Rathaus (n)	시청	si-cheong
Hotel (n)	호텔	ho-tel
Bank (f)	은행	eun-haeng
Botschaft (f)	대사관	dae-sa-gwan
Reisebüro (n)	여행사	yeo-haeng-sa
Informationsbüro (n)	안내소	an-nae-so
Wechselstube (f)	환전소	hwan-jeon-so
U-Bahn (f)	지하철	ji-ha-cheol
Krankenhaus (n)	병원	byeong-won
Tankstelle (f)	주유소	ju-yu-so
Parkplatz (m)	주차장	ju-cha-jang

80. Schilder

Firmenschild (n)	간판	gan-pan
Aufschrift (f)	안내문	an-nae-mun
Plakat (n)	포스터	po-seu-teo
Wegweiser (m)	방향표시	bang-hyang-pyo-si
Pfeil (m)	화살표	hwa-sal-pyo
Vorsicht (f)	경고	gyeong-go
Warnung (f)	경고판	gyeong-go-pan
warnen (vt)	경고하다	gyeong-go-ha-da
freier Tag (m)	휴일	hyu-il
Fahrplan (m)	시간표	si-gan-pyo

Öffnungszeiten (pl)	영업 시간	yeong-eop si-gan
HERZLICH WILLKOMMEN!	어서 오세요!	eo-seo o-se-yo!
EINGANG	입구	ip-gu
AUSGANG	출구	chul-gu
DRÜCKEN	미세요	mi-se-yo
ZIEHEN	당기세요	dang-gi-se-yo
GEÖFFNET	열림	yeol-lim
GESCHLOSSEN	닫힘	da-chim
DAMEN, FRAUEN	여성전용	yeo-seong-jeo-nyong
HERREN, MÄNNER	남성	nam-seong-jeo-nyong
AUSVERKAUF	할인	ha-rin
REDUZIERT	세일	se-il
NEU!	신상품	sin-sang-pum
GRATIS	공짜	gong-jja
ACHTUNG!	주의!	ju-ui!
ZIMMER BELEGT	빈 방 없음	bin bang eop-seum
RESERVIERT	예약석	ye-yak-seok
VERWALTUNG	관리부	gwal-li-bu
NUR FÜR PERSONAL	직원 전용	ji-gwon jeo-nyong
VORSICHT BISSIGER HUND	개조심	gae-jo-sim
RAUCHEN VERBOTEN!	금연	geu-myeon
BITTE NICHT BERÜHREN	손 대지 마시오!	son dae-ji ma-si-o!
GEFÄHRLICH	위험	wi-heom
VORSICHT!	위험	wi-heom
HOCHSPANNUNG	고전압	go-jeon-ap
BADEN VERBOTEN	수영 금지	su-yeong geum-ji
AUßER BETRIEB	수리중	su-ri-jung
LEICHTENTZÜNDLICH	가연성 물자	ga-yeon-seong mul-ja
VERBOTEN	금지	geum-ji
DURCHGANG VERBOTEN	출입 금지	chu-rip geum-ji
FRISCH GESTRICHEN	칠 주의	chil ju-ui

81. Innerstädtischer Transport

Bus (m)	버스	beo-seu
Straßenbahn (f)	전차	jeon-cha
Obus (m)	트롤리 버스	teu-rol-li beo-seu
Linie (f)	노선	no-seon
Nummer (f)	번호	beon-ho
mit ... fahren	··· 타고 가다	... ta-go ga-da
einsteigen (vi)	타다	ta-da
aussteigen (aus dem Bus)	··· 에서 내리다	... e-seo nae-ri-da
Haltestelle (f)	정류장	jeong-nyu-jang
nächste Haltestelle (f)	다음 정류장	da-eum jeong-nyu-jang

Endhaltestelle (f)	종점	jong-jeom
Fahrplan (m)	시간표	si-gan-pyo
warten (vi, vt)	기다리다	gi-da-ri-da
Fahrkarte (f)	표	pyo
Fahrpreis (m)	요금	yo-geum
Kassierer (m)	계산원	gye-san-won
Fahrkartenkontrolle (f)	검표	geom-pyo
Fahrkartenkontrolleur (m)	검표원	geom-pyo-won
sich verspäten	… 시간에 늦다	… si-gan-e neut-da
versäumen (Zug usw.)	놓치다	no-chi-da
sich beeilen	서두르다	seo-du-reu-da
Taxi (n)	택시	taek-si
Taxifahrer (m)	택시 운전 기사	taek-si un-jeon gi-sa
mit dem Taxi	택시로	taek-si-ro
Taxistand (m)	택시 정류장	taek-si jeong-nyu-jang
ein Taxi rufen	택시를 부르다	taek-si-reul bu-reu-da
ein Taxi nehmen	택시를 타다	taek-si-reul ta-da
Straßenverkehr (m)	교통	gyo-tong
Stau (m)	교통 체증	gyo-tong che-jeung
Hauptverkehrszeit (f)	러시 아워	reo-si a-wo
parken (vi)	주차하다	ju-cha-ha-da
parken (vt)	주차하다	ju-cha-ha-da
Parkplatz (m)	주차장	ju-cha-jang
U-Bahn (f)	지하철	ji-ha-cheol
Station (f)	역	yeok
mit der U-Bahn fahren	지하철을 타다	ji-ha-cheo-reul ta-da
Zug (m)	기차	gi-cha
Bahnhof (m)	기차역	gi-cha-yeok

82. Sehenswürdigkeiten

Denkmal (n)	기념비	gi-nyeom-bi
Festung (f)	요새	yo-sae
Palast (m)	궁전	gung-jeon
Schloss (n)	성	seong
Turm (m)	탑	tap
Mausoleum (n)	영묘	yeong-myo
Architektur (f)	건축	geon-chuk
mittelalterlich	중세의	jung-se-ui
alt (antik)	고대의	go-dae-ui
national	국가의	guk-ga-ui
berühmt	유명한	yu-myeong-han
Tourist (m)	관광객	gwan-gwang-gaek
Fremdenführer (m)	가이드	ga-i-deu
Ausflug (m)	견학, 관광	gyeon-hak, gwan-gwang
zeigen (vt)	보여주다	bo-yeo-ju-da

erzählen (vt)	이야기하다	i-ya-gi-ha-da
finden (vt)	찾다	chat-da
sich verlieren	길을 잃다	gi-reul ril-ta
Karte (U-Bahn ~)	노선도	no-seon-do
Karte (Stadt-)	지도	ji-do
Souvenir (n)	기념품	gi-nyeom-pum
Souvenirladen (m)	기념품 가게	gi-nyeom-pum ga-ge
fotografieren (vt)	사진을 찍다	sa-ji-neul jjik-da
sich fotografieren	사진을 찍다	sa-ji-neul jjik-da

83. Shopping

kaufen (vt)	사다	sa-da
Einkauf (m)	구매	gu-mae
einkaufen gehen	쇼핑하다	syo-ping-ha-da
Einkaufen (n)	쇼핑	syo-ping
offen sein (Laden)	열리다	yeol-li-da
zu sein	닫다	dat-da
Schuhe (pl)	신발	sin-bal
Kleidung (f)	옷	ot
Kosmetik (f)	화장품	hwa-jang-pum
Lebensmittel (pl)	식품	sik-pum
Geschenk (n)	선물	seon-mul
Verkäufer (m)	판매원	pan-mae-won
Verkäuferin (f)	여판매원	yeo-pan-mae-won
Kasse (f)	계산대	gye-san-dae
Spiegel (m)	거울	geo-ul
Ladentisch (m)	계산대	gye-san-dae
Umkleidekabine (f)	탈의실	ta-rui-sil
anprobieren (vt)	입어보다	i-beo-bo-da
passen (Schuhe, Kleid)	어울리다	eo-ul-li-da
gefallen (vi)	좋아하다	jo-a-ha-da
Preis (m)	가격	ga-gyeok
Preisschild (n)	가격표	ga-gyeok-pyo
kosten (vt)	값이 … 이다	gap-si … i-da
Wie viel?	얼마?	eol-ma?
Rabatt (m)	할인	ha-rin
preiswert	비싸지 않은	bi-ssa-ji a-neun
billig	싼	ssan
teuer	비싼	bi-ssan
Das ist teuer	비쌉니다	bi-ssam-ni-da
Verleih (m)	임대	im-dae
leihen, mieten (ein Auto usw.)	빌리다	bil-li-da
Kredit (m), Darlehen (n)	신용	si-nyong
auf Kredit	신용으로	si-nyong-eu-ro

84. Geld

Geld (n)	돈	don
Austausch (m)	환전	hwan-jeon
Kurs (m)	환율	hwa-nyul
Geldautomat (m)	현금 자동 지급기	hyeon-geum ja-dong ji-geup-gi
Münze (f)	동전	dong-jeon
Dollar (m)	달러	dal-leo
Euro (m)	유로	yu-ro
Lira (f)	리라	ri-ra
Mark (f)	마르크	ma-reu-keu
Franken (m)	프랑	peu-rang
Pfund Sterling (n)	파운드	pa-un-deu
Yen (m)	엔	en
Schulden (pl)	빚	bit
Schuldner (m)	채무자	chae-mu-ja
leihen (vt)	빌려주다	bil-lyeo-ju-da
leihen, borgen (Geld usw.)	빌리다	bil-li-da
Bank (f)	은행	eun-haeng
Konto (n)	계좌	gye-jwa
auf ein Konto einzahlen	계좌에 입금하다	ip-geum-ha-da
abheben (vt)	출금하다	chul-geum-ha-da
Kreditkarte (f)	신용 카드	si-nyong ka-deu
Bargeld (n)	현금	hyeon-geum
Scheck (m)	수표	su-pyo
einen Scheck schreiben	수표를 끊다	su-pyo-reul kkeun-ta
Scheckbuch (n)	수표책	su-pyo-chaek
Geldtasche (f)	지갑	ji-gap
Geldbeutel (m)	동전지갑	dong-jeon-ji-gap
Safe (m)	금고	geum-go
Erbe (m)	상속인	sang-so-gin
Erbschaft (f)	유산	yu-san
Vermögen (n)	재산, 큰돈	jae-san, keun-don
Pacht (f)	임대	im-dae
Miete (f)	집세	jip-se
mieten (vt)	임대하다	im-dae-ha-da
Preis (m)	가격	ga-gyeok
Kosten (pl)	비용	bi-yong
Summe (f)	액수	aek-su
ausgeben (vt)	쓰다	sseu-da
Ausgaben (pl)	출비를	chul-bi-reul
sparen (vt)	절약하다	jeo-ryak-a-da
sparsam	경제적인	gyeong-je-jeo-gin
zahlen (vt)	지불하다	ji-bul-ha-da

Lohn (m)	지불	ji-bul
Wechselgeld (n)	거스름돈	geo-seu-reum-don
Steuer (f)	세금	se-geum
Geldstrafe (f)	벌금	beol-geum
bestrafen (vt)	벌금을 부과하다	beol-geu-meul bu-gwa-ha-da

85. Post. Postdienst

Post (Postamt)	우체국	u-che-guk
Post (Postsendungen)	우편물	u-pyeon-mul
Briefträger (m)	우체부	u-che-bu
Öffnungszeiten (pl)	영업 시간	yeong-eop si-gan
Brief (m)	편지	pyeon-ji
Einschreibebrief (m)	등기 우편	deung-gi u-pyeon
Postkarte (f)	엽서	yeop-seo
Telegramm (n)	전보	jeon-bo
Postpaket (n)	소포	so-po
Geldanweisung (f)	송금	song-geum
bekommen (vt)	받다	bat-da
abschicken (vt)	보내다	bo-nae-da
Absendung (f)	발송	bal-song
Postanschrift (f)	주소	ju-so
Postleitzahl (f)	우편 번호	u-pyeon beon-ho
Absender (m)	발송인	bal-song-in
Empfänger (m)	수신인	su-sin-in
Vorname (m)	이름	i-reum
Nachname (m)	성	seong
Tarif (m)	요금	yo-geum
Standard- (Tarif)	일반의	il-ba-nui
Spar- (-tarif)	경제적인	gyeong-je-jeo-gin
Gewicht (n)	무게	mu-ge
abwiegen (vt)	무게를 달다	mu-ge-reul dal-da
Briefumschlag (m)	봉투	bong-tu
Briefmarke (f)	우표	u-pyo

Wohnung. Haus. Zuhause

86. Haus. Wohnen

Haus (n)	집	jip
zu Hause	집에	ji-be
Hof (m)	마당	ma-dang
Zaun (m)	울타리	ul-ta-ri
Ziegel (m)	벽돌	byeok-dol
Ziegel-	벽돌의	byeok-do-rui
Stein (m)	돌	dol
Stein-	돌의	do-rui
Beton (m)	콘크리트	kon-keu-ri-teu
Beton-	콘크리트의	kon-keu-ri-teu-ui
neu	새로운	sae-ro-un
alt	오래된	o-rae-doen
baufällig	쓰러질듯한	sseu-reo-jil-deu-tan
modern	근대의	geun-dae-ui
mehrstöckig	다층의	da-cheung-ui
hoch	높은	no-peun
Stock (m)	층	cheung
einstöckig	단층의	dan-cheung-ui
Erdgeschoß (n)	일층	il-cheung
oberster Stock (m)	꼭대기층	kkok-dae-gi-cheung
Dach (n)	지붕	ji-bung
Schlot (m)	굴뚝	gul-ttuk
Dachziegel (m)	기와	gi-wa
Dachziegel-	기와를 얹은	gi-wa-reul reon-jeun
Dachboden (m)	다락	da-rak
Fenster (n)	창문	chang-mun
Glas (n)	유리	yu-ri
Fensterbrett (n)	창가	chang-ga
Fensterläden (pl)	덧문	deon-mun
Wand (f)	벽	byeok
Balkon (m)	발코니	bal-ko-ni
Regenfallrohr (n)	선홈통	seon-hom-tong
nach oben	위층으로	wi-cheung-eu-ro
hinaufgehen (vi)	위층에 올라가다	wi-cheung-e ol-la-ga-da
herabsteigen (vi)	내려오다	nae-ryeo-o-da
umziehen (vi)	이사가다	i-sa-ga-da

87. Haus. Eingang. Lift

Eingang (m)	입구	ip-gu
Treppe (f)	계단	gye-dan
Stufen (pl)	단	dan
Geländer (n)	난간	nan-gan
Halle (f)	로비	ro-bi
Briefkasten (m)	우편함	u-pyeon-ham
Müllkasten (m)	쓰레기통	sseu-re-gi-tong
Müllschlucker (m)	쓰레기 활송 장치	sseu-re-gi hwal-song jang-chi
Aufzug (m)	엘리베이터	el-li-be-i-teo
Lastenaufzug (m)	화물 엘리베이터	hwa-mul rel-li-be-i-teo
Aufzugkabine (f)	엘리베이터 카	el-li-be-i-teo ka
Aufzug nehmen	엘리베이터를 타다	el-li-be-i-teo-reul ta-da
Wohnung (f)	아파트	a-pa-teu
Mieter (pl)	주민	ju-min
Nachbar (m)	이웃	i-ut
Nachbarin (f)	이웃	i-ut
Nachbarn (pl)	이웃들	i-ut-deul

88. Haus. Elektrizität

Elektrizität (f)	전기	jeon-gi
Glühbirne (f)	전구	jeon-gu
Schalter (m)	스위치	seu-wi-chi
Sicherung (f)	퓨즈	pyu-jeu
Draht (m)	전선	jeon-seon
Leitung (f)	배선	bae-seon
Stromzähler (m)	전기 계량기	jeon-gi gye-ryang-gi
Zählerstand (m)	판독값	pan-dok-gap

89. Haus. Türen. Schlösser

Tür (f)	문	mun
Tor (der Villa usw.)	대문	dae-mun
Griff (m)	손잡이	son-ja-bi
aufschließen (vt)	빗장을 벗기다	bit-jang-eul beot-gi-da
öffnen (vt)	열다	yeol-da
schließen (vt)	닫다	dat-da
Schlüssel (m)	열쇠	yeol-soe
Bündel (n)	열쇠 꾸러미	yeol-soe kku-reo-mi
knarren (vi)	삐걱거리다	ppi-geok-geo-ri-da
Knarren (n)	삐걱거리는 소리	ppi-geok-geo-ri-neun so-ri
Türscharnier (n)	경첩	gyeong-cheop
Fußmatte (f)	문 매트	mun mae-teu
Schloss (n)	자물쇠	ja-mul-soe

Schlüsselloch (n)	열쇠 구멍	yeol-soe gu-meong
Türriegel (m)	빗장	bit-jang
kleiner Türriegel (m)	빗장걸이	bit-jang-geo-ri
Vorhängeschloss (n)	맹꽁이 자물쇠	maeng-kkong-i ja-mul-soe
klingeln (vi)	울리다	ul-li-da
Klingel (Laut)	벨소리	bel-so-ri
Türklingel (f)	벨	bel
Knopf (m)	초인종	cho-in-jong
Klopfen (n)	노크	no-keu
anklopfen (vi)	두드리다	du-deu-ri-da
Code (m)	코드	ko-deu
Zahlenschloss (n)	숫자 배합 자물쇠	sut-ja bae-hap ja-mul-soe
Sprechanlage (f)	인터콤	in-teo-kom
Nummer (f)	번호	beon-ho
Türschild (n)	문패	mun-pae
Türspion (m)	문구멍	mun-gu-meong

90. Landhaus

Dorf (n)	마을	ma-eul
Gemüsegarten (m)	채소밭	chae-so-bat
Zaun (m)	울타리	ul-ta-ri
Lattenzaun (m)	말뚝 울타리	mal-ttuk gul-ta-ri
Zauntür (f)	쪽문	jjong-mun
Speicher (m)	곡창	gok-chang
Keller (m)	지하 저장실	ji-ha jeo-jang-sil
Schuppen (m)	헛간	heot-gan
Brunnen (m)	우물	u-mul
Ofen (m)	화덕	hwa-deok
heizen (Ofen ~)	불을 지피다	bu-reul ji-pi-da
Holz (n)	장작	jang-jak
Holzscheit (n)	통나무	tong-na-mu
Veranda (f)	베란다	be-ran-da
Terrasse (f)	테라스	te-ra-seu
Außentreppe (f)	현관	hyeon-gwan
Schaukel (f)	그네	geu-ne

91. Villa. Schloss

Landhaus (n)	시외 주택	si-oe ju-taek
Villa (f)	별장	byeol-jang
Flügel (m)	동	dong
Garten (m)	정원	jeong-won
Park (m)	공원	gong-won
Orangerie (f)	열대온실	yeol-dae-on-sil
pflegen (Garten usw.)	… 을 맡다	... eul mat-da

Schwimmbad (n)	수영장	su-yeong-jang
Kraftraum (m)	헬스장	hel-seu-jang
Tennisplatz (m)	테니스장	te-ni-seu-jang
Heimkinoraum (m)	홈씨어터	hom-ssi-eo-teo
Garage (f)	차고	cha-go
Privateigentum (n)	개인 소유물	gae-in so-yu-mul
Privatgrundstück (n)	사유 토지	sa-yu to-ji
Warnung (f)	경고	gyeong-go
Warnschild (n)	경고판	gyeong-go-pan
Bewachung (f)	보안	bo-an
Wächter (m)	보안요원	bo-a-nyo-won
Alarmanlage (f)	도난 경보기	do-nan gyeong-bo-gi

92. Burg. Palast

Schloss (n)	성	seong
Palast (m)	궁전	gung-jeon
Festung (f)	요새	yo-sae
Mauer (f)	성벽	seong-byeok
Turm (m)	탑	tap
Bergfried (m)	내성	nae-seong
Fallgatter (n)	내리닫이 쇠창살문	nae-ri-da-ji soe-chang-sal-mun
Tunnel (n)	지하 통로	ji-ha tong-no
Graben (m)	해자	hae-ja
Kette (f)	쇠사슬	soe-sa-seul
Schießscharte (f)	총안	chong-an
großartig, prächtig	장대한	jang-dae-han
majestätisch	장엄한	jang-eom-han
unnahbar	난공불락의	nan-gong-bul-la-gui
mittelalterlich	중세의	jung-se-ui

93. Wohnung

Wohnung (f)	아파트	a-pa-teu
Zimmer (n)	방	bang
Schlafzimmer (n)	침실	chim-sil
Esszimmer (n)	식당	sik-dang
Wohnzimmer (n)	거실	geo-sil
Arbeitszimmer (n)	서재	seo-jae
Vorzimmer (n)	곁방	gyeot-bang
Badezimmer (n)	욕실	yok-sil
Toilette (f)	화장실	hwa-jang-sil
Decke (f)	천장	cheon-jang
Fußboden (m)	마루	ma-ru
Ecke (f)	구석	gu-seok

94. Wohnung. Saubermachen

aufräumen (vt)	청소하다	cheong-so-ha-da
weglegen (vt)	치우다	chi-u-da
Staub (m)	먼지	meon-ji
staubig	먼지 투성이의	meon-ji tu-seong-i-ui
Staub abwischen	먼지를 떨다	meon-ji-reul tteol-da
Staubsauger (m)	진공 청소기	jin-gong cheong-so-gi
Staub saugen	진공 청소기로 청소하다	jin-gong cheong-so-gi-ro cheong-so-ha-da
kehren, fegen (vt)	쓸다	sseul-da
Kehricht (m, n)	쓸기	sseul-gi
Ordnung (f)	정돈	jeong-don
Unordnung (f)	뒤죽박죽	dwi-juk-bak-juk
Schrubber (m)	대걸레	dae-geol-le
Lappen (m)	행주	haeng-ju
Besen (m)	빗자루	bit-ja-ru
Kehrichtschaufel (f)	쓰레받기	sseu-re-bat-gi

95. Möbel. Innenausstattung

Möbel (n)	가구	ga-gu
Tisch (m)	식탁, 테이블	sik-tak, te-i-beul
Stuhl (m)	의자	ui-ja
Bett (n)	침대	chim-dae
Sofa (n)	소파	so-pa
Sessel (m)	안락 의자	al-lak gui-ja
Bücherschrank (m)	책장	chaek-jang
Regal (n)	책꽂이	chaek-kko-ji
Schrank (m)	옷장	ot-jang
Hakenleiste (f)	옷걸이	ot-geo-ri
Kleiderständer (m)	스탠드옷걸이	seu-taen-deu-ot-geo-ri
Kommode (f)	서랍장	seo-rap-jang
Couchtisch (m)	커피 테이블	keo-pi te-i-beul
Spiegel (m)	거울	geo-ul
Teppich (m)	양탄자	yang-tan-ja
Matte (kleiner Teppich)	러그	reo-geu
Kamin (m)	벽난로	byeong-nan-no
Kerze (f)	초	cho
Kerzenleuchter (m)	촛대	chot-dae
Vorhänge (pl)	커튼	keo-teun
Tapete (f)	벽지	byeok-ji
Jalousie (f)	블라인드	beul-la-in-deu
Tischlampe (f)	테이블 램프	deung

Leuchte (f)	벽등	byeok-deung
Stehlampe (f)	플로어 스탠드	peul-lo-eo seu-taen-deu
Kronleuchter (m)	샹들리에	syang-deul-li-e
Bein (Tischbein usw.)	다리	da-ri
Armlehne (f)	팔걸이	pal-geo-ri
Lehne (f)	등받이	deung-ba-ji
Schublade (f)	서랍	seo-rap

96. Bettwäsche

Bettwäsche (f)	침구	chim-gu
Kissen (n)	베개	be-gae
Kissenbezug (m)	베갯잇	be-gaen-nit
Bettdecke (f)	이불	i-bul
Laken (n)	시트	si-teu
Tagesdecke (f)	침대보	chim-dae-bo

97. Küche

Küche (f)	부엌	bu-eok
Gas (n)	가스	ga-seu
Gasherd (m)	가스 레인지	ga-seu re-in-ji
Elektroherd (m)	전기 레인지	jeon-gi re-in-ji
Backofen (m)	오븐	o-beun
Mikrowellenherd (m)	전자 레인지	jeon-ja re-in-ji
Kühlschrank (m)	냉장고	naeng-jang-go
Tiefkühltruhe (f)	냉동고	naeng-dong-go
Geschirrspülmaschine (f)	식기 세척기	sik-gi se-cheok-gi
Fleischwolf (m)	고기 분쇄기	go-gi bun-swae-gi
Saftpresse (f)	과즙기	gwa-jeup-gi
Toaster (m)	토스터	to-seu-teo
Mixer (m)	믹서기	mik-seo-gi
Kaffeemaschine (f)	커피 메이커	keo-pi me-i-keo
Kaffeekanne (f)	커피 주전자	keo-pi ju-jeon-ja
Kaffeemühle (f)	커피 그라인더	keo-pi geu-ra-in-deo
Wasserkessel (m)	주전자	ju-jeon-ja
Teekanne (f)	티팟	ti-pat
Deckel (m)	뚜껑	ttu-kkeong
Teesieb (n)	차거름망	cha-geo-reum-mang
Löffel (m)	숟가락	sut-ga-rak
Teelöffel (m)	티스푼	ti-seu-pun
Esslöffel (m)	숟가락	sut-ga-rak
Gabel (f)	포크	po-keu
Messer (n)	칼	kal
Geschirr (n)	식기	sik-gi
Teller (m)	접시	jeop-si

Untertasse (f)	받침 접시	bat-chim jeop-si
Schnapsglas (n)	소주잔	so-ju-jan
Glas (n)	유리잔	yu-ri-jan
Tasse (f)	컵	keop
Zuckerdose (f)	설탕그릇	seol-tang-geu-reut
Salzstreuer (m)	소금통	so-geum-tong
Pfefferstreuer (m)	후추통	hu-chu-tong
Butterdose (f)	버터 접시	beo-teo jeop-si
Kochtopf (m)	냄비	naem-bi
Pfanne (f)	프라이팬	peu-ra-i-paen
Schöpflöffel (m)	국자	guk-ja
Durchschlag (m)	체	che
Tablett (n)	쟁반	jaeng-ban
Flasche (f)	병	byeong
Glas (Einmachglas)	유리병	yu-ri-byeong
Dose (f)	캔, 깡통	kaen, kkang-tong
Flaschenöffner (m)	병따개	byeong-tta-gae
Dosenöffner (m)	깡통 따개	kkang-tong tta-gae
Korkenzieher (m)	코르크 마개 뽑이	ko-reu-keu ma-gae ppo-bi
Filter (n)	필터	pil-teo
filtern (vt)	여과하다	yeo-gwa-ha-da
Müll (m)	쓰레기	sseu-re-gi
Mülleimer, Treteimer (m)	쓰레기통	sseu-re-gi-tong

98. Bad

Badezimmer (n)	욕실	yok-sil
Wasser (n)	물	mul
Wasserhahn (m)	수도꼭지	su-do-kkok-ji
Warmwasser (n)	온수	on-su
Kaltwasser (n)	냉수	naeng-su
Zahnpasta (f)	치약	chi-yak
Zähne putzen	이를 닦다	i-reul dak-da
sich rasieren	깎다	kkak-da
Rasierschaum (m)	면도 크림	myeon-do keu-rim
Rasierer (m)	면도기	myeon-do-gi
waschen (vt)	씻다	ssit-da
sich waschen	목욕하다	mo-gyok-a-da
Dusche (f)	샤워	sya-wo
sich duschen	샤워하다	sya-wo-ha-da
Badewanne (f)	욕조	yok-jo
Klosettbecken (n)	변기	byeon-gi
Waschbecken (n)	세면대	se-myeon-dae
Seife (f)	비누	bi-nu
Seifenschale (f)	비누 그릇	bi-nu geu-reut

Schwamm (m)	스펀지	seu-peon-ji
Shampoo (n)	샴푸	syam-pu
Handtuch (n)	수건	su-geon
Bademantel (m)	목욕가운	mo-gyok-ga-un
Wäsche (f)	빨래	ppal-lae
Waschmaschine (f)	세탁기	se-tak-gi
waschen (vt)	빨래하다	ppal-lae-ha-da
Waschpulver (n)	가루세제	ga-ru-se-je

99. Haushaltsgeräte

Fernseher (m)	텔레비전	tel-le-bi-jeon
Tonbandgerät (n)	카세트 플레이어	ka-se-teu peul-le-i-eo
Videorekorder (m)	비디오테이프 녹화기	bi-di-o-te-i-peu nok-wa-gi
Empfänger (m)	라디오	ra-di-o
Player (m)	플레이어	peul-le-i-eo
Videoprojektor (m)	프로젝터	peu-ro-jek-teo
Heimkino (n)	홈씨어터	hom-ssi-eo-teo
DVD-Player (m)	디비디 플레이어	di-bi-di peul-le-i-eo
Verstärker (m)	앰프	aem-peu
Spielkonsole (f)	게임기	ge-im-gi
Videokamera (f)	캠코더	kaem-ko-deo
Kamera (f)	카메라	ka-me-ra
Digitalkamera (f)	디지털 카메라	di-ji-teol ka-me-ra
Staubsauger (m)	진공 청소기	jin-gong cheong-so-gi
Bügeleisen (n)	다리미	da-ri-mi
Bügelbrett (n)	다림질 판	da-rim-jil pan
Telefon (n)	전화	jeon-hwa
Mobiltelefon (n)	휴대폰	hyu-dae-pon
Schreibmaschine (f)	타자기	ta-ja-gi
Nähmaschine (f)	재봉틀	jae-bong-teul
Mikrophon (n)	마이크	ma-i-keu
Kopfhörer (m)	헤드폰	he-deu-pon
Fernbedienung (f)	원격 조종	won-gyeok jo-jong
CD (f)	씨디	ssi-di
Kassette (f)	테이프	te-i-peu
Schallplatte (f)	레코드 판	re-ko-deu pan

100. Reparaturen. Renovierung

Renovierung (f)	수리를	su-ri-reul
renovieren (vt)	수리를 하다	su-ri-reul ha-da
reparieren (vt)	보수하다	bo-su-ha-da
in Ordnung bringen	정리하다	jeong-ni-ha-da
noch einmal machen	다시 하다	da-si ha-da

Farbe (f)	페인트	pe-in-teu
streichen (vt)	페인트를 칠하다	pe-in-teu-reul chil-ha-da
Anstreicher (m)	페인트공	pe-in-teu-gong
Pinsel (m)	붓	but
Kalkfarbe (f)	백색 도료	baek-saek do-ryo
weißen (vt)	백색 도료를 칠하다	baek-saek do-ryo-reul chil-ha-da
Tapete (f)	벽지	byeok-ji
tapezieren (vt)	벽지를 붙이다	byeok-ji-reul bu-chi-da
Lack (z.B. Parkettlack)	니스	ni-seu
lackieren (vt)	니스를 칠하다	ni-seu-reul chil-ha-da

101. Rohrleitungen

Wasser (n)	물	mul
Warmwasser (n)	온수	on-su
Kaltwasser (n)	냉수	naeng-su
Wasserhahn (m)	수도꼭지	su-do-kkok-ji
Tropfen (m)	물방울	mul-bang-ul
tropfen (vi)	방울져 떨어지다	bang-ul-jyeo tteo-reo-ji-da
durchsickern (vi)	새다	sae-da
Leck (n)	누출	nu-chul
Lache (f)	웅덩이	ung-deong-i
Rohr (n)	관, 파이프	gwan, pa-i-peu
Ventil (n)	밸브	bael-beu
sich verstopfen	막히다	mak-i-da
Werkzeuge (pl)	공구	gong-gu
Engländer (m)	멍키렌치	meong-ki-ren-chi
abdrehen (vt)	열리다	yeol-li-da
zudrehen (vt)	돌려서 조이다	dol-lyeo-seo jo-i-da
reinigen (Rohre ~)	… 를 뚫다	… reul ttul-ta
Klempner (m)	배관공	bae-gwan-gong
Keller (m)	지하실	ji-ha-sil
Kanalisation (f)	하수도	ha-su-do

102. Feuer. Brand

Feuer (n)	불	bul
Flamme (f)	화염	hwa-yeom
Funke (m)	불똥	bul-ttong
Rauch (m)	연기	yeon-gi
Fackel (f)	횃불	hwaet-bul
Lagerfeuer (n)	모닥불	mo-dak-bul
Benzin (n)	휘발유, 가솔린	hwi-ba-ryu, ga-sol-lin
Kerosin (n)	등유	deung-yu

brennbar	가연성의	ga-yeon-seong-ui
explosiv	폭발성의	pok-bal-seong-ui
RAUCHEN VERBOTEN!	금연	geu-myeon
Sicherheit (f)	안전	an-jeon
Gefahr (f)	위험	wi-heom
gefährlich	위험한	wi-heom-han
sich entflammen	불이 붙다	bu-ri but-da
Explosion (f)	폭발	pok-bal
in Brand stecken	방화하다	bang-hwa-ha-da
Brandstifter (m)	방화범	bang-hwa-beom
Brandstiftung (f)	방화	bang-hwa
flammen (vi)	활활 타다	hwal-hwal ta-da
brennen (vi)	타다	ta-da
verbrennen (vi)	불에 타다	bu-re ta-da
Feuerwehrmann (m)	소방관	so-bang-gwan
Feuerwehrauto (n)	소방차	so-bang-cha
Feuerwehr (f)	소방대	so-bang-dae
Feuerwehrschlauch (m)	소방 호스	so-bang ho-seu
Feuerlöscher (m)	소화기	so-hwa-gi
Helm (m)	헬멧	hel-met
Sirene (f)	사이렌	sa-i-ren
schreien (vi)	소리치다	so-ri-chi-da
um Hilfe rufen	도와 달라고 외치다	do-wa dal-la-go oe-chi-da
Retter (m)	구조자	gu-jo-ja
retten (vt)	구조하다	gu-jo-ha-da
ankommen (vi)	도착하다	do-chak-a-da
löschen (vt)	끄다	kkeu-da
Wasser (n)	물	mul
Sand (m)	모래	mo-rae
Trümmer (pl)	폐허	pye-heo
zusammenbrechen (vi)	붕괴되다	bung-goe-doe-da
einfallen (vi)	무너지다	mu-neo-ji-da
einstürzen (Decke)	무너지다	mu-neo-ji-da
Bruchstück (n)	파편	pa-pyeon
Asche (f)	재	jae
ersticken (vi)	질식하다	jil-sik-a-da
ums Leben kommen	사망하다	sa-mang-ha-da

AKTIVITÄTEN DES MENSCHEN

Beruf. Geschäft. Teil 1

103. Büro. Arbeiten im Büro

Büro (Firmensitz)	사무실	sa-mu-sil
Büro (~ des Direktors)	사무실	sa-mu-sil
Rezeption (f)	접수처	jeop-su-cheo
Sekretär (m)	비서	bi-seo
Direktor (m)	사장	sa-jang
Manager (m)	매니저	mae-ni-jeo
Buchhalter (m)	회계사	hoe-gye-sa
Mitarbeiter (m)	직원	ji-gwon
Möbel (n)	가구	ga-gu
Tisch (m)	책상	chaek-sang
Schreibtischstuhl (m)	책상 의자	chaek-sang ui-ja
Kleiderständer (m)	스탠드옷걸이	seu-taen-deu-ot-geo-ri
Computer (m)	컴퓨터	keom-pyu-teo
Drucker (m)	프린터	peu-rin-teo
Fax (n)	팩스기	paek-seu-gi
Kopierer (m)	복사기	bok-sa-gi
Papier (n)	종이	jong-i
Büromaterial (n)	사무용품	sa-mu-yong-pum
Mousepad (n)	마우스 패드	ma-u-seu pae-deu
Blatt (n) Papier	한 장	han jang
Ordner (m)	바인더	ba-in-deo
Katalog (m)	카탈로그	ka-tal-lo-geu
Adressbuch (n)	전화번호부	jeon-hwa-beon-ho-bu
Dokumentation (f)	문서	mun-seo
Broschüre (f)	브로셔	beu-ro-syeo
Flugblatt (n)	전단	jeon-dan
Muster (n)	샘플	saem-peul
Training (n)	수련회를	su-ryeon-hoe-reul
Meeting (n)	회의	hoe-ui
Mittagspause (f)	점심시간	jeom-sim-si-gan
eine Kopie machen	사본을 만들다	sa-bo-neul man-deul-da
vervielfältigen (vt)	복사하다	bok-sa-ha-da
ein Fax bekommen	팩스를 받다	paek-seu-reul bat-da
ein Fax senden	팩스를 보내다	paek-seu-reul bo-nae-da
anrufen (vt)	전화하다	jeon-hwa-ha-da
antworten (vi)	대답하다	dae-da-pa-da

verbinden (vt)	연결해 주다	yeon-gyeol-hae ju-da
ausmachen (vt)	마련하다	ma-ryeon-ha-da
demonstrieren (vt)	전시하다	jeon-si-ha-da
fehlen (am Arbeitsplatz ~)	결석하다	gyeol-seok-a-da
Abwesenheit (f)	결근	gyeol-geun

104. Geschäftsabläufe. Teil 1

Angelegenheit (f)	직업	ji-geop
Firma (f)	회사	hoe-sa
Gesellschaft (f)	회사	hoe-sa
Konzern (m)	사단 법인	sa-dan beo-bin
Unternehmen (n)	업체	eop-che
Agentur (f)	에이전시	e-i-jeon-si
Vereinbarung (f)	약정	yak-jeong
Vertrag (m)	계약	gye-yak
Geschäft (Transaktion)	거래	geo-rae
Auftrag (Bestellung)	주문	ju-mun
Bedingung (f)	조건	jo-geon
en gros (im Großen)	도매로	do-mae-ro
Großhandels-	도매의	do-mae-ui
Großhandel (m)	도매	do-mae
Einzelhandels-	소매의	so-mae-ui
Einzelhandel (m)	소매	so-mae
Konkurrent (m)	경쟁자	gyeong-jaeng-ja
Konkurrenz (f)	경쟁	gyeong-jaeng
konkurrieren (vi)	경쟁하다	gyeong-jaeng-ha-da
Partner (m)	파트너	pa-teu-neo
Partnerschaft (f)	파트너십	pa-teu-neo-sip
Krise (f)	위기	wi-gi
Bankrott (m)	파산	pa-san
Bankrott machen	파산하다	pa-san-ha-da
Schwierigkeit (f)	어려움	eo-ryeo-um
Problem (n)	문제	mun-je
Katastrophe (f)	재난	jae-nan
Wirtschaft (f)	경기, 경제	gyeong-gi, gyeong-je
wirtschaftlich	경제의	gyeong-je-ui
Rezession (f)	경기침체	gyeong-gi-chim-che
Ziel (n)	목표	mok-pyo
Aufgabe (f)	임무	im-mu
handeln (Handel treiben)	거래하다	geo-rae-ha-da
Netz (Verkaufs-)	네트워크	ne-teu-wo-keu
Lager (n)	재고	jae-go
Sortiment (n)	세트	se-teu
führende Unternehmen (n)	리더	ri-deo
groß (-e Firma)	규모가 큰	gyu-mo-ga keun

Monopol (n)	독점	dok-jeom
Theorie (f)	이론	i-ron
Praxis (f)	실천	sil-cheon
Erfahrung (f)	경험	gyeong-heom
Tendenz (f)	경향	gyeong-hyang
Entwicklung (f)	개발	gae-bal

105. Geschäftsabläufe. Teil 2

Vorteil (m)	수익, 이익	su-ik, i-ik
vorteilhaft	수익성이 있는	su-ik-seong-i in-neun
Delegation (f)	대표단	dae-pyo-dan
Lohn (m)	급여, 월급	geu-byeo, wol-geup
korrigieren (vt)	고치다	go-chi-da
Dienstreise (f)	출장	chul-jang
Kommission (f)	수수료	su-su-ryo
kontrollieren (vt)	제어하다	je-eo-ha-da
Konferenz (f)	회의	hoe-ui
Lizenz (f)	면허증	myeon-heo-jeung
zuverlässig	믿을 만한	mi-deul man-han
Initiative (f)	시작	si-jak
Norm (f)	표준	pyo-jun
Umstand (m)	상황	sang-hwang
Pflicht (f)	의무	ui-mu
Unternehmen (n)	조직	jo-jik
Organisation (Prozess)	준비	jun-bi
organisiert (Adj)	조직된	jo-jik-doen
Abschaffung (f)	취소	chwi-so
abschaffen (vt)	취소하다	chwi-so-ha-da
Bericht (m)	보고서	bo-go-seo
Patent (n)	특허	teuk-eo
patentieren (vt)	특허를 받다	teuk-eo-reul bat-da
planen (vt)	계획하다	gye-hoek-a-da
Prämie (f)	보너스	bo-neo-seu
professionell	전문가의	jeon-mun-ga-ui
Prozedur (f)	절차	jeol-cha
prüfen (Vertrag ~)	조사하다	jo-sa-ha-da
Berechnung (f)	계산	gye-san
Ruf (m)	평판	pyeong-pan
Risiko (n)	위험	wi-heom
leiten (vt)	운영하다	u-nyeong-ha-da
Informationen (pl)	정보	jeong-bo
Eigentum (n)	소유	so-yu
Bund (m)	연합	yeon-hap
Lebensversicherung (f)	생명 보험	saeng-myeong bo-heom
versichern (vt)	보험에 들다	bo-heom-e deul-da

Versicherung (f)	보험	bo-heom
Auktion (f)	경매	gyeong-mae
benachrichtigen (vt)	통지하다	tong-ji-ha-da
Verwaltung (f)	주관	ju-gwan
Dienst (m)	서비스	seo-bi-seu
Forum (n)	포럼	po-reom
funktionieren (vi)	기능하다	gi-neung-ha-da
Etappe (f)	단계	dan-gye
juristisch	법률상의	beom-nyul-sang-ui
Jurist (m)	법률고문	beom-nyul-go-mun

106. Fertigung. Arbeiten

Werk (n)	공장	gong-jang
Fabrik (f)	공장	gong-jang
Werkstatt (f)	작업장	ja-geop-jang
Betrieb (m)	현장	hyeon-jang
Industrie (f)	산업, 공업	san-eop, gong-eop
Industrie-	산업의	san-eo-bui
Schwerindustrie (f)	중공업	jung-gong-eop
Leichtindustrie (f)	경공업	gyeong-gong-eop
Produktion (f)	제품	je-pum
produzieren (vt)	제조하다	je-jo-ha-da
Rohstoff (m)	원재료	won-jae-ryo
Vorarbeiter (m), Meister (m)	작업반장	ja-geop-ban-jang
Arbeitsteam (n)	작업반	ja-geop-ban
Arbeiter (m)	노동자	no-dong-ja
Arbeitstag (m)	근무일	geun-mu-il
Pause (f)	휴식	hyu-sik
Versammlung (f)	회의	hoe-ui
besprechen (vt)	의논하다	ui-non-ha-da
Plan (m)	계획	gye-hoek
den Plan erfüllen	계획을 수행하다	gye-hoe-geul su-haeng-ha-da
Arbeitsertrag (m)	생산량	saeng-sal-lyang
Qualität (f)	품질	pum-jil
Prüfung, Kontrolle (f)	관리	gwal-li
Gütekontrolle (f)	품질 관리	pum-jil gwal-li
Arbeitsplatzsicherheit (f)	산업안전	sa-neo-ban-jeon
Disziplin (f)	규율	gyu-yul
Übertretung (f)	위반	wi-ban
übertreten (vt)	위반하다	wi-ban-ha-da
Streik (m)	파업	pa-eop
Streikender (m)	파업자	pa-eop-ja
streiken (vi)	파업하다	pa-eo-pa-da
Gewerkschaft (f)	노동조합	no-dong-jo-hap
erfinden (vt)	발명하다	bal-myeong-ha-da

Erfindung (f)	발명	bal-myeong
Erforschung (f)	연구	yeon-gu
verbessern (vt)	개선하다	gae-seon-ha-da
Technologie (f)	기술	gi-sul
technische Zeichnung (f)	건축 도면	geon-chuk do-myeon
Ladung (f)	화물	hwa-mul
Ladearbeiter (m)	하역부	ha-yeok-bu
laden (vt)	싣다	sit-da
Beladung (f)	적재	jeok-jae
entladen (vt)	짐을 부리다	ji-meul bu-ri-da
Entladung (f)	짐부리기	jim-bu-ri-gi
Transport (m)	운송	un-song
Transportunternehmen (n)	운송 회사	un-song hoe-sa
transportieren (vt)	운송하다	un-song-ha-da
Güterwagen (m)	화차	hwa-cha
Zisterne (f)	탱크	taeng-keu
Lastkraftwagen (m)	트럭	teu-reok
Werkzeugmaschine (f)	공작 기계	gong-jak gi-gye
Mechanismus (m)	기계 장치	gi-gye jang-chi
Industrieabfälle (pl)	산업폐기물	san-eop-pye-gi-mul
Verpacken (n)	포장	po-jang
verpacken (vt)	포장하다	po-jang-ha-da

107. Vertrag. Zustimmung

Vertrag (m), Auftrag (m)	계약	gye-yak
Vereinbarung (f)	약정	yak-jeong
Anhang (m)	별첨	byeol-cheom
einen Vertrag abschließen	계약에 서명하다	gye-ya-ge seo-myeong-ha-da
Unterschrift (f)	서명	seo-myeong
unterschreiben (vt)	서명하다	seo-myeong-ha-da
Stempel (m)	도장	do-jang
Vertragsgegenstand (m)	계약 내용	gye-yak nae-yong
Punkt (m)	항	hang
Parteien (pl)	양측	yang-cheuk
rechtmäßige Anschrift (f)	법인 주소	beo-bin ju-so
Vertrag brechen	계약을 위반하다	gye-ya-geul rwi-ban-ha-da
Verpflichtung (f)	의무	ui-mu
Verantwortlichkeit (f)	책임	chae-gim
Force majeure (f)	불가항력	bul-ga-hang-nyeok
Streit (m)	분쟁	bun-jaeng
Strafsanktionen (pl)	제재	je-jae

108. Import & Export

Import (m)	수입	su-ip
Importeur (m)	수입업자	su-i-beop-ja
importieren (vt)	수입하다	su-i-pa-da
Import-	수입의	su-i-bui
Exporteur (m)	수출업자	su-chu-reop-ja
exportieren (vt)	수출하다	su-chul-ha-da
Waren (pl)	상품	sang-pum
Partie (f), Ladung (f)	탁송물	tak-song-mul
Gewicht (n)	무게	mu-ge
Volumen (n)	부피	bu-pi
Kubikmeter (m)	입방 미터	ip-bang mi-teo
Hersteller (m)	생산자	saeng-san-ja
Transportunternehmen (n)	운송 회사	un-song hoe-sa
Container (m)	컨테이너	keon-te-i-neo
Grenze (f)	국경	guk-gyeong
Zollamt (n)	세관	se-gwan
Zoll (m)	관세	gwan-se
Zollbeamter (m)	세관원	se-gwan-won
Schmuggel (m)	밀수입	mil-su-ip
Schmuggelware (f)	밀수품	mil-su-pum

109. Finanzen

Aktie (f)	주식	ju-sik
Obligation (f)	채권	chae-gwon
Wechsel (m)	어음	eo-eum
Börse (f)	증권거래소	jeung-gwon-geo-rae-so
Aktienkurs (m)	주가	ju-ga
billiger werden	내리다	nae-ri-da
teuer werden	오르다	o-reu-da
Mehrheitsbeteiligung (f)	지배 지분	ji-bae ji-bun
Investitionen (pl)	투자	tu-ja
investieren (vt)	투자하다	tu-ja-ha-da
Prozent (n)	퍼센트	peo-sen-teu
Zinsen (pl)	이자	i-ja
Gewinn (m)	수익, 이익	su-ik, i-ik
gewinnbringend	수익성이 있는	su-ik-seong-i in-neun
Steuer (f)	세금	se-geum
Währung (f)	통화	tong-hwa
Landes-	국가의	guk-ga-ui
Geldumtausch (m)	환전	hwan-jeon

Buchhalter (m)	회계사	hoe-gye-sa
Buchhaltung (f)	회계	hoe-gye
Bankrott (m)	파산	pa-san
Zusammenbruch (m)	붕괴	bung-goe
Pleite (f)	파산	pa-san
pleite gehen	파산하다	pa-san-ha-da
Inflation (f)	인플레이션	in-peul-le-i-syeon
Abwertung (f)	평가절하	pyeong-ga-jeol-ha
Kapital (n)	자본	ja-bon
Einkommen (n)	소득	so-deuk
Umsatz (m)	총매출액	chong-mae-chu-raek
Mittel (Reserven)	재원을	jae-wo-neul
Geldmittel (pl)	재정 자원을	jae-jeong ja-wo-neul
reduzieren (vt)	줄이다	ju-ri-da

110. Marketing

Marketing (n)	마케팅	ma-ke-ting
Markt (m)	시장	si-jang
Marktsegment (n)	시장 분야	si-jang bu-nya
Produkt (n)	제품	je-pum
Waren (pl)	상품	sang-pum
Handelsmarke (f)	트레이드마크	teu-re-i-deu-ma-keu
Firmenzeichen (n)	로고	ro-go
Logo (n)	로고	ro-go
Nachfrage (f)	수요	su-yo
Angebot (n)	공급	gong-geup
Bedürfnis (n)	필요	pi-ryo
Verbraucher (m)	소비자	so-bi-ja
Analyse (f)	분석	bun-seok
analysieren (vt)	분석하다	bun-seok-a-da
Positionierung (f)	포지셔닝	po-ji-syeo-ning
positionieren (vt)	포지셔닝하다	po-ji-syeo-ning-ha-da
Preis (m)	가격	ga-gyeok
Preispolitik (f)	가격 정책	ga-gyeok jeong-chaek
Preisbildung (f)	가격 형성	ga-gyeok yeong-seong

111. Werbung

Werbung (f)	광고	gwang-go
werben (vt)	광고하다	gwang-go-ha-da
Budget (n)	예산	ye-san
Werbeanzeige (f)	광고	gwang-go
Fernsehwerbung (f)	텔레비전 광고	tel-le-bi-jeon gwang-go
Radiowerbung (f)	라디오 광고	ra-di-o gwang-go

Außenwerbung (f)	옥외 광고	o-goe gwang-go
Massenmedien (pl)	매체	mae-che
Zeitschrift (f)	정기 간행물	jeong-gi gan-haeng-mul
Image (n)	이미지	i-mi-ji

Losung (f)	슬로건	seul-lo-geon
Motto (n)	표어	pyo-eo

Kampagne (f)	캠페인	kaem-pe-in
Werbekampagne (f)	광고 캠페인	gwang-go kaem-pe-in
Zielgruppe (f)	공략 대상	gong-nyak dae-sang

Visitenkarte (f)	명함	myeong-ham
Flugblatt (n)	전단	jeon-dan
Broschüre (f)	브로셔	beu-ro-syeo
Faltblatt (n)	팜플렛	pam-peul-let
Informationsblatt (n)	회보	hoe-bo

Firmenschild (n)	간판	gan-pan
Plakat (n)	포스터	po-seu-teo
Werbeschild (n)	광고판	gwang-go-pan

112. Bankgeschäft

Bank (f)	은행	eun-haeng
Filiale (f)	지점	ji-jeom

Berater (m)	행원	haeng-won
Leiter (m)	지배인	ji-bae-in

Konto (n)	은행계좌	eun-haeng-gye-jwa
Kontonummer (f)	계좌 번호	gye-jwa beon-ho
Kontokorrent (n)	당좌	dang-jwa
Sparkonto (n)	보통 예금	bo-tong ye-geum

ein Konto eröffnen	계좌를 열다	gye-jwa-reul ryeol-da
das Konto schließen	계좌를 해지하다	gye-jwa-reul hae-ji-ha-da
einzahlen (vt)	계좌에 입금하다	ip-geum-ha-da
abheben (vt)	출금하다	chul-geum-ha-da

Einzahlung (f)	저금	jeo-geum
eine Einzahlung machen	입금하다	ip-geum-ha-da
Überweisung (f)	송금	song-geum
überweisen (vt)	송금하다	song-geum-ha-da

Summe (f)	액수	aek-su
Wieviel?	얼마?	eol-ma?

Unterschrift (f)	서명	seo-myeong
unterschreiben (vt)	서명하다	seo-myeong-ha-da

Kreditkarte (f)	신용 카드	si-nyong ka-deu
Code (m)	비밀번호	bi-mil-beon-ho
Kreditkartennummer (f)	신용 카드 번호	si-nyong ka-deu beon-ho

Geldautomat (m)	현금 자동 지급기	hyeon-geum ja-dong ji-geup-gi
Scheck (m)	수표	su-pyo
einen Scheck schreiben	수표를 끊다	su-pyo-reul kkeun-ta
Scheckbuch (n)	수표책	su-pyo-chaek
Darlehen (m)	대출	dae-chul
ein Darlehen beantragen	대출 신청하다	dae-chul sin-cheong-ha-da
ein Darlehen aufnehmen	대출을 받다	dae-chu-reul bat-da
ein Darlehen geben	대출하다	dae-chul-ha-da
Sicherheit (f)	담보	dam-bo

113. Telefon. Telefongespräche

Telefon (n)	전화	jeon-hwa
Mobiltelefon (n)	휴대폰	hyu-dae-pon
Anrufbeantworter (m)	자동 응답기	ja-dong eung-dap-gi
anrufen (vt)	전화하다	jeon-hwa-ha-da
Anruf (m)	통화	tong-hwa
eine Nummer wählen	번호로 걸다	beon-ho-ro geol-da
Hallo!	여보세요!	yeo-bo-se-yo!
fragen (vt)	묻다	mut-da
antworten (vi)	전화를 받다	jeon-hwa-reul bat-da
hören (vt)	듣다	deut-da
gut (~ aussehen)	잘	jal
schlecht (Adv)	좋지 않은	jo-chi a-neun
Störungen (pl)	잡음	ja-beum
Hörer (m)	수화기	su-hwa-gi
den Hörer abnehmen	전화를 받다	jeon-hwa-reul bat-da
auflegen (den Hörer ~)	전화를 끊다	jeon-hwa-reul kkeun-ta
besetzt	통화 중인	tong-hwa jung-in
läuten (vi)	울리다	ul-li-da
Telefonbuch (n)	전화 번호부	jeon-hwa beon-ho-bu
Orts-	시내의	si-nae-ui
Auslands-	국제적인	guk-je-jeo-gin
Fern-	장거리의	jang-geo-ri-ui

114. Mobiltelefon

Mobiltelefon (n)	휴대폰	hyu-dae-pon
Display (n)	화면	hwa-myeon
Knopf (m)	버튼	beo-teun
SIM-Karte (f)	SIM 카드	SIM ka-deu
Batterie (f)	건전지	geon-jeon-ji
leer sein (Batterie)	나가다	na-ga-da

Ladegerät (n)	충전기	chung-jeon-gi
Menü (n)	메뉴	me-nyu
Einstellungen (pl)	설정	seol-jeong
Melodie (f)	벨소리	bel-so-ri
auswählen (vt)	선택하다	seon-taek-a-da
Rechner (m)	계산기	gye-san-gi
Anrufbeantworter (m)	자동 응답기	ja-dong eung-dap-gi
Wecker (m)	알람 시계	al-lam si-gye
Kontakte (pl)	연락처	yeol-lak-cheo
SMS-Nachricht (f)	문자 메시지	mun-ja me-si-ji
Teilnehmer (m)	가입자	ga-ip-ja

115. Bürobedarf

Kugelschreiber (m)	볼펜	bol-pen
Federhalter (m)	만년필	man-nyeon-pil
Bleistift (m)	연필	yeon-pil
Faserschreiber (m)	형광펜	hyeong-gwang-pen
Filzstift (m)	사인펜	sa-in-pen
Notizblock (m)	공책	gong-chaek
Terminkalender (m)	수첩	su-cheop
Lineal (n)	자	ja
Rechner (m)	계산기	gye-san-gi
Radiergummi (m)	지우개	ji-u-gae
Reißzwecke (f)	압정	ap-jeong
Heftklammer (f)	클립	keul-lip
Klebstoff (m)	접착제	jeop-chak-je
Hefter (m)	호치키스	ho-chi-ki-seu
Locher (m)	펀치	peon-chi
Bleistiftspitzer (m)	연필깎이	yeon-pil-kka-kki

116. Verschiedene Dokumente

Bericht (m)	보고	bo-go
Abkommen (n)	약정	yak-jeong
Anmeldeformular (n)	신청서	sin-cheong-seo
Original-	진본의	jin-bo-nui
Namensschild (n)	명찰	myeong-chal
Visitenkarte (f)	명함	myeong-ham
Zertifikat (n)	인증서	in-jeung-seo
Scheck (m)	수표	su-pyo
Rechnung (im Restaurant)	계산서	gye-san-seo
Verfassung (f)	헌법	heon-beop
Vertrag (m)	계약	gye-yak
Kopie (f)	사본	sa-bon

Kopie (~ des Vertrages)	사본	sa-bon
Zolldeklaration (f)	세관신고서	se-gwan-sin-go-seo
Dokument (n)	서류	seo-ryu
Führerschein (m)	운전 면허증	un-jeon myeon-heo-jeung
Anlage (f)	별첨	byeol-cheom
Fragebogen (m)	서식	seo-sik
Ausweis (m)	신분증	sin-bun-jeung
Anfrage (f)	문의서	mun-ui-seo
Einladungskarte (f)	초대장	cho-dae-jang
Rechnung (von Firma)	송장	song-jang
Gesetz (n)	법	beop
Brief (m)	편지	pyeon-ji
Briefbogen (n)	용지	yong-ji
Liste (schwarze ~)	목록	mong-nok
Manuskript (n)	원고	won-go
Informationsblatt (n)	회보	hoe-bo
Zettel (m)	쪽지	jjok-ji
Passierschein (m)	출입증	chu-rip-jeung
Pass (m)	여권	yeo-gwon
Erlaubnis (f)	허가증	heo-ga-jeung
Lebenslauf (m)	이력서	i-ryeok-seo
Schuldschein (m)	차용증서	cha-yong-jeung-seo
Quittung (f)	영수증	yeong-su-jeung
Kassenzettel (m)	영수증	yeong-su-jeung
Bericht (m)	보고	bo-go
vorzeigen (vt)	보여주다	bo-yeo-ju-da
unterschreiben (vt)	서명하다	seo-myeong-ha-da
Unterschrift (f)	서명	seo-myeong
Stempel (m)	도장	do-jang
Text (m)	문서	mun-seo
Eintrittskarte (f)	표	pyo
streichen (vt)	그어 지우다	geu-eo ji-u-da
ausfüllen (vt)	작성하다	jak-seong-ha-da
Frachtbrief (m)	선적 송장	seon-jeok song-jang
Testament (n)	유언	yu-eon

117. Geschäftsarten

Buchführung (f)	회계 서비스	hoe-gye seo-bi-seu
Werbung (f)	광고	gwang-go
Werbeagentur (f)	광고 회사	gwang-go hoe-sa
Klimaanlagen (pl)	에어컨	e-eo-keon
Fluggesellschaft (f)	항공사	hang-gong-sa
Spirituosen (pl)	주류	ju-ryu
Antiquitäten (pl)	골동품	gol-dong-pum
Kunstgalerie (f)	미술관	mi-sul-gwan
Rechnungsprüfung (f)	회계 감사	hoe-gye gam-sa

Bankwesen (n)	금융업계	geu-myung-eop-gye
Bar (f)	바	ba
Schönheitssalon (m)	미장원	mi-jang-won
Buchhandlung (f)	서점	seo-jeom
Bierbrauerei (f)	맥주 양조장	maek-ju yang-jo-jang
Bürogebäude (n)	비즈니스 센터	bi-jeu-ni-seu sen-teo
Business-Schule (f)	비즈니스 스쿨	bi-jeu-ni-seu seu-kul
Kasino (n)	카지노	ka-ji-no
Bau (m)	건설	geon-seol
Beratung (f)	컨설팅	keon-seol-ting
Stomatologie (f)	치과 병원	chi-gwa byeong-won
Design (n)	디자인	di-ja-in
Apotheke (f)	약국	yak-guk
chemische Reinigung (f)	드라이 클리닝	deu-ra-i keul-li-ning
Personalagentur (f)	직업 소개소	ji-geop so-gae-so
Finanzdienstleistungen (pl)	재무 서비스	jae-mu seo-bi-seu
Nahrungsmittel (pl)	식품	sik-pum
Bestattungsinstitut (n)	장례식장	jang-nye-sik-jang
Möbel (n)	가구	ga-gu
Kleidung (f)	옷	ot
Hotel (n)	호텔	ho-tel
Eis (n)	아이스크림	a-i-seu-keu-rim
Industrie (f)	산업, 공업	san-eop, gong-eop
Versicherung (f)	보험	bo-heom
Internet (n)	인터넷	in-teo-net
Investitionen (pl)	투자	tu-ja
Juwelier (m)	보석 상인	bo-seok sang-in
Juwelierwaren (pl)	보석	bo-seok
Wäscherei (f)	세탁소	se-tak-so
Rechtsberatung (f)	법률컨설팅	beom-nyul-keon-seol-ting
Leichtindustrie (f)	경공업	gyeong-gong-eop
Zeitschrift (f)	잡지	jap-ji
Medizin (f)	의학	ui-hak
Kino (Filmtheater)	영화관	yeong-hwa-gwan
Museum (n)	박물관	bang-mul-gwan
Nachrichtenagentur (f)	통신사	tong-sin-sa
Zeitung (f)	신문	sin-mun
Nachtklub (m)	나이트 클럽	na-i-teu keul-leop
Erdöl (n)	석유	seo-gyu
Kurierdienst (m)	문서 송달 회사	mun-seo song-dal hoe-sa
Pharmaindustrie (f)	의약	ui-yak
Druckindustrie (f)	인쇄산업	in-swae-san-eop
Verlag (m)	출판사	chul-pan-sa
Rundfunk (m)	라디오	ra-di-o
Immobilien (pl)	부동산	bu-dong-san
Restaurant (n)	레스토랑	re-seu-to-rang
Sicherheitsagentur (f)	보안 회사	bo-an hoe-sa

Sport (m)	스포츠	seu-po-cheu
Börse (f)	증권거래소	jeung-gwon-geo-rae-so
Laden (m)	가게, 상점	ga-ge, sang-jeom
Supermarkt (m)	슈퍼마켓	syu-peo-ma-ket
Schwimmbad (n)	수영장	su-yeong-jang
Atelier (n)	양복점	yang-bok-jeom
Fernsehen (n)	텔레비전	tel-le-bi-jeon
Theater (n)	극장	geuk-jang
Handel (m)	거래	geo-rae
Transporte (pl)	운송	un-song
Reisen (pl)	관광산업	gwan-gwang-sa-neop
Tierarzt (m)	수의사	su-ui-sa
Warenlager (n)	창고	chang-go
Müllabfuhr (f)	쓰레기 수거	sseu-re-gi su-geo

Arbeit. Geschäft. Teil 2

118. Show. Ausstellung

Ausstellung (f)	전시회	jeon-si-hoe
Handelsausstellung (f)	상품 전시회	sang-pum jeon-si-hoe
Teilnahme (f)	참가	cham-ga
teilnehmen (vi)	참가하다	cham-ga-ha-da
Teilnehmer (m)	참가자	cham-ga-ja
Direktor (m)	대표이사	dae-pyo-i-sa
Messeverwaltung (f)	조직위원회	jo-ji-gwi-won-hoe
Organisator (m)	조직위원회	jo-ji-gwi-won-hoe
veranstalten (vt)	조직하다	jo-jik-a-da
Anmeldeformular (n)	참가 신청서	cham-ga sin-cheong-seo
ausfüllen (vt)	작성하다	jak-seong-ha-da
Details (pl)	상세	sang-se
Information (f)	정보	jeong-bo
Preis (m)	가격	ga-gyeok
einschließlich	포함하여	po-ham-ha-yeo
einschließen (vt)	포함하다	po-ham-ha-da
zahlen (vt)	지불하다	ji-bul-ha-da
Anmeldegebühr (f)	등록비	deung-nok-bi
Eingang (m)	입구	ip-gu
Pavillon (m)	전시실	jeon-si-sil
registrieren (vt)	등록하다	deung-nok-a-da
Namensschild (n)	명찰	myeong-chal
Stand (m)	부스	bu-seu
reservieren (vt)	예약하다	ye-yak-a-da
Vitrine (f)	진열장	ji-nyeol-jang
Strahler (m)	스포트라이트	seu-po-teu-ra-i-teu
Design (n)	디자인	di-ja-in
stellen (vt)	배치하다	bae-chi-ha-da
Distributor (m)	배급업자	bae-geu-beop-ja
Lieferant (m)	공급자	gong-geup-ja
Land (n)	나라	na-ra
ausländisch	외국의	oe-gu-gui
Produkt (n)	제품	je-pum
Assoziation (f)	협회	hyeo-poe
Konferenzraum (m)	회의장	hoe-ui-jang
Kongress (m)	회의	hoe-ui

Wettbewerb (m)	컨테스트	keon-te-seu-teu
Besucher (m)	방문객	bang-mun-gaek
besuchen (vt)	방문하다	bang-mun-ha-da
Auftraggeber (m)	고객	go-gaek

119. Massenmedien

Zeitung (f)	신문	sin-mun
Zeitschrift (f)	잡지	jap-ji
Presse (f)	언론	eon-non
Rundfunk (m)	라디오	ra-di-o
Rundfunkstation (f)	라디오 방송국	ra-di-o bang-song-guk
Fernsehen (n)	텔레비전	tel-le-bi-jeon
Moderator (m)	진행자	jin-haeng-ja
Sprecher (m)	아나운서	a-na-un-seo
Kommentator (m)	해설가	hae-seol-ga
Journalist (m)	저널리스트	jeo-neol-li-seu-teu
Korrespondent (m)	특파원	teuk-pa-won
Bildberichterstatter (m)	사진 기자	sa-jin gi-ja
Reporter (m)	리포터	ri-po-teo
Redakteur (m)	편집자	pyeon-jip-ja
Chefredakteur (m)	편집장	pyeon-jip-jang
abonnieren (vt)	… 를 구독하다	… reul gu-dok-a-da
Abonnement (n)	구독	gu-dok
Abonnent (m)	구독자	gu-dok-ja
lesen (vi, vt)	읽다	ik-da
Leser (m)	독자	dok-ja
Auflage (f)	발행 부수	bal-haeng bu-su
monatlich (Adj)	월간의	wol-ga-nui
wöchentlich (Adj)	주간의	ju-ga-nui
Ausgabe (Zeitschrift)	호	ho
neueste (~ Ausgabe)	최신의	choe-si-nui
Titel (m)	헤드라인	he-deu-ra-in
Notiz (f)	짧은 기사	jjal-beun gi-sa
Rubrik (f)	칼럼	kal-leom
Artikel (m)	기사	gi-sa
Seite (f)	페이지	pe-i-ji
Reportage (f)	보도	bo-do
Ereignis (n)	사건	sa-geon
Sensation (f)	센세이션	sen-se-i-syeon
Skandal (m)	스캔들	seu-kaen-deul
skandalös	스캔들의	seu-kaen-deu-rui
groß (-er Skandal)	엄청난	eom-cheong-nan
Sendung (f)	쇼	syo
Interview (n)	인터뷰	in-teo-byu
Live-Übertragung (f)	라이브 방송	ra-i-beu bang-song
Kanal (m)	채널	chae-neol

120. Landwirtschaft

Landwirtschaft (f)	농업	nong-eop
Bauer (m)	소작농	so-jang-nong
Bäuerin (f)	소작농	so-jang-nong
Farmer (m)	농부	nong-bu
Traktor (m)	트랙터	teu-raek-teo
Mähdrescher (m)	콤바인	kom-ba-in
Pflug (m)	쟁기	jaeng-gi
pflügen (vt)	땅을 갈다	ttang-eul gal-da
Acker (m)	한 쟁기의 땅	han jaeng-gi-ui ttang
Furche (f)	고랑	go-rang
säen (vt)	뿌리다	ppu-ri-da
Sämaschine (f)	파종기	pa-jong-gi
Saat (f)	씨뿌리기	pa-jong
Sense (f)	긴 낫	gin nat
mähen (vt)	낫질하다	nat-jil-ha-da
Schaufel (f)	삽	sap
graben (vt)	갈다	gal-da
Hacke (f)	호미	ho-mi
jäten (vt)	풀을 뽑다	pu-reul ppop-da
Unkraut (n)	잡초	jap-cho
Gießkanne (f)	물뿌리개	mul-ppu-ri-gae
gießen (vt)	물을 주다	mu-reul ju-da
Bewässerung (f)	살수	sal-su
Heugabel (f)	쇠스랑	soe-seu-rang
Rechen (m)	갈퀴	gal-kwi
Dünger (m)	비료	bi-ryo
düngen (vt)	비료를 주다	bi-ryo-reul ju-da
Mist (m)	거름	geo-reum
Feld (n)	밭	bat
Wiese (f)	풀밭	pul-bat
Gemüsegarten (m)	채소밭	chae-so-bat
Obstgarten (m)	과수원	gwa-su-won
weiden (vt)	방목하다	bang-mo-ka-da
Hirt (m)	목동	mok-dong
Weide (f)	목초지	mok-cho-ji
Viehzucht (f)	목축	mok-chuk
Schafzucht (f)	목양	mo-gyang
Plantage (f)	농원	nong-won
Beet (n)	이랑	i-rang
Treibhaus (n)	온실	on-sil

Dürre (f)	가뭄	ga-mum
dürr, trocken	건조한	geon-jo-han
Getreidepflanzen (pl)	곡류	gong-nyu
ernten (vt)	수확하다	su-hwak-a-da
Müller (m)	제분업자	je-bun-eop-ja
Mühle (f)	제분소	je-bun-so
mahlen (vt)	제분하다	je-bun-ha-da
Mehl (n)	밀가루	mil-ga-ru
Stroh (n)	짚	jip

121. Gebäude. Bauabwicklung

Baustelle (f)	공사장	gong-sa-jang
bauen (vt)	건설하다	geon-seol-ha-da
Bauarbeiter (m)	공사장 인부	gong-sa-jang in-bu
Projekt (n)	프로젝트	peu-ro-jek-teu
Architekt (m)	건축가	geon-chuk-ga
Arbeiter (m)	노동자	no-dong-ja
Fundament (n)	기초	gi-cho
Dach (n)	지붕	ji-bung
Pfahl (m)	기초 말뚝	gi-cho mal-ttuk
Wand (f)	벽	byeok
Bewehrungsstahl (m)	철근	cheol-geun
Gerüst (n)	비계	bi-gye
Beton (m)	콘크리트	kon-keu-ri-teu
Granit (m)	화강암	hwa-gang-am
Stein (m)	돌	dol
Ziegel (m)	벽돌	byeok-dol
Sand (m)	모래	mo-rae
Zement (m)	시멘트	si-men-teu
Putz (m)	회반죽	hoe-ban-juk
verputzen (vt)	회반죽을 칠하다	hoe-ban-ju-geul chil-ha-da
Farbe (f)	페인트	pe-in-teu
färben (vt)	페인트를 칠하다	pe-in-teu-reul chil-ha-da
Fass (n), Tonne (f)	통	tong
Kran (m)	크레인	keu-re-in
aufheben (vt)	올리다	ol-li-da
herunterlassen (vt)	내리다	nae-ri-da
Planierraupe (f)	불도저	bul-do-jeo
Bagger (m)	굴착기	gul-chak-gi
Baggerschaufel (f)	굴삭기 버킷	beo-kit
graben (vt)	파다	pa-da
Schutzhelm (m)	안전모	an-jeon-mo

122. Wissenschaft. Forschung. Wissenschaftler

Wissenschaft (f)	과학	gwa-hak
wissenschaftlich	과학의	gwa-ha-gui
Wissenschaftler (m)	과학자	gwa-hak-ja
Theorie (f)	이론	i-ron
Axiom (n)	공리	gong-ni
Analyse (f)	분석	bun-seok
analysieren (vt)	분석하다	bun-seok-a-da
Argument (n)	주장	ju-jang
Substanz (f)	물질	mul-jil
Hypothese (f)	가설	ga-seol
Dilemma (n)	딜레마	dil-le-ma
Dissertation (f)	학위 논문	ha-gwi non-mun
Dogma (n)	도그마	do-geu-ma
Doktrin (f)	학설	hak-seol
Forschung (f)	연구	yeon-gu
forschen (vi)	연구하다	yeon-gu-ha-da
Kontrolle (f)	실험	sil-heom
Labor (n)	연구실	yeon-gu-sil
Methode (f)	방법	bang-beop
Molekül (n)	분자	bun-ja
Monitoring (n)	감시	gam-si
Entdeckung (f)	발견	bal-gyeon
Postulat (n)	공준	gong-jun
Prinzip (n)	원칙	won-chik
Prognose (f)	예상	ye-sang
prognostizieren (vt)	예상하다	ye-sang-ha-da
Synthese (f)	종합	jong-hap
Tendenz (f)	경향	gyeong-hyang
Theorem (n)	정리	jeong-ni
Lehre (Doktrin)	가르침	ga-reu-chim
Tatsache (f)	사실	sa-sil
Expedition (f)	탐험	tam-heom
Experiment (n)	실험	sil-heom
Akademiemitglied (n)	아카데미 회원	a-ka-de-mi hoe-won
Bachelor (m)	학사	hak-sa
Doktor (m)	박사	bak-sa
Dozent (m)	부교수	bu-gyo-su
Magister (m)	석사	seok-sa
Professor (m)	교수	gyo-su

Berufe und Tätigkeiten

123. Arbeitsuche. Kündigung

Arbeit (f), Stelle (f)	직업	ji-geop
Personal (n)	직원	ji-gwon
Karriere (f)	경력	gyeong-nyeok
Perspektive (f)	전망	jeon-mang
Können (n)	숙달	suk-dal
Auswahl (f)	선발	seon-bal
Personalagentur (f)	직업 소개소	ji-geop so-gae-so
Lebenslauf (m)	이력서	i-ryeok-seo
Vorstellungsgespräch (n)	면접	myeon-jeop
Vakanz (f)	결원	gyeo-rwon
Gehalt (n)	급여, 월급	geu-byeo, wol-geup
festes Gehalt (n)	고정급	go-jeong-geup
Arbeitslohn (m)	급료	geum-nyo
Stellung (f)	직위	ji-gwi
Pflicht (f)	의무	ui-mu
Aufgabenspektrum (n)	업무범위	eom-mu-beom-wi
beschäftigt	바쁜	ba-ppeun
kündigen (vt)	해고하다	hae-go-ha-da
Kündigung (f)	해고	hae-go
Arbeitslosigkeit (f)	실업	si-reop
Arbeitslose (m)	실업자	si-reop-ja
Rente (f), Ruhestand (m)	은퇴	eun-toe
in Rente gehen	은퇴하다	eun-toe-ha-da

124. Geschäftsleute

Direktor (m)	사장	sa-jang
Leiter (m)	지배인	ji-bae-in
Boss (m)	상사	sang-sa
Vorgesetzte (m)	상사	sang-sa
Vorgesetzten (pl)	상사	sang-sa
Präsident (m)	회장	hoe-jang
Vorsitzende (m)	의장	ui-jang
Stellvertreter (m)	부 …	bu …
Helfer (m)	조수	jo-su
Sekretär (m)	비서	bi-seo

Privatsekretär (m)	개인 비서	gae-in bi-seo
Geschäftsmann (m)	사업가	sa-eop-ga
Unternehmer (m)	사업가	sa-eop-ga
Gründer (m)	설립자	seol-lip-ja
gründen (vt)	설립하다	seol-li-pa-da
Gründungsmitglied (n)	설립자	seol-lip-ja
Partner (m)	파트너	pa-teu-neo
Aktionär (m)	주주	ju-ju
Millionär (m)	백만장자	baeng-man-jang-ja
Milliardär (m)	억만장자	eong-man-jang-ja
Besitzer (m)	소유자	so-yu-ja
Landbesitzer (m)	토지 소유자	to-ji so-yu-ja
Kunde (m)	고객	go-gaek
Stammkunde (m)	단골	dan-gol
Käufer (m)	구매자	gu-mae-ja
Besucher (m)	방문객	bang-mun-gaek
Fachmann (m)	전문가	jeon-mun-ga
Experte (m)	전문가	jeon-mun-ga
Spezialist (m)	전문가	jeon-mun-ga
Bankier (m)	은행가	eun-haeng-ga
Makler (m)	브로커	beu-ro-keo
Kassierer (m)	계산원	gye-san-won
Buchhalter (m)	회계사	hoe-gye-sa
Wächter (m)	보안요원	bo-a-nyo-won
Investor (m)	투자가	tu-ja-ga
Schuldner (m)	채무자	chae-mu-ja
Gläubiger (m)	빚쟁이	bit-jaeng-i
Kreditnehmer (m)	차용인	cha-yong-in
Importeur (m)	수입업자	su-i-beop-ja
Exporteur (m)	수출업자	su-chu-reop-ja
Hersteller (m)	생산자	saeng-san-ja
Distributor (m)	배급업자	bae-geu-beop-ja
Vermittler (m)	중간상인	jung-gan-sang-in
Berater (m)	컨설턴트	keon-seol-teon-teu
Vertreter (m)	판매 대리인	pan-mae dae-ri-in
Agent (m)	중개인	jung-gae-in
Versicherungsagent (m)	보험설계사	bo-heom-seol-gye-sa

125. Dienstleistungsberufe

Koch (m)	요리사	yo-ri-sa
Chefkoch (m)	주방장	ju-bang-jang
Bäcker (m)	제빵사	je-ppang-sa
Barmixer (m)	바텐더	ba-ten-deo

Kellner (m)	웨이터	we-i-teo
Kellnerin (f)	웨이트리스	we-i-teu-ri-seu
Rechtsanwalt (m)	변호사	byeon-ho-sa
Jurist (m)	법률고문	beom-nyul-go-mun
Notar (m)	공증인	gong-jeung-in
Elektriker (m)	전기 기사	jeon-gi gi-sa
Klempner (m)	배관공	bae-gwan-gong
Zimmermann (m)	목수	mok-su
Masseur (m)	안마사	an-ma-sa
Masseurin (f)	안마사	an-ma-sa
Arzt (m)	의사	ui-sa
Taxifahrer (m)	택시 운전 기사	taek-si un-jeon gi-sa
Fahrer (m)	운전 기사	un-jeon gi-sa
Ausfahrer (m)	배달원	bae-da-rwon
Zimmermädchen (n)	객실 청소부	gaek-sil cheong-so-bu
Wächter (m)	보안요원	bo-a-nyo-won
Flugbegleiterin (f)	승무원	seung-mu-won
Lehrer (m)	선생님	seon-saeng-nim
Bibliothekar (m)	사서	sa-seo
Übersetzer (m)	번역가	beo-nyeok-ga
Dolmetscher (m)	통역가	tong-yeok-ga
Fremdenführer (m)	가이드	ga-i-deu
Friseur (m)	미용사	mi-yong-sa
Briefträger (m)	우체부	u-che-bu
Verkäufer (m)	점원	jeom-won
Gärtner (m)	정원사	jeong-won-sa
Diener (m)	하인	ha-in
Magd (f)	하녀	ha-nyeo
Putzfrau (f)	청소부	cheong-so-bu

126. Militärdienst und Ränge

einfacher Soldat (m)	일병	il-byeong
Feldwebel (m)	병장	byeong-jang
Leutnant (m)	중위	jung-wi
Hauptmann (m)	대위	dae-wi
Major (m)	소령	so-ryeong
Oberst (m)	대령	dae-ryeong
General (m)	장군	jang-gun
Marschall (m)	원수	won-su
Admiral (m)	제독	je-dok
Militärperson (f)	군인	gun-in
Soldat (m)	군인	gun-in
Offizier (m)	장교	jang-gyo

Kommandeur (m)	사령관	sa-ryeong-gwan
Grenzsoldat (m)	국경 수비대원	guk-gyeong su-bi-dae-won
Funker (m)	무선 기사	mu-seon gi-sa
Aufklärer (m)	정찰병	jeong-chal-byeong
Pionier (m)	공병대원	gong-byeong-dae-won
Schütze (m)	사수	sa-su
Steuermann (m)	항법사	hang-beop-sa

127. Beamte. Priester

König (m)	왕	wang
Königin (f)	여왕	yeo-wang
Prinz (m)	왕자	wang-ja
Prinzessin (f)	공주	gong-ju
Zar (m)	차르	cha-reu
Zarin (f)	여황제	yeo-hwang-je
Präsident (m)	대통령	dae-tong-nyeong
Minister (m)	장관	jang-gwan
Ministerpräsident (m)	총리	chong-ni
Senator (m)	상원의원	sang-won-ui-won
Diplomat (m)	외교관	oe-gyo-gwan
Konsul (m)	영사	yeong-sa
Botschafter (m)	대사	dae-sa
Ratgeber (m)	고문관	go-mun-gwan
Beamte (m)	공무원	gong-mu-won
Präfekt (m)	도지사, 현감	do-ji-sa, hyeon-gam
Bürgermeister (m)	시장	si-jang
Richter (m)	판사	pan-sa
Staatsanwalt (m)	검사	geom-sa
Missionar (m)	선교사	seon-gyo-sa
Mönch (m)	수도사	su-do-sa
Abt (m)	수도원장	su-do-won-jang
Rabbiner (m)	랍비	rap-bi
Wesir (m)	고관	go-gwan
Schah (n)	샤	sya
Scheich (m)	셰이크	sye-i-keu

128. Landwirtschaftliche Berufe

Bienenzüchter (m)	양봉가	yang-bong-ga
Hirt (m)	목동	mok-dong
Agronom (m)	농학자	nong-hak-ja
Viehzüchter (m)	목축업자	mok-chu-geop-ja
Tierarzt (m)	수의사	su-ui-sa

Farmer (m)	농부	nong-bu
Winzer (m)	포도주 제조자	po-do-ju je-jo-ja
Zoologe (m)	동물학자	dong-mul-hak-ja
Cowboy (m)	카우보이	ka-u-bo-i

129. Künstler

Schauspieler (m)	배우	bae-u
Schauspielerin (f)	여배우	yeo-bae-u
Sänger (m)	가수	ga-su
Sängerin (f)	여가수	yeo-ga-su
Tänzer (m)	무용가	mu-yong-ga
Tänzerin (f)	여성 무용가	yeo-seong mu-yong-ga
Künstler (m)	공연자	gong-yeon-ja
Künstlerin (f)	여성 공연자	yeo-seong gong-yeon-ja
Musiker (m)	음악가	eum-ak-ga
Pianist (m)	피아니스트	pi-a-ni-seu-teu
Gitarrist (m)	기타 연주자	gi-ta yeon-ju-ja
Dirigent (m)	지휘자	ji-hwi-ja
Komponist (m)	작곡가	jak-gok-ga
Manager (m)	기획자	gi-hoek-ja
Regisseur (m)	영화감독	yeong-hwa-gam-dok
Produzent (m)	제작자	je-jak-ja
Drehbuchautor (m)	시나리오 작가	si-na-ri-o jak-ga
Kritiker (m)	미술 비평가	mi-sul bi-pyeong-ga
Schriftsteller (m)	작가	jak-ga
Dichter (m)	시인	si-in
Bildhauer (m)	조각가	jo-gak-ga
Maler (m)	화가	hwa-ga
Jongleur (m)	저글러	jeo-geul-leo
Clown (m)	어릿광대	eo-rit-gwang-dae
Akrobat (m)	곡예사	go-gye-sa
Zauberkünstler (m)	마술사	ma-sul-sa

130. Verschiedene Berufe

Arzt (m)	의사	ui-sa
Krankenschwester (f)	간호사	gan-ho-sa
Psychiater (m)	정신과 의사	jeong-sin-gwa ui-sa
Zahnarzt (m)	치과 의사	chi-gwa ui-sa
Chirurg (m)	외과 의사	oe-gwa ui-sa
Astronaut (m)	우주비행사	u-ju-bi-haeng-sa
Astronom (m)	천문학자	cheon-mun-hak-ja

Fahrer (Taxi-)	운전 기사	un-jeon gi-sa
Lokomotivführer (m)	기관사	gi-gwan-sa
Mechaniker (m)	정비공	jeong-bi-gong

Bergarbeiter (m)	광부	gwang-bu
Arbeiter (m)	노동자	no-dong-ja
Schlosser (m)	자물쇠공	ja-mul-soe-gong
Tischler (m)	목수	mok-su
Dreher (m)	선반공	seon-ban-gong
Bauarbeiter (m)	공사장 인부	gong-sa-jang in-bu
Schweißer (m)	용접공	yong-jeop-gong

Professor (m)	교수	gyo-su
Architekt (m)	건축가	geon-chuk-ga
Historiker (m)	역사학자	yeok-sa-hak-ja
Wissenschaftler (m)	과학자	gwa-hak-ja
Physiker (m)	물리학자	mul-li-hak-ja
Chemiker (m)	화학자	hwa-hak-ja

Archäologe (m)	고고학자	go-go-hak-ja
Geologe (m)	지질학자	ji-jil-hak-ja
Forscher (m)	연구원	yeon-gu-won

Kinderfrau (f)	애기보는 사람	ae-gi-bo-neun sa-ram
Lehrer (m)	교사	gyo-sa

Redakteur (m)	편집자	pyeon-jip-ja
Chefredakteur (m)	편집장	pyeon-jip-jang
Korrespondent (m)	통신원	tong-sin-won
Schreibkraft (f)	타이피스트	ta-i-pi-seu-teu

Designer (m)	디자이너	di-ja-i-neo
Computerspezialist (m)	컴퓨터 전문가	keom-pyu-teo jeon-mun-ga
Programmierer (m)	프로그래머	peu-ro-geu-rae-meo
Ingenieur (m)	엔지니어	en-ji-ni-eo

Seemann (m)	선원	seon-won
Matrose (m)	수부	su-bu
Retter (m)	구조자	gu-jo-ja

Feuerwehrmann (m)	소방관	so-bang-gwan
Polizist (m)	경찰관	gyeong-chal-gwan
Nachtwächter (m)	경비원	gyeong-bi-won
Detektiv (m)	형사	hyeong-sa

Zollbeamter (m)	세관원	se-gwan-won
Leibwächter (m)	경호원	gyeong-ho-won
Gefängniswärter (m)	간수	gan-su
Inspektor (m)	감독관	gam-dok-gwan

Sportler (m)	스포츠맨	seu-po-cheu-maen
Trainer (m)	코치	ko-chi
Fleischer (m)	정육점 주인	jeong-yuk-jeom ju-in
Schuster (m)	구둣방	gu-dut-bang
Geschäftsmann (m)	상인	sang-in
Ladearbeiter (m)	하역부	ha-yeok-bu

Modedesigner (m)	패션 디자이너	pae-syeon di-ja-i-neo
Modell (n)	모델	mo-del

131. Beschäftigung. Sozialstatus

Schüler (m)	남학생	nam-hak-saeng
Student (m)	대학생	dae-hak-saeng
Philosoph (m)	철학자	cheol-hak-ja
Ökonom (m)	경제 학자	gyeong-je hak-ja
Erfinder (m)	발명가	bal-myeong-ga
Arbeitslose (m)	실업자	si-reop-ja
Rentner (m)	은퇴자	eun-toe-ja
Spion (m)	비밀요원	bi-mi-ryo-won
Gefangene (m)	죄수	joe-su
Streikender (m)	파업자	pa-eop-ja
Bürokrat (m)	관료	gwal-lyo
Reisende (m)	여행자	yeo-haeng-ja
Homosexuelle (m)	동성애자	dong-seong-ae-ja
Hacker (m)	해커	hae-keo
Bandit (m)	산적	san-jeok
Killer (m)	살인 청부업자	sa-rin cheong-bu-eop-ja
Drogenabhängiger (m)	마약 중독자	ma-yak jung-dok-ja
Drogenhändler (m)	마약 밀매자	ma-yak mil-mae-ja
Prostituierte (f)	매춘부	mae-chun-bu
Zuhälter (m)	포주	po-ju
Zauberer (m)	마법사	ma-beop-sa
Zauberin (f)	여자 마법사	yeo-ja ma-beop-sa
Seeräuber (m)	해적	hae-jeok
Sklave (m)	노예	no-ye
Samurai (m)	사무라이	sa-mu-ra-i
Wilde (m)	야만인	ya-man-in

Sport

132. Sportarten. Persönlichkeiten des Sports

Sportler (m)	스포츠맨	seu-po-cheu-maen
Sportart (f)	스포츠 종류	seu-po-cheu jong-nyu
Basketball (m)	농구	nong-gu
Basketballspieler (m)	농구 선수	nong-gu seon-su
Baseball (m, n)	야구	ya-gu
Baseballspieler (m)	야구 선수	ya-gu seon-su
Fußball (m)	축구	chuk-gu
Fußballspieler (m)	축구 선수	chuk-gu seon-su
Torwart (m)	골키퍼	gol-ki-peo
Eishockey (n)	하키	ha-ki
Eishockeyspieler (m)	하키 선수	ha-ki seon-su
Volleyball (m)	배구	bae-gu
Volleyballspieler (m)	배구 선수	bae-gu seon-su
Boxen (n)	권투	gwon-tu
Boxer (m)	권투 선수	gwon-tu seon-su
Ringen (n)	레슬링	re-seul-ling
Ringkämpfer (m)	레슬링 선수	re-seul-ling seon-su
Karate (n)	가라테	ga-ra-te
Karatekämpfer (m)	가라테 선수	ga-ra-te seon-su
Judo (n)	유도	yu-do
Judoka (m)	유도 선수	yu-do seon-su
Tennis (n)	테니스	te-ni-seu
Tennisspieler (m)	테니스 선수	te-ni-seu seon-su
Schwimmen (n)	수영	su-yeong
Schwimmer (m)	수영 선수	su-yeong seon-su
Fechten (n)	펜싱	pen-sing
Fechter (m)	펜싱 선수	pen-sing seon-su
Schach (n)	체스	che-seu
Schachspieler (m)	체스 선수	che-seu seon-su
Bergsteigen (n)	등산	deung-san
Bergsteiger (m)	등산가	deung-san-ga
Lauf (m)	달리기	dal-li-gi

Läufer (m)	달리기 선수	dal-li-gi seon-su
Leichtathletik (f)	육상 경기	yuk-sang gyeong-gi
Athlet (m)	선수	seon-su
Pferdesport (m)	승마	seung-ma
Reiter (m)	승마 선수	seung-ma seon-su
Eiskunstlauf (m)	피겨 스케이팅	pi-gyeo seu-ke-i-ting
Eiskunstläufer (m)	피겨 스케이팅 선수	pi-gyeo seu-ke-i-ting seon-su
Eiskunstläuferin (f)	피겨 스케이팅 선수	pi-gyeo seu-ke-i-ting seon-su
Gewichtheben (n)	역도	yeok-do
Gewichtheber (m)	역도 선수	yeok-do seon-su
Autorennen (n)	자동차 경주	ja-dong-cha gyeong-ju
Rennfahrer (m)	카레이서	ka-re-i-seo
Radfahren (n)	자전거경기	ja-jeon-geo-gyeong-gi
Radfahrer (m)	자전거 선수	ja-jeon-geo seon-su
Weitsprung (m)	멀리뛰기	meol-li-ttwi-gi
Stabhochsprung (m)	장대 높이뛰기	jang-dae no-pi-ttwi-gi
Springer (m)	뛰기선수	ttwi-gi-seon-su

133. Sportarten. Verschiedenes

American Football (m)	미식 축구	mi-sik chuk-gu
Federballspiel (n)	배드민턴	bae-deu-min-teon
Biathlon (n)	바이애슬론	ba-i-ae-seul-lon
Billard (n)	당구	dang-gu
Bob (m)	봅슬레이	bop-seul-le-i
Bodybuilding (n)	보디빌딩	bo-di-bil-ding
Wasserballspiel (n)	수구	su-gu
Handball (m)	핸드볼	haen-deu-bol
Golf (n)	골프	gol-peu
Rudern (n)	조정	jo-jeong
Tauchen (n)	스쿠버다이빙	seu-ku-beo-da-i-bing
Skilanglauf (m)	크로스컨트리 스키	keu-ro-seu-keon-teu-ri seu-ki
Tischtennis (n)	탁구	tak-gu
Segelsport (m)	요트타기	yo-teu-ta-gi
Rallye (f, n)	랠리	rael-li
Rugby (n)	럭비	reok-bi
Snowboard (n)	스노보드	seu-no-bo-deu
Bogenschießen (n)	양궁	yang-gung

134. Fitnessstudio

Hantel (f)	역기	yeok-gi
Hanteln (pl)	아령	a-ryeong

Trainingsgerät (n)	운동 기구	un-dong gi-gu
Fahrradtrainer (m)	헬스자전거	hel-seu-ja-jeon-geo
Laufband (n)	러닝 머신	reo-ning meo-sin
Reck (n)	철봉	cheol-bong
Barren (m)	평행봉	pyeong-haeng-bong
Sprungpferd (n)	안마	an-ma
Matte (f)	매트	mae-teu
Aerobic (n)	에어로빅	e-eo-ro-bik
Yoga (m)	요가	yo-ga

135. Hockey

Eishockey (n)	하키	ha-ki
Eishockeyspieler (m)	하키 선수	ha-ki seon-su
Hockey spielen	하키를 하다	ha-ki-reul ha-da
Eis (n)	얼음	eo-reum
Puck (m)	하키 퍽	ha-ki peok
Hockeyschläger (m)	하키 스틱	ha-ki seu-tik
Schlittschuhe (pl)	스케이트	seu-ke-i-teu
Bord (m)	사이드보드	sa-i-deu-bo-deu
Schuss (m)	슛	syut
Torwart (m)	골키퍼	gol-ki-peo
Tor (n)	득점	deuk-jeom
ein Tor schießen	골을 넣다	go-reul leo-ta
Drittel (n)	피리어드	pi-ri-eo-deu
Ersatzbank (f)	후보 선수 대기석	hu-bo seon-su dae-gi-seok

136. Fußball

Fußball (m)	축구	chuk-gu
Fußballspieler (m)	축구 선수	chuk-gu seon-su
Fußball spielen	축구를 하다	chuk-gu-reul ha-da
Oberliga (f)	메이저 리그	me-i-jeo ri-geu
Fußballclub (m)	축구클럽	chuk-gu-keul-leop
Trainer (m)	코치	ko-chi
Besitzer (m)	구단주	gu-dan-ju
Mannschaft (f)	팀	tim
Mannschaftskapitän (m)	주장	ju-jang
Spieler (m)	선수	seon-su
Ersatzspieler (m)	후보 선수	hu-bo seon-su
Stürmer (m)	포워드	po-wo-deu
Mittelstürmer (m)	센터 포워드	sen-teo po-wo-deu
Torjäger (m)	득점자	deuk-jeom-ja

Verteidiger (m)	수비수	su-bi-su
Läufer (m)	미드필더	mi-deu-pil-deo
Spiel (n)	경기	gyeong-gi
sich begegnen	만나다	man-na-da
Finale (n)	결승전	gyeol-seung-jeon
Halbfinale (n)	준결승전	jun-gyeol-seung-jeon
Meisterschaft (f)	선수권	seon-su-gwon
Halbzeit (f)	경기 시간	gyeong-gi si-gan
erste Halbzeit (f)	전반전	jeon-ban-jeon
Halbzeit (Pause)	하프 타임	ha-peu ta-im
Tor (n)	골	gol
Torwart (m)	골키퍼	gol-ki-peo
Torpfosten (m)	골대	gol-dae
Torlatte (f)	크로스바	keu-ro-seu-ba
Netz (n)	골망	gol-mang
ein Tor zulassen	골을 내주다	go-reul lae-ju-da
Ball (m)	공	gong
Pass (m)	패스	pae-seu
Schuss (m)	슛	syut
schießen (vi)	슛을 하다	syus-eul ha-da
Freistoß (m)	프리킥	peu-ri-kik
Eckball (m)	코너킥	ko-neo-kik
Attacke (f)	공격	gong-gyeok
Gegenangriff (m)	반격	ban-gyeok
Kombination (f)	조합	jo-hap
Schiedsrichter (m)	주심, 심판	ju-sim, sim-pan
pfeifen (vi)	휘슬을 불다	hwi-seu-reul bul-da
Pfeife (f)	휘슬, 호각	hwi-seul
Foul (n)	반칙	ban-chik
foulen (vt)	반칙을 하다	ban-chi-geul ha-da
vom Platz verweisen	퇴장시키다	toe-jang-si-ki-da
gelbe Karte (f)	옐로카드	yel-lo-ka-deu
rote Karte (f)	레드카드	re-deu-ka-deu
Disqualifizierung (f)	실격	sil-gyeok
disqualifizieren (vt)	실격시키다	sil-gyeok-si-ki-da
Elfmeter (m)	페널티킥	pe-neol-ti-kik
Mauer (f)	수비벽	su-bi-byeok
schießen (ein Tor ~)	득점하다	deuk-jeom-ha-da
Tor (n)	득점	deuk-jeom
ein Tor schießen	득점하다	deuk-jeom-ha-da
Wechsel (m)	선수교체	seon-su-gyo-che
ersetzen (vt)	교체하다	gyo-che-ha-da
Regeln (pl)	규칙	gyu-chik
Taktik (f)	전술	jeon-sul
Stadion (n)	경기장	gyeong-gi-jang
Tribüne (f)	관람석	gwal-lam-seok

Anhänger (m)	서포터	seo-po-teo
schreien (vi)	소리 치다	so-ri chi-da
Anzeigetafel (f)	스코어보드	ho-gak
Ergebnis (n)	점수	jeom-su
Niederlage (f)	패배	pae-bae
verlieren (vt)	지다	ji-da
Unentschieden (n)	무승부	mu-seung-bu
unentschieden spielen	무승부로 끝나다	mu-seung-bu-ro kkeun-na-da
Sieg (m)	승리	seung-ni
gewinnen (vt)	이기다	i-gi-da
Meister (m)	챔피언	chaem-pi-eon
der beste	최고의	choe-go-ui
gratulieren (vi)	축하하다	chuk-a-ha-da
Kommentator (m)	해설가	hae-seol-ga
kommentieren (vt)	실황 방송을 하다	sil-hwang bang-song-eul ha-da
Übertragung (f)	방송	bang-song

137. Ski alpin

Ski (pl)	스키	seu-ki
Ski laufen	스키를 타다	seu-ki-reul ta-da
Skiort (m)	스키 리조트	seu-ki ri-jo-teu
Skilift (m)	리프트	ri-peu-teu
Skistöcke (pl)	스키 폴	seu-ki pol
Abhang (m)	슬로프	seul-lo-peu
Slalom (m)	슬랄롬	seul-lal-lom

138. Tennis Golf

Golf (n)	골프	gol-peu
Golfklub (m)	골프채	gol-peu-chae
Golfspieler (m)	골퍼	gol-peo
Loch (n)	홀	hol
Schläger (m)	골프채	gol-peu-chae
Golfwagen (m)	골프백카트	gol-peu-baek-ka-teu
Tennis (n)	테니스	te-ni-seu
Tennisplatz (m)	테니스장	te-ni-seu-jang
Aufschlag (m)	서브	seo-beu
angeben (vt)	서브하다	seo-beu-ha-da
Tennisschläger (m)	라켓	ra-ket
Netz (n)	네트	ne-teu
Ball (m)	공	gong

139. Schach

Schach (n)	체스	che-seu
Schachfiguren (pl)	체스의 말	che-seu-ui mal
Schachspieler (m)	체스 선수	che-seu seon-su
Schachbrett (n)	체스판	che-seu-pan
Figur (f)	체스의 말	che-seu-ui mal
Weißen (pl)	백	baek
Schwarze (pl)	흑	heuk
Bauer (m)	폰	pon
Läufer (m)	비숍	bi-syop
Springer (m)	나이트	na-i-teu
Turm (m)	룩	ruk
Königin (f)	퀸	kwin
König (m)	킹	king
Zug (m)	두기	du-gi
einen Zug machen	말을 옮기다	ma-reul rom-gi-da
opfern (vt)	희생시키다	hui-saeng-si-ki-da
Rochade (f)	캐슬링	kae-seul-ling
Schach (n)	체크	che-keu
Matt (n)	체크메이트	che-keu-me-i-teu
Schachturnier (n)	체스 토너먼트	che-seu to-neo-meon-teu
Großmeister (m)	그랜드 마스터	geu-raen-deu ma-seu-teo
Kombination (f)	조합	jo-hap
Partie (f), Spiel (n)	판	pan
Damespiel (n)	체커	che-keo

140. Boxen

Boxen (n)	권투	gwon-tu
Boxkampf (m)	회전	hoe-jeon
Runde (f)	라운드	ra-un-deu
Ring (m)	링	ring
Gong (m, n)	공	gong
Schlag (m)	펀치	peon-chi
Knockdown (m)	녹다운	nok-da-un
Knockout (m)	녹아웃	no-ga-ut
k.o. schlagen (vt)	녹아웃 시키다	no-ga-ut si-ki-da
Boxhandschuh (m)	권투 글러브	gwon-tu geul-leo-beu
Schiedsrichter (m)	부심	bu-sim
Leichtgewicht (n)	라이트급	ra-i-teu-geup
Mittelgewicht (n)	미들급	mi-deul-geup
Schwergewicht (n)	헤비급	he-bi-geup

141. Sport. Verschiedenes

Olympische Spiele (pl)	올림픽	ol-lim-pik
Sieger (m)	승리자	seung-ni-ja
siegen (vi)	이기고 있다	i-gi-go it-da
gewinnen (Sieger sein)	이기다	i-gi-da
Tabellenführer (m)	선두	seon-du
führen (vi)	선두를 달리다	seon-du-reul dal-li-da
der erste Platz	일등	il-deung
der zweite Platz	준우승	seu-ko-eo-bo-deu
der dritte Platz	3위	sam-wi
Medaille (f)	메달	me-dal
Trophäe (f)	트로피	teu-ro-pi
Pokal (m)	우승컵	u-seung-keop
Siegerpreis m (m)	상	sang
Hauptpreis (m)	최고 상품	choe-go sang-pum
Rekord (m)	기록	gi-rok
einen Rekord aufstellen	기록을 세우다	gi-ro-geul se-u-da
Finale (n)	결승전	gyeol-seung-jeon
Final-	마지막의	ma-ji-ma-gui
Meister (m)	챔피언	chaem-pi-eon
Meisterschaft (f)	선수권	seon-su-gwon
Stadion (n)	경기장	gyeong-gi-jang
Tribüne (f)	관람석	gwal-lam-seok
Fan (m)	서포터	seo-po-teo
Gegner (m)	상대	sang-dae
Start (m)	출발점	chul-bal-jeom
Ziel (n), Finish (n)	결승점	gyeol-seung-jeom
Niederlage (f)	패배	pae-bae
verlieren (vt)	지다	ji-da
Schiedsrichter (m)	심판	sim-pan
Jury (f)	배심원단	bae-si-mwon-dan
Ergebnis (n)	점수	jeom-su
Unentschieden (n)	무승부	mu-seung-bu
unentschieden spielen	무승부로 끝나다	mu-seung-bu-ro kkeun-na-da
Punkt (m)	점수	jeom-su
Ergebnis (n)	결과	gyeol-gwa
Halbzeit (f), Pause (f)	하프 타임	ha-peu ta-im
Doping (n)	도핑	do-ping
bestrafen (vt)	처벌하다	cheo-beol-ha-da
disqualifizieren (vt)	실격시키다	sil-gyeok-si-ki-da
Sportgerät (n)	기구	gi-gu
Speer (m)	투창	tu-chang

Kugel (im Kugelstoßen)	포환	po-hwan
Kugel (f), Ball (m)	공	gong
Ziel (n)	목표	mok-pyo
Zielscheibe (f)	과녁	gwa-nyeok
schießen (vi)	쏘다	sso-da
genau (Adj)	정확한	jeong-hwak-an
Trainer (m)	코치	ko-chi
trainieren (vt)	훈련하다	hul-lyeon-ha-da
trainieren (vi)	훈련하다	hul-lyeon-ha-da
Training (n)	훈련	hul-lyeon
Turnhalle (f)	헬스장	hel-seu-jang
Übung (f)	운동, 연습	un-dong, yeon-seup
Aufwärmen (n)	워밍업	wo-ming-eop

Ausbildung

142. Schule

Schule (f)	학교	hak-gyo
Schulleiter (m)	교장	gyo-jang
Schüler (m)	남학생	nam-hak-saeng
Schülerin (f)	여학생	yeo-hak-saeng
Schuljunge (m)	남학생	nam-hak-saeng
Schulmädchen (f)	여학생	yeo-hak-saeng
lehren (vt)	가르치다	ga-reu-chi-da
lernen (Englisch ~)	배우다	bae-u-da
auswendig lernen	암기하다	am-gi-ha-da
lernen (vi)	배우다	bae-u-da
in der Schule sein	재학 중이다	jae-hak jung-i-da
die Schule besuchen	학교에 가다	hak-gyo-e ga-da
Alphabet (n)	알파벳	al-pa-bet
Fach (n)	과목	gwa-mok
Klassenraum (m)	교실	gyo-sil
Stunde (f)	수업	su-eop
Pause (f)	쉬는 시간	swi-neun si-gan
Schulglocke (f)	수업종	su-eop-jong
Schulbank (f)	학교 책상	hak-gyo chaek-sang
Tafel (f)	칠판	chil-pan
Note (f)	성적	seong-jeok
gute Note (f)	좋은 성적	jo-eun seong-jeok
schlechte Note (f)	나쁜 성적	na-ppeun seong-jeok
eine Note geben	성적을 매기다	seong-jeo-geul mae-gi-da
Fehler (m)	실수	sil-su
Fehler machen	실수하다	sil-su-ha-da
korrigieren (vt)	고치다	go-chi-da
Spickzettel (m)	커닝 페이퍼	keo-ning pe-i-peo
Hausaufgabe (f)	숙제	suk-je
Übung (f)	연습 문제	yeon-seup mun-je
anwesend sein	출석하다	chul-seok-a-da
fehlen (in der Schule ~)	결석하다	gyeol-seok-a-da
bestrafen (vt)	처벌하다	cheo-beol-ha-da
Strafe (f)	벌	beol
Benehmen (n)	처신	cheo-sin
Zeugnis (n)	성적표	seong-jeok-pyo

Bleistift (m)	연필	yeon-pil
Radiergummi (m)	지우개	ji-u-gae
Kreide (f)	분필	bun-pil
Federkasten (m)	필통	pil-tong
Schulranzen (m)	책가방	chaek-ga-bang
Kugelschreiber, Stift (m)	펜	pen
Heft (n)	노트	no-teu
Lehrbuch (n)	교과서	gyo-gwa-seo
Zirkel (m)	컴퍼스	keom-peo-seu
zeichnen (vt)	제도하다	je-do-ha-da
Zeichnung (f)	건축 도면	geon-chuk do-myeon
Gedicht (n)	시	si
auswendig (Adv)	외워서	oe-wo-seo
auswendig lernen	암기하다	am-gi-ha-da
Ferien (pl)	학교 방학	bang-hak
in den Ferien sein	방학 중이다	bang-hak jung-i-da
Test (m), Prüfung (f)	필기 시험	pil-gi si-heom
Aufsatz (m)	논술	non-sul
Diktat (n)	받아쓰기 시험	ba-da-sseu-gi si-heom
Prüfung (f)	시험	si-heom
Prüfungen ablegen	시험을 보다	si-heo-meul bo-da
Experiment (n)	실험	sil-heom

143. Hochschule. Universität

Akademie (f)	아카데미	a-ka-de-mi
Universität (f)	대학교	dae-hak-gyo
Fakultät (f)	교수진	gyo-su-jin
Student (m)	대학생	dae-hak-saeng
Studentin (f)	여대생	yeo-dae-saeng
Lehrer (m)	강사	gang-sa
Hörsaal (m)	교실	gyo-sil
Hochschulabsolvent (m)	졸업생	jo-reop-saeng
Diplom (n)	졸업증	jo-reop-jeung
Dissertation (f)	학위 논문	ha-gwi non-mun
Forschung (f)	연구	yeon-gu
Labor (n)	연구실	yeon-gu-sil
Vorlesung (f)	강의	gang-ui
Kommilitone (m)	대학 동급생	dae-hak dong-geup-saeng
Stipendium (n)	장학금	jang-hak-geum
akademischer Grad (m)	학위	ha-gwi

144. Naturwissenschaften. Fächer

Mathematik (f)	수학	su-hak
Algebra (f)	대수학	dae-su-hak
Geometrie (f)	기하학	gi-ha-hak
Astronomie (f)	천문학	cheon-mun-hak
Biologie (f)	생물학	saeng-mul-hak
Erdkunde (f)	지리학	ji-ri-hak
Geologie (f)	지질학	ji-jil-hak
Geschichte (f)	역사학	yeok-sa-hak
Medizin (f)	의학	ui-hak
Pädagogik (f)	교육학	gyo-yuk-ak
Recht (n)	법학	beo-pak
Physik (f)	물리학	mul-li-hak
Chemie (f)	화학	hwa-hak
Philosophie (f)	철학	cheol-hak
Psychologie (f)	심리학	sim-ni-hak

145. Schrift Rechtschreibung

Grammatik (f)	문법	mun-beop
Lexik (f)	어휘	eo-hwi
Phonetik (f)	음성학	eum-seong-hak
Substantiv (n)	명사	myeong-sa
Adjektiv (n)	형용사	hyeong-yong-sa
Verb (n)	동사	dong-sa
Adverb (n)	부사	bu-sa
Pronomen (n)	대명사	dae-myeong-sa
Interjektion (f)	감탄사	gam-tan-sa
Präposition (f)	전치사	jeon-chi-sa
Wurzel (f)	어근	eo-geun
Endung (f)	어미	eo-mi
Vorsilbe (f)	접두사	jeop-du-sa
Silbe (f)	음절	eum-jeol
Suffix (n), Nachsilbe (f)	접미사	jeom-mi-sa
Betonung (f)	강세	gang-se
Apostroph (m)	아포스트로피	a-po-seu-teu-ro-pi
Punkt (m)	마침표	ma-chim-pyo
Komma (n)	쉼표	swim-pyo
Semikolon (n)	세미콜론	se-mi-kol-lon
Doppelpunkt (m)	콜론	kol-lon
Auslassungspunkte (pl)	말줄임표	mal-ju-rim-pyo
Fragezeichen (n)	물음표	mu-reum-pyo
Ausrufezeichen (n)	느낌표	neu-kkim-pyo

Anführungszeichen (pl)	따옴표	tta-om-pyo
in Anführungszeichen	따옴표 안에	tta-om-pyo a-ne
runde Klammern (pl)	괄호	gwal-ho
in Klammern	괄호 속에	gwal-ho so-ge
Bindestrich (m)	하이픈	ha-i-peun
Gedankenstrich (m)	대시	jul-pyo
Leerzeichen (n)	공백 문자	gong-baek mun-ja
Buchstabe (m)	글자	geul-ja
Großbuchstabe (m)	대문자	dae-mun-ja
Vokal (m)	모음	mo-eum
Konsonant (m)	자음	ja-eum
Satz (m)	문장	mun-jang
Subjekt (n)	주어	ju-eo
Prädikat (n)	서술어	seo-su-reo
Zeile (f)	줄	jul
in einer neuen Zeile	줄을 바꾸어	ju-reul ba-kku-eo
Absatz (m)	단락	dal-lak
Wort (n)	단어	dan-eo
Wortverbindung (f)	문구	mun-gu
Redensart (f)	표현	pyo-hyeon
Synonym (n)	동의어	dong-ui-eo
Antonym (n)	반의어	ban-ui-eo
Regel (f)	규칙	gyu-chik
Ausnahme (f)	예외	ye-oe
richtig (Adj)	맞는	man-neun
Konjugation (f)	활용	hwa-ryong
Deklination (f)	어형 변화	eo-hyeong byeon-hwa
Kasus (m)	격	gyeok
Frage (f)	질문	jil-mun
unterstreichen (vt)	밑줄을 긋다	mit-ju-reul geut-da
punktierte Linie (f)	점선	jeom-seon

146. Fremdsprachen

Sprache (f)	언어	eon-eo
Fremdsprache (f)	외국어	oe-gu-geo
studieren (z.B. Jura ~)	공부하다	gong-bu-ha-da
lernen (Englisch ~)	배우다	bae-u-da
lesen (vi, vt)	읽다	ik-da
sprechen (vi, vt)	말하다	mal-ha-da
verstehen (vt)	이해하다	i-hae-ha-da
schreiben (vi, vt)	쓰다	sseu-da
schnell (Adv)	빨리	ppal-li
langsam (Adv)	천천히	cheon-cheon-hi

fließend (Adv)	유창하게	yu-chang-ha-ge
Regeln (pl)	규칙	gyu-chik
Grammatik (f)	문법	mun-beop
Vokabular (n)	어휘	eo-hwi
Phonetik (f)	음성학	eum-seong-hak
Lehrbuch (n)	교과서	gyo-gwa-seo
Wörterbuch (n)	사전	sa-jeon
Selbstlernbuch (n)	자습서	ja-seup-seo
Sprachführer (m)	회화집	hoe-hwa-jip
Kassette (f)	테이프	te-i-peu
Videokassette (f)	비디오테이프	bi-di-o-te-i-peu
CD (f)	씨디	ssi-di
DVD (f)	디비디	di-bi-di
Alphabet (n)	알파벳	al-pa-bet
buchstabieren (vt)	… 의 철자이다	… ui cheol-ja-i-da
Aussprache (f)	발음	ba-reum
Akzent (m)	악센트	ak-sen-teu
mit Akzent	사투리로	sa-tu-ri-ro
ohne Akzent	억양 없이	eo-gyang eop-si
Wort (n)	단어	dan-eo
Bedeutung (f)	의미	ui-mi
Kurse (pl)	강좌	gang-jwa
sich einschreiben	등록하다	deung-nok-a-da
Lehrer (m)	강사	gang-sa
Übertragung (f)	번역	beo-nyeok
Übersetzung (f)	번역	beo-nyeok
Übersetzer (m)	번역가	beo-nyeok-ga
Dolmetscher (m)	통역가	tong-yeok-ga
Polyglott (m, f)	수개 국어를 말하는 사람	su-gae gu-geo-reul mal-ha-neun sa-ram
Gedächtnis (n)	기억력	gi-eong-nyeok

147 Märchenfiguren

Weihnachtsmann (m)	산타클로스	san-ta-keul-lo-seu
Nixe (f)	인어	in-eo
Zauberer (m)	마법사	ma-beop-sa
Zauberin (f)	요정	yo-jeong
magisch, Zauber-	마법의	ma-beo-bui
Zauberstab (m)	마술 지팡이	ma-sul ji-pang-i
Märchen (n)	동화	dong-hwa
Wunder (n)	기적	gi-jeok
Zwerg (m)	난쟁이	nan-jaeng-i
sich verwandeln in …	… 으로 변하다	… eu-ro byeon-ha-da

Geist (m)	유령, 귀신	yu-ryeong, gwi-sin
Gespenst (n)	유령	yu-ryeong
Ungeheuer (n)	괴물	goe-mul
Drache (m)	용	yong
Riese (m)	거인	geo-in

148. Sternzeichen

Widder (m)	양자리	yang-ja-ri
Stier (m)	황소자리	hwang-so-ja-ri
Zwillinge (pl)	쌍둥이자리	ssang-dung-i-ja-ri
Krebs (m)	게자리	ge-ja-ri
Löwe (m)	사자자리	sa-ja-ja-ri
Jungfrau (f)	처녀자리	cheo-nyeo-ja-ri
Waage (f)	천칭자리	cheon-ching-ja-ri
Skorpion (m)	전갈자리	jeon-gal-ja-ri
Schütze (m)	궁수자리	gung-su-ja-ri
Steinbock (m)	염소자리	yeom-so-ja-ri
Wassermann (m)	물병자리	mul-byeong-ja-ri
Fische (pl)	물고기자리	mul-go-gi-ja-ri
Charakter (m)	성격	seong-gyeok
Charakterzüge (pl)	성격특성	seong-gyeok-teuk-seong
Benehmen (n)	행동	haeng-dong
wahrsagen (vt)	점치다	jeom-chi-da
Wahrsagerin (f)	점쟁이	jeom-jaeng-i
Horoskop (n)	천궁도	cheon-gung-do

Kunst

149. Theater

Theater (n)	극장	geuk-jang
Oper (f)	오페라	o-pe-ra
Operette (f)	오페레타	o-pe-re-ta
Ballett (n)	발레	bal-le
Theaterplakat (n)	포스터, 벽보	po-seu-teo, byeok-bo
Truppe (f)	공연단	gong-yeon-dan
Tournee (f)	순회	sun-hoe
auf Tournee sein	투어를 가다	tu-eo-reul ga-da
proben (vt)	리허설 하다	ri-heo-seol ha-da
Probe (f)	리허설	ri-heo-seol
Spielplan (m)	레퍼토리	re-peo-to-ri
Aufführung (f)	공연	gong-yeon
Vorstellung (f)	연극 공연	yeon-geuk gong-yeon
Theaterstück (n)	연극	yeon-geuk
Karte (f)	표, 입장권	pyo, ip-jang-gwon
Theaterkasse (f)	매표소	mae-pyo-so
Halle (f)	로비	ro-bi
Garderobe (f)	휴대품 보관소	hyu-dae-pum bo-gwan-so
Garderobennummer (f)	보관소 꼬리표	bo-gwan-so kko-ri-pyo
Opernglas (n)	오페라 글라스	o-pe-ra geul-la-seu
Platzanweiser (m)	좌석 안내원	jwa-seok gan-nae-won
Parkett (n)	일반 객석	il-ban gaek-seok
Balkon (m)	발코니석	bal-ko-ni-seok
der erste Rang	특등석	teuk-deung-seok
Loge (f)	특별석	teuk-byeol-seok
Reihe (f)	열	yeol
Platz (m)	자리	ja-ri
Publikum (n)	청중	cheong-jung
Zuschauer (m)	관중	gwan-jung
klatschen (vi)	박수하다	bak-su-ha-da
Applaus (m)	박수	bak-su
Ovation (f)	박수 갈채	bak-su gal-chae
Bühne (f)	무대	mu-dae
Vorhang (m)	커튼	keo-teun
Dekoration (f)	무대 배경	mu-dae bae-gyeong
Kulissen (pl)	백스테이지	baek-seu-te-i-ji
Szene (f)	장면	jang-myeon
Akt (m)	막	mak
Pause (f)	막간	mak-gan

150. Kino

Schauspieler (m)	배우	bae-u
Schauspielerin (f)	여배우	yeo-bae-u
Film (m)	영화	yeong-hwa
Folge (f)	부작	bu-jak
Krimi (m)	탐정 영화	tam-jeong yeong-hwa
Actionfilm (m)	액션 영화	aek-syeon nyeong-hwa
Abenteuerfilm (m)	모험 영화	mo-heom myeong-hwa
Science-Fiction-Film (m)	공상과학영화	SF yeong-hwa
Horrorfilm (m)	공포 영화	gong-po yeong-hwa
Komödie (f)	코미디 영화	ko-mi-di yeong-hwa
Melodrama (n)	멜로드라마	mel-lo-deu-ra-ma
Drama (n)	드라마	deu-ra-ma
Spielfilm (m)	극영화	geu-gyeong-hwa
Dokumentarfilm (m)	다큐멘터리	da-kyu-men-teo-ri
Zeichentrickfilm (m)	만화영화	man-hwa-yeong-hwa
Stummfilm (m)	무성영화	mu-seong-yeong-hwa
Rolle (f)	역할	yeok-al
Hauptrolle (f)	주역	ju-yeok
spielen (Schauspieler)	연기하다	yeon-gi-ha-da
Filmstar (m)	영화 스타	yeong-hwa seu-ta
bekannt	유명한	yu-myeong-han
berühmt	유명한	yu-myeong-han
populär	인기 있는	in-gi in-neun
Drehbuch (n)	시나리오	si-na-ri-o
Drehbuchautor (m)	시나리오 작가	si-na-ri-o jak-ga
Regisseur (m)	영화감독	yeong-hwa-gam-dok
Produzent (m)	제작자	je-jak-ja
Assistent (m)	보조자	bo-jo-ja
Kameramann (m)	카메라맨	ka-me-ra-maen
Stuntman (m)	스턴트 맨	seu-teon-teu maen
einen Film drehen	영화를 촬영하다	yeong-hwa-reul chwa-ryeong-ha-da
Probe (f)	오디션	o-di-syeon
Dreharbeiten (pl)	촬영	chwa-ryeong
Filmteam (n)	영화 제작팀	yeong-hwa je-jak-tim
Filmset (m)	영화 세트	yeong-hwa se-teu
Filmkamera (f)	카메라	ka-me-ra
Kino (n)	영화관	yeong-hwa-gwan
Leinwand (f)	스크린	seu-keu-rin
einen Film zeigen	영화를 상영하다	yeong-hwa-reul sang-yeong-ha-da
Tonspur (f)	사운드트랙	sa-un-deu-teu-raek
Spezialeffekte (pl)	특수 효과	teuk-su hyo-gwa

Untertitel (pl)	자막	ja-mak
Abspann (m)	엔딩 크레딧	en-ding keu-re-dit
Übersetzung (f)	번역	beo-nyeok

151. Gemälde

Kunst (f)	예술	ye-sul
schönen Künste (pl)	미술	mi-sul
Kunstgalerie (f)	미술관	mi-sul-gwan
Kunstausstellung (f)	미술 전시회	mi-sul jeon-si-hoe
Malerei (f)	회화	hoe-hwa
Graphik (f)	그래픽 아트	geu-rae-pik ga-teu
abstrakte Kunst (f)	추상파	chu-sang-pa
Impressionismus (m)	인상파	in-sang-pa
Bild (n)	그림	geu-rim
Zeichnung (Kohle- usw.)	선화	seon-hwa
Plakat (n)	포스터	po-seu-teo
Illustration (f)	삽화	sa-pwa
Miniatur (f)	세밀화	se-mil-hwa
Kopie (f)	복제품	bok-je-pum
Reproduktion (f)	복사	bok-sa
Mosaik (n)	모자이크	mo-ja-i-keu
Glasmalerei (f)	스테인드 글라스	seu-te-in-deu geul-la-seu
Fresko (n)	프레스코화	peu-re-seu-ko-hwa
Gravüre (f)	판화	pan-hwa
Büste (f)	흉상	hyung-sang
Skulptur (f)	조각	jo-gak
Statue (f)	조상	jo-sang
Gips (m)	석고	seok-go
aus Gips	석고의	seok-go-ui
Porträt (n)	초상화	cho-sang-hwa
Selbstporträt (n)	자화상	ja-hwa-sang
Landschaftsbild (n)	풍경화	pung-gyeong-hwa
Stillleben (n)	정물화	jeong-mul-hwa
Karikatur (f)	캐리커처	kae-ri-keo-cheo
Farbe (f)	물감	mul-gam
Aquarellfarbe (f)	수채 물감	su-chae mul-gam
Öl (n)	유화 물감	yu-hwa mul-gam
Bleistift (m)	연필	yeon-pil
Tusche (f)	먹물	meong-mul
Kohle (f)	목탄	mok-tan
zeichnen (vt)	그리다	geu-ri-da
malen (vi, vt)	그리다	geu-ri-da
Modell stehen	포즈를 취하다	po-jeu-reul chwi-ha-da
Modell (Mask.)	화가의 모델	hwa-ga-ui mo-del

Modell (Fem.)	화가의 모델	hwa-ga-ui mo-del
Maler (m)	화가	hwa-ga
Kunstwerk (n)	미술 작품	mi-sul jak-pum
Meisterwerk (n)	걸작	geol-jak
Atelier (n), Werkstatt (f)	작업실	ja-geop-sil
Leinwand (f)	캔버스	kaen-beo-seu
Staffelei (f)	이젤	i-jel
Palette (f)	팔레트	pal-le-teu
Rahmen (m)	액자	aek-ja
Restauration (f)	복원	bo-gwon
restaurieren (vt)	복원하다	bo-gwon-ha-da

152. Literatur und Dichtkunst

Literatur (f)	문학	mun-hak
Autor (m)	작가	jak-ga
Pseudonym (n)	필명	pil-myeong
Buch (n)	책	chaek
Band (m)	권	gwon
Inhaltsverzeichnis (n)	목차	mok-cha
Seite (f)	페이지	pe-i-ji
Hauptperson (f)	주인공	ju-in-gong
Autogramm (n)	사인	sa-in
Kurzgeschichte (f)	단편 소설	dan-pyeon so-seol
Erzählung (f)	소설	so-seol
Roman (m)	장편 소설	jang-pyeon so-seol
Werk (Buch usw.)	작품	jak-pum
Fabel (f)	우화	u-hwa
Krimi (m)	추리 소설	chu-ri so-seol
Gedicht (n)	시	si
Dichtung (f), Poesie (f)	시	si
Gedicht (n)	서사시	seo-sa-si
Dichter (m)	시인	si-in
schöne Literatur (f)	픽션	pik-syeon
Science-Fiction (f)	공상과학소설	gong-sang-gwa-hak-so-seol
Abenteuer (n)	모험 소설	mo-heom so-seol
Schülerliteratur (pl)	교육 문학	gyo-yuk mun-hak
Kinderliteratur (f)	아동 문학	a-dong mun-hak

153. Zirkus

Zirkus (m)	서커스	seo-keo-seu
Wanderzirkus (m)	순회 서커스	sun-hoe seo-keo-seu
Programm (n)	프로그램	peu-ro-geu-raem
Vorstellung (f)	공연	gong-yeon
Nummer (f)	공연	gong-yeon

Manege (f)	무대	mu-dae
Pantomime (f)	판토마임	pan-to-ma-im
Clown (m)	어릿광대	eo-rit-gwang-dae
Akrobat (m)	곡예사	go-gye-sa
Akrobatik (f)	곡예	go-gye
Turner (m)	체조선수	che-jo-seon-su
Turnen (n)	체조	che-jo
Salto (m)	공중제비	gong-jung-je-bi
Kraftmensch (m)	힘 자랑하는 사나이	him ja-rang-ha-neun sa-na-i
Bändiger, Dompteur (m)	조련사	jo-ryeon-sa
Reiter (m)	곡마사	gong-ma-sa
Assistent (m)	조수	jo-su
Trick (m)	묘기	myo-gi
Zaubertrick (m)	마술	ma-sul
Zauberkünstler (m)	마술사	ma-sul-sa
Jongleur (m)	저글러	jeo-geul-leo
jonglieren (vi)	저글링 하다	jeo-geul-ling ha-da
Dresseur (m)	조련사	jo-ryeon-sa
Dressur (f)	조련	jo-ryeon
dressieren (vt)	가르치다	ga-reu-chi-da

154. Musik. Popmusik

Musik (f)	음악	eum-ak
Musiker (m)	음악가	eum-ak-ga
Musikinstrument (n)	악기	ak-gi
spielen (auf der Gitarre ~)	… 을 연주하다	… eul ryeon-ju-ha-da
Gitarre (f)	기타	gi-ta
Geige (f)	바이올린	ba-i-ol-lin
Cello (n)	첼로	chel-lo
Kontrabass (m)	콘트라베이스	kon-teu-ra-be-i-seu
Harfe (f)	하프	ha-peu
Klavier (n)	피아노	pi-a-no
Flügel (m)	그랜드 피아노	geu-raen-deu pi-a-no
Orgel (f)	오르간	o-reu-gan
Blasinstrumente (pl)	관악기	gwan-ak-gi
Oboe (f)	오보에	o-bo-e
Saxophon (n)	색소폰	saek-so-pon
Klarinette (f)	클라리넷	keul-la-ri-net
Flöte (f)	플루트	peul-lu-teu
Trompete (f)	트럼펫	teu-reom-pet
Akkordeon (n)	아코디언	a-ko-di-eon
Trommel (f)	북	buk
Duo (n)	이중주	i-jung-ju
Trio (n)	삼중주	sam-jung-ju

Quartett (n)	사중주	sa-jung-ju
Chor (m)	합창단	hap-chang-dan
Orchester (n)	오케스트라	o-ke-seu-teu-ra
Popmusik (f)	대중 음악	dae-jung eum-ak
Rockmusik (f)	록 음악	rok geu-mak
Rockgruppe (f)	록 그룹	rok geu-rup
Jazz (m)	재즈	jae-jeu
Idol (n)	아이돌	a-i-dol
Verehrer (m)	팬	paen
Konzert (n)	콘서트	kon-seo-teu
Sinfonie (f)	교향곡	gyo-hyang-gok
Komposition (f)	작품	jak-pum
komponieren (vt)	작곡하다	jak-gok-a-da
Gesang (m)	노래	no-rae
Lied (n)	노래	no-rae
Melodie (f)	멜로디	mel-lo-di
Rhythmus (m)	리듬	ri-deum
Blues (m)	블루스	beul-lu-seu
Noten (pl)	악보	ak-bo
Taktstock (m)	지휘봉	ji-hwi-bong
Bogen (m)	활	hwal
Saite (f)	현	hyeon
Koffer (Violinen-)	케이스	ke-i-seu

Erholung. Unterhaltung. Reisen

155. Ausflug. Reisen

Tourismus (m)	관광	gwan-gwang
Tourist (m)	관광객	gwan-gwang-gaek
Reise (f)	여행	yeo-haeng
Abenteuer (n)	모험	mo-heom
Fahrt (f)	여행	yeo-haeng
Urlaub (m)	휴가	hyu-ga
auf Urlaub sein	휴가 중이다	hyu-ga jung-i-da
Erholung (f)	휴양	hyu-yang
Zug (m)	기차	gi-cha
mit dem Zug	기차로	gi-cha-ro
Flugzeug (n)	비행기	bi-haeng-gi
mit dem Flugzeug	비행기로	bi-haeng-gi-ro
mit dem Auto	자동차로	ja-dong-cha-ro
mit dem Schiff	배로	bae-ro
Gepäck (n)	짐, 수하물	jim, su-ha-mul
Koffer (m)	여행 가방	yeo-haeng ga-bang
Gepäckwagen (m)	수하물 카트	su-ha-mul ka-teu
Pass (m)	여권	yeo-gwon
Visum (n)	비자	bi-ja
Fahrkarte (f)	표	pyo
Flugticket (n)	비행기표	bi-haeng-gi-pyo
Reiseführer (m)	여행 안내서	yeo-haeng an-nae-seo
Landkarte (f)	지도	ji-do
Gegend (f)	지역	ji-yeok
Ort (wunderbarer ~)	곳	got
Exotika (pl)	이국	i-guk
exotisch	이국적인	i-guk-jeo-gin
erstaunlich (Adj)	놀라운	nol-la-un
Gruppe (f)	무리	mu-ri
Ausflug (m)	견학, 관광	gyeon-hak, gwan-gwang
Reiseleiter (m)	가이드	ga-i-deu

156. Hotel

Hotel (n), Gasthaus (n)	호텔	ho-tel
Motel (n)	모텔	mo-tel
drei Sterne	3성급	sam-seong-geub

fünf Sterne	5성급	o-seong-geub
absteigen (vi)	머무르다	meo-mu-reu-da
Hotelzimmer (n)	객실	gaek-sil
Einzelzimmer (n)	일인실	i-rin-sil
Zweibettzimmer (n)	더블룸	deo-beul-lum
reservieren (vt)	방을 예약하다	bang-eul rye-yak-a-da
Halbpension (f)	하숙	ha-suk
Vollpension (f)	식사 제공	sik-sa je-gong
mit Bad	욕조가 있는	yok-jo-ga in-neun
mit Dusche	샤워가 있는	sya-wo-ga in-neun
Satellitenfernsehen (n)	위성 텔레비전	wi-seong tel-le-bi-jeon
Klimaanlage (f)	에어컨	e-eo-keon
Handtuch (n)	수건	su-geon
Schlüssel (m)	열쇠	yeol-soe
Verwalter (m)	관리자	gwal-li-ja
Zimmermädchen (n)	객실 청소부	gaek-sil cheong-so-bu
Träger (m)	포터	po-teo
Portier (m)	도어맨	do-eo-maen
Restaurant (n)	레스토랑	re-seu-to-rang
Bar (f)	바	ba
Frühstück (n)	아침식사	a-chim-sik-sa
Abendessen (n)	저녁식사	jeo-nyeok-sik-sa
Buffet (n)	뷔페	bwi-pe
Foyer (n)	로비	ro-bi
Aufzug (m), Fahrstuhl (m)	엘리베이터	el-li-be-i-teo
BITTE NICHT STÖREN!	방해하지 마세요	bang-hae-ha-ji ma-se-yo
RAUCHEN VERBOTEN!	금연	geu-myeon

157. Bücher. Lesen

Buch (n)	책	chaek
Autor (m)	저자	jeo-ja
Schriftsteller (m)	작가	jak-ga
verfassen (vt)	쓰다	sseu-da
Leser (m)	독자	dok-ja
lesen (vi, vt)	읽다	ik-da
Lesen (n)	독서	dok-seo
still (~ lesen)	묵독 (~을 하다)	muk-dok
laut (Adv)	큰소리로	keun-so-ri-ro
verlegen (vt)	발행하다	bal-haeng-ha-da
Ausgabe (f)	발행	bal-haeng
Herausgeber (m)	출판인	chul-pan-in
Verlag (m)	출판사	chul-pan-sa
erscheinen (Buch)	출간되다	chul-gan-doe-da

Erscheinen (n)	발표	bal-pyo
Auflage (f)	인쇄 부수	in-swae bu-su
Buchhandlung (f)	서점	seo-jeom
Bibliothek (f)	도서관	do-seo-gwan
Erzählung (f)	소설	so-seol
Kurzgeschichte (f)	단편 소설	dan-pyeon so-seol
Roman (m)	장편 소설	jang-pyeon so-seol
Krimi (m)	추리 소설	chu-ri so-seol
Memoiren (pl)	회상록	hoe-sang-nok
Legende (f)	전설	jeon-seol
Mythos (m)	신화	sin-hwa
Gedichte (pl)	시	si
Autobiographie (f)	자서전	ja-seo-jeon
ausgewählte Werke (pl)	선집	seon-jip
Science-Fiction (f)	공상과학소설	gong-sang-gwa-hak-so-seol
Titel (m)	제목	je-mok
Einleitung (f)	서문	seo-mun
Titelseite (f)	속표지	sok-pyo-ji
Kapitel (n)	장	jang
Auszug (m)	발췌	bal-chwe
Episode (f)	장면	jang-myeon
Sujet (n)	줄거리	jul-geo-ri
Inhalt (m)	내용	nae-yong
Inhaltsverzeichnis (n)	목차	mok-cha
Hauptperson (f)	주인공	ju-in-gong
Band (m)	권	gwon
Buchdecke (f)	표지	pyo-ji
Einband (m)	장정	jang-jeong
Lesezeichen (n)	서표	seo-pyo
Seite (f)	페이지	pe-i-ji
blättern (vi)	페이지를 넘기다	pe-i-ji-reul leom-gi-da
Ränder (pl)	여백	yeo-baek
Notiz (f)	주석	ju-seok
Anmerkung (f)	각주	gak-ju
Text (m)	본문	bon-mun
Schrift (f)	활자, 서체	hwal-ja, seo-che
Druckfehler (m)	오타	o-ta
Übersetzung (f)	번역	beo-nyeok
übersetzen (vt)	번역하다	beo-nyeok-a-da
Original (n)	원본	won-bon
berühmt	유명한	yu-myeong-han
unbekannt	잘 알려지지 않은	jal ral-lyeo-ji-ji a-neun
interessant	재미있는	jae-mi-in-neun
Bestseller (m)	베스트셀러	be-seu-teu-sel-leo

Wörterbuch (n)	사전	sa-jeon
Lehrbuch (n)	교과서	gyo-gwa-seo
Enzyklopädie (f)	백과사전	baek-gwa-sa-jeon

158. Jagen. Fischen

Jagd (f)	사냥	sa-nyang
jagen (vi)	사냥하다	sa-nyang-ha-da
Jäger (m)	사냥꾼	sa-nyang-kkun
schießen (vi)	쏘다	sso-da
Gewehr (n)	장총	jang-chong
Patrone (f)	탄환	tan-hwan
Schrot (n)	산탄	san-tan
Falle (f)	덫	deot
Schlinge (f)	덫	deot
eine Falle stellen	덫을 놓다	deo-cheul lo-ta
Wilddieb (m)	밀렵자	mil-lyeop-ja
Wild (n)	사냥감	sa-nyang-gam
Jagdhund (m)	사냥개	sa-nyang-gae
Safari (f)	사파리	sa-pa-ri
ausgestopftes Tier (n)	박제	bak-je
Fischer (m)	낚시꾼	nak-si-kkun
Fischen (n)	낚시	nak-si
angeln, fischen (vt)	낚시질하다	nak-si-jil-ha-da
Angel (f)	낚싯대	nak-sit-dae
Angelschnur (f)	낚싯줄	nak-sit-jul
Haken (m)	바늘	ba-neul
Schwimmer (m)	찌	jji
Köder (m)	미끼	mi-kki
die Angel auswerfen	낚싯줄을 던지다	nak-sit-ju-reul deon-ji-da
anbeißen (vi)	미끼를 물다	mi-kki-reul mul-da
Fang (m)	어획고	eo-hoek-go
Eisloch (n)	얼음구멍	eo-reum-gu-meong
Netz (n)	그물	geu-mul
Boot (n)	보트	bo-teu
mit dem Netz fangen	그물로 잡다	geu-mul-lo jap-da
das Netz hineinwerfen	그물을 던지다	geu-mu-reul deon-ji-da
das Netz einholen	그물을 끌어당기다	geu-mu-reul kkeu-reo-dang-gi-da
Walfänger (m)	포경선원	po-gyeong-seon-won
Walfangschiff (n)	포경선	po-gyeong-seon
Harpune (f)	작살	jak-sal

159. Spiele. Billard

Billard (n)	당구	dang-gu
Billardzimmer (n)	당구장	dang-gu-jang
Billardkugel (f)	공	gong
eine Kugel einlochen	공을 넣다	gong-eul leo-ta
Queue (n)	큐	kyu
Tasche (f), Loch (n)	구멍	gu-meong

160. Spiele. Kartenspiele

Karo (n)	스페이드	seu-pe-i-deu
Pik (n)	스페이드	seu-pe-i-deu
Herz (n)	하트	ha-teu
Kreuz (n)	클럽	keul-leop
As (n)	에이스	e-i-seu
König (m)	왕	wang
Dame (f)	퀸	kwin
Bube (m)	잭	jaek
Spielkarte (f)	카드	ka-deu
Karten (pl)	카드	ka-deu
Trumpf (m)	으뜸패	eu-tteum-pae
Kartenspiel (abgenutztes ~)	카드 한 벌	ka-deu han beol
ausgeben (vt)	돌리다	dol-li-da
mischen (vt)	카드를 섞다	ka-deu-reul seok-da
Zug (m)	차례	cha-rye
Falschspieler (m)	카드 판의 사기꾼	ka-deu pan-ui sa-gi-kkun

161. Kasino. Roulette

Kasino (n)	카지노	ka-ji-no
Roulette (n)	룰렛	rul-let
Einsatz (m)	내기	nae-gi
setzen (auf etwas ~)	돈을 걸다	do-neul geol-da
Rot (n)	적색	jeok-saek
Schwarz (n)	흑색	heuk-saek
auf Rot setzen	레드에 돈을 걸다	re-deu-e do-neul geol-da
auf Schwarz setzen	블랙에 돈을 걸다	beul-lae-ge do-neul geol-da
Croupier (m)	딜러	dil-leo
Spielregeln (pl)	규칙	gyu-chik
Spielmarke (f)	칩	chip
gewinnen (vt)	돈을 따다	do-neul tta-da
Gewinn (m)	딴 돈	ttan don
verlieren (vt)	잃다	il-ta

Verlust (m)	손해	son-hae
Spieler (m)	플레이어	peul-le-i-eo
Blackjack (n)	블랙잭	beul-laek-jaek
Würfelspiel (n)	크랩 게임	keu-raep ge-im
Spielautomat (m)	슬롯머신	seul-lon-meo-sin

162. Erholung. Spiele. Verschiedenes

spazieren gehen (vi)	산책하다	san-chaek-a-da
Spaziergang (m)	산책	san-chaek
Fahrt (im Wagen)	드라이브	deu-ra-i-beu
Abenteuer (n)	모험	mo-heom
Picknick (n)	소풍, 피크닉	so-pung, pi-keu-nik
Spiel (n)	게임	ge-im
Spieler (m)	선수	seon-su
Partie (f)	게임	ge-im
Sammler (m)	수집가	su-jip-ga
sammeln (vt)	수집하다	su-ji-pa-da
Sammlung (f)	수집	su-jip
Kreuzworträtsel (n)	크로스워드	keu-ro-seu-wo-deu
Rennbahn (f)	경마장	gyeong-ma-jang
Diskothek (f)	클럽	keul-leop
Sauna (f)	사우나	sa-u-na
Lotterie (f)	복권	bok-gwon
Wanderung (f)	캠핑	kaem-ping
Lager (n)	캠프	kaem-peu
Zelt (n)	텐트	ten-teu
Kompass (m)	나침반	na-chim-ban
Tourist (m)	야영객	ya-yeong-gaek
fernsehen (vi)	시청하다	si-cheong-ha-da
Fernsehzuschauer (m)	시청자	si-cheong-ja
Fernsehsendung (f)	방송 프로그램	bang-song peu-ro-geu-raem

163. Fotografie

Kamera (f)	카메라	ka-me-ra
Foto (n)	사진	sa-jin
Fotograf (m)	사진 작가	sa-jin jak-ga
Fotostudio (n)	사진관	sa-jin-gwan
Fotoalbum (n)	사진 앨범	sa-jin ael-beom
Objektiv (n)	카메라 렌즈	ka-me-ra ren-jeu
Teleobjektiv (n)	망원 렌즈	mang-won len-jeu
Filter (n)	필터	pil-teo
Linse (f)	렌즈	ren-jeu

Optik (f)	렌즈	ren-jeu
Blende (f)	조리개	jo-ri-gae
Belichtungszeit (f)	셔터 속도	syeo-teo sok-do
Sucher (m)	파인더	pa-in-deo
Digitalkamera (f)	디지털 카메라	di-ji-teol ka-me-ra
Stativ (n)	삼각대	sam-gak-dae
Blitzgerät (n)	플래시	peul-lae-si
fotografieren (vt)	사진을 찍다	sa-ji-neul jjik-da
aufnehmen (vt)	사진을 찍다	sa-ji-neul jjik-da
sich fotografieren lassen	사진을 찍다	sa-ji-neul jjik-da
Fokus (m)	포커스	po-keo-seu
den Fokus einstellen	초점을 맞추다	cho-jeo-meul mat-chu-da
scharf (~ abgebildet)	선명한	seon-myeong-han
Schärfe (f)	선명성	seon-myeong-seong
Kontrast (m)	대비	dae-bi
kontrastreich	대비의	dae-bi-ui
Aufnahme (f)	사진	sa-jin
Negativ (n)	음화	eum-hwa
Rollfilm (m)	사진 필름	sa-jin pil-leum
Einzelbild (n)	한 장면	han jang-myeon
drucken (vt)	인화하다	in-hwa-ha-da

164. Strand. Schwimmen

Strand (m)	해변, 바닷가	hae-byeon, ba-dat-ga
Sand (m)	모래	mo-rae
menschenleer	황량한	hwang-nyang-han
Bräune (f)	선탠	seon-taen
sich bräunen	선탠을 하다	seon-tae-neul ha-da
gebräunt	햇볕에 탄	haet-byeo-te tan
Sonnencreme (f)	자외선 차단제	ja-oe-seon cha-dan-je
Bikini (m)	비키니	bi-ki-ni
Badeanzug (m)	수영복	su-yeong-bok
Badehose (f)	수영복	su-yeong-bok
Schwimmbad (n)	수영장	su-yeong-jang
schwimmen (vi)	수영하다	su-yeong-ha-da
Dusche (f)	샤워	sya-wo
sich umkleiden	옷을 갈아입다	os-eul ga-ra-ip-da
Handtuch (n)	수건	su-geon
Boot (n)	보트	bo-teu
Motorboot (n)	모터보트	mo-teo-bo-teu
Wasserski (m)	수상 스키	su-sang seu-ki
Tretboot (n)	수상 자전거	su-sang ja-jeon-geo
Surfen (n)	서핑	seo-ping

Surfer (m)	서퍼	seo-peo
Tauchgerät (n)	스쿠버 장비	seu-ku-beo jang-bi
Schwimmflossen (pl)	오리발	o-ri-bal
Maske (f)	잠수마스크	jam-su-ma-seu-keu
Taucher (m)	잠수부	jam-su-bu
tauchen (vi)	잠수하다	jam-su-ha-da
unter Wasser	수중	su-jung
Sonnenschirm (m)	파라솔	pa-ra-sol
Liege (f)	선베드	seon-be-deu
Sonnenbrille (f)	선글라스	seon-geul-la-seu
Schwimmmatratze (f)	에어 매트	e-eo mae-teu
spielen (vi, vt)	놀다	nol-da
schwimmen gehen	수영하다	su-yeong-ha-da
Ball (m)	비치볼	bi-chi-bol
aufblasen (vt)	부풀리다	bu-pul-li-da
aufblasbar	부풀릴 수 있는	bu-pul-lil su in-neun
Welle (f)	파도	pa-do
Boje (f)	부표	bu-pyo
ertrinken (vi)	익사하다	ik-sa-ha-da
retten (vt)	구조하다	gu-jo-ha-da
Schwimmweste (f)	구명조끼	gu-myeong-jo-kki
beobachten (vt)	지켜보다	ji-kyeo-bo-da
Bademeister (m)	구조원	gu-jo-won

TECHNISCHES ZUBEHÖR. TRANSPORT

Technisches Zubehör

165. Computer

Computer (m)	컴퓨터	keom-pyu-teo
Laptop (m), Notebook (n)	노트북	no-teu-buk
einschalten (vt)	켜다	kyeo-da
abstellen (vt)	끄다	kkeu-da
Tastatur (f)	키보드	ki-bo-deu
Taste (f)	키	ki
Maus (f)	마우스	ma-u-seu
Mousepad (n)	마우스 패드	ma-u-seu pae-deu
Knopf (m)	버튼	beo-teun
Cursor (m)	커서	keo-seo
Monitor (m)	모니터	mo-ni-teo
Schirm (m)	화면, 스크린	hwa-myeon
Festplatte (f)	하드 디스크	ha-deu di-seu-keu
Festplattengröße (f)	하드 디스크 용량	ha-deu di-seu-keu yong-nyang
Speicher (m)	메모리	me-mo-ri
Arbeitsspeicher (m)	램	raem
Datei (f)	파일	pa-il
Ordner (m)	폴더	pol-deo
öffnen (vt)	열다	yeol-da
schließen (vt)	닫다	dat-da
speichern (vt)	저장하다	jeo-jang-ha-da
löschen (vt)	삭제하다	sak-je-ha-da
kopieren (vt)	복사하다	bok-sa-ha-da
sortieren (vt)	정렬하다	jeong-nyeol-ha-da
transferieren (vt)	전송하다	jeon-song-ha-da
Programm (n)	프로그램	peu-ro-geu-raem
Software (f)	소프트웨어	so-peu-teu-we-eo
Programmierer (m)	프로그래머	peu-ro-geu-rae-meo
programmieren (vt)	프로그램을 작성하다	peu-ro-geu-rae-meul jak-seong-ha-da
Hacker (m)	해커	hae-keo
Kennwort (n)	비밀번호	bi-mil-beon-ho
Virus (m, n)	바이러스	ba-i-reo-seu

entdecken (vt)	발견하다	bal-gyeon-ha-da
Byte (n)	바이트	ba-i-teu
Megabyte (n)	메가바이트	me-ga-ba-i-teu
Daten (pl)	데이터	de-i-teo
Datenbank (f)	데이터베이스	de-i-teo-be-i-seu
Kabel (n)	케이블	ke-i-beul
trennen (vt)	연결해제하다	yeon-gyeol-hae-je-ha-da
anschließen (vt)	연결하다	yeon-gyeol-ha-da

166. Internet. E-Mail

Internet (n)	인터넷	in-teo-net
Browser (m)	브라우저	beu-ra-u-jeo
Suchmaschine (f)	검색 엔진	geom-saek gen-jin
Provider (m)	인터넷 서비스 제공자	in-teo-net seo-bi-seu je-gong-ja
Webmaster (m)	웹마스터	wem-ma-seu-teo
Website (f)	웹사이트	wep-sa-i-teu
Webseite (f)	웹페이지	wep-pe-i-ji
Adresse (f)	주소	ju-so
Adressbuch (n)	주소록	ju-so-rok
Mailbox (f)	우편함	u-pyeon-ham
Post (f)	메일	me-il
Mitteilung (f)	메시지	me-si-ji
Absender (m)	발송인	bal-song-in
senden (vt)	보내다	bo-nae-da
Absendung (f)	발송	bal-song
Empfänger (m)	수신인	su-sin-in
empfangen (vt)	받다	bat-da
Briefwechsel (m)	서신 교환	seo-sin gyo-hwan
im Briefwechsel stehen	편지를 주고 받다	pyeon-ji-reul ju-go bat-da
Datei (f)	파일	pa-il
herunterladen (vt)	다운받다	da-un-bat-da
schaffen (vt)	창조하다	chang-jo-ha-da
löschen (vt)	삭제하다	sak-je-ha-da
gelöscht (Datei)	삭제된	sak-je-doen
Verbindung (f)	연결	yeon-gyeol
Geschwindigkeit (f)	속도	sok-do
Zugang (m)	접속	jeop-sok
Port (m)	포트	po-teu
Anschluss (m)	연결	yeon-gyeol
sich anschließen	… 에 연결하다	... e yeon-gyeol-ha-da
auswählen (vt)	선택하다	seon-taek-a-da
suchen (vt)	… 를 검색하다	... reul geom-saek-a-da

167. Elektrizität

Elektrizität (f)	전기	jeon-gi
elektrisch	전기의	jeon-gi-ui
Elektrizitätswerk (n)	발전소	bal-jeon-so
Energie (f)	에너지	e-neo-ji
Strom (m)	전력	jeol-lyeok
Glühbirne (f)	전구	jeon-gu
Taschenlampe (f)	손전등	son-jeon-deung
Straßenlaterne (f)	가로등	ga-ro-deung
Licht (n)	전깃불	jeon-git-bul
einschalten (vt)	켜다	kyeo-da
ausschalten (vt)	끄다	kkeu-da
das Licht ausschalten	불을 끄다	bu-reul kkeu-da
durchbrennen (vi)	끊어지다	kkeu-neo-ji-da
Kurzschluss (m)	쇼트	syo-teu
Riß (m)	절단	jeol-dan
Kontakt (m)	접촉	jeop-chok
Schalter (m)	스위치	seu-wi-chi
Steckdose (f)	소켓	so-ket
Stecker (m)	플러그	peul-leo-geu
Verlängerung (f)	연장 코드	yeon-jang ko-deu
Sicherung (f)	퓨즈	pyu-jeu
Leitungsdraht (m)	전선	jeon-seon
Verdrahtung (f)	배선	bae-seon
Ampere (n)	암페어	am-pe-eo
Stromstärke (f)	암페어수	am-pe-eo-su
Volt (n)	볼트	bol-teu
Voltspannung (f)	전압	jeon-ap
Elektrogerät (n)	전기기구	jeon-gi-gi-gu
Indikator (m)	센서	sen-seo
Elektriker (m)	전기 기사	jeon-gi gi-sa
löten (vt)	납땜하다	nap-ttaem-ha-da
Lötkolben (m)	납땜인두	nap-ttaem-in-du
Strom (m)	전류	jeol-lyu

168. Werkzeug

Werkzeug (n)	공구	gong-gu
Werkzeuge (pl)	공구	gong-gu
Ausrüstung (f)	장비	jang-bi
Hammer (m)	망치	mang-chi
Schraubenzieher (m)	나사돌리개	na-sa-dol-li-gae
Axt (f)	도끼	do-kki

Säge (f)	톱	top
sägen (vt)	톱을 켜다	to-beul kyeo-da
Hobel (m)	대패	dae-pae
hobeln (vt)	대패질하다	dae-pae-jil-ha-da
Lötkolben (m)	납땜인두	nap-ttaem-in-du
löten (vt)	납땜하다	nap-ttaem-ha-da
Feile (f)	줄	jul
Kneifzange (f)	집게	jip-ge
Flachzange (f)	펜치	pen-chi
Stemmeisen (n)	끌	kkeul
Bohrer (m)	드릴 비트	deu-ril bi-teu
Bohrmaschine (f)	전동 드릴	jeon-dong deu-ril
bohren (vt)	뚫다	ttul-ta
Messer (n)	칼, 나이프	kal, na-i-peu
Klinge (f)	칼날	kal-lal
scharf (-e Messer usw.)	날카로운	nal-ka-ro-un
stumpf	무딘	mu-din
stumpf werden (vi)	무뎌지다	mu-dyeo-ji-da
schärfen (vt)	갈다	gal-da
Bolzen (m)	볼트	bol-teu
Mutter (f)	너트	neo-teu
Gewinde (n)	나사산	na-sa-san
Holzschraube (f)	나사못	na-sa-mot
Nagel (m)	못	mot
Nagelkopf (m)	못대가리	mot-dae-ga-ri
Lineal (n)	자	ja
Metermaß (n)	줄자	jul-ja
Wasserwaage (f)	수준기	su-jun-gi
Lupe (f)	돋보기	dot-bo-gi
Messinstrument (n)	계측기	gye-cheuk-gi
messen (vt)	측정하다	cheuk-jeong-ha-da
Skala (f)	눈금	nun-geum
Ablesung (f)	판독값	pan-dok-gap
Kompressor (m)	컴프레서	keom-peu-re-seo
Mikroskop (n)	현미경	hyeon-mi-gyeong
Pumpe (f)	펌프	peom-peu
Roboter (m)	로봇	ro-bot
Laser (m)	레이저	re-i-jeo
Schraubenschlüssel (m)	스패너	seu-pae-neo
Klebeband (n)	스카치 테이프	seu-ka-chi te-i-peu
Klebstoff (m)	접착제	jeop-chak-je
Sandpapier (n)	사포	sa-po
Magnet (m)	자석	ja-seok
Handschuhe (pl)	장갑	jang-gap

Leine (f)	밧줄	bat-jul
Schnur (f)	끈	kkeun
Draht (m)	전선	jeon-seon
Kabel (n)	케이블	ke-i-beul
schwerer Hammer (m)	슬레지해머	seul-le-ji-hae-meo
Brecheisen (n)	쇠지레	soe-ji-re
Leiter (f)	사다리	sa-da-ri
Trittleiter (f)	접사다리	jeop-sa-da-ri
zudrehen (vt)	돌려서 조이다	dol-lyeo-seo jo-i-da
abdrehen (vt)	열리다	yeol-li-da
zusammendrücken (vt)	조이다	jo-i-da
ankleben (vt)	붙이다	bu-chi-da
schneiden (vt)	자르다	ja-reu-da
Störung (f)	고장	go-jang
Reparatur (f)	수리	su-ri
reparieren (vt)	보수하다	bo-su-ha-da
einstellen (vt)	조절하다	jo-jeol-ha-da
prüfen (vt)	확인하다	hwa-gin-ha-da
Prüfung (f)	확인	hwa-gin
Ablesung (f)	판독값	pan-dok-gap
sicher (zuverlässigen)	믿을 만한	mi-deul man-han
kompliziert (Adj)	복잡한	bok-ja-pan
verrosten (vi)	녹이 슬다	no-gi seul-da
rostig	녹이 슨	no-gi seun
Rost (m)	녹	nok

Transport

169. Flugzeug

Flugzeug (n)	비행기	bi-haeng-gi
Flugticket (n)	비행기표	bi-haeng-gi-pyo
Fluggesellschaft (f)	항공사	hang-gong-sa
Flughafen (m)	공항	gong-hang
Überschall-	초음속의	cho-eum-so-gui
Pilot (m)	비행사	bi-haeng-sa
Flugbegleiterin (f)	승무원	seung-mu-won
Steuermann (m)	항법사	hang-beop-sa
Flügel (pl)	날개	nal-gae
Schwanz (m)	꼬리	kko-ri
Kabine (f)	조종석	jo-jong-seok
Motor (m)	엔진	en-jin
Fahrgestell (n)	착륙 장치	chang-nyuk jang-chi
Turbine (f)	터빈	teo-bin
Propeller (m)	추진기	chu-jin-gi
Flugschreiber (m)	블랙박스	beul-laek-bak-seu
Steuerrad (n)	조종간	jo-jong-gan
Treibstoff (m)	연료	yeol-lyo
Sicherheitskarte (f)	안전 안내서	an-jeon an-nae-seo
Sauerstoffmaske (f)	산소 마스크	san-so ma-seu-keu
Uniform (f)	제복	je-bok
Rettungsweste (f)	구명조끼	gu-myeong-jo-kki
Fallschirm (m)	낙하산	nak-a-san
Abflug, Start (m)	이륙	i-ryuk
starten (vi)	이륙하다	i-ryuk-a-da
Startbahn (f)	활주로	hwal-ju-ro
Sicht (f)	시계	si-gye
Flug (m)	비행	bi-haeng
Höhe (f)	고도	go-do
Luftloch (n)	에어 포켓	e-eo po-ket
Platz (m)	자리	ja-ri
Kopfhörer (m)	헤드폰	he-deu-pon
Klapptisch (m)	접는 테이블	jeom-neun te-i-beul
Bullauge (n)	창문	chang-mun
Durchgang (m)	통로	tong-no

170. Zug

Zug (m)	기차, 열차	gi-cha, nyeol-cha
elektrischer Zug (m)	통근 열차	tong-geun nyeol-cha
Schnellzug (m)	급행 열차	geu-paeng yeol-cha
Diesellok (f)	디젤 기관차	di-jel gi-gwan-cha
Dampflok (f)	증기 기관차	jeung-gi gi-gwan-cha
Personenwagen (m)	객차	gaek-cha
Speisewagen (m)	식당차	sik-dang-cha
Schienen (pl)	레일	re-il
Eisenbahn (f)	철도	cheol-do
Bahnschwelle (f)	침목	chim-mok
Bahnsteig (m)	플랫폼	peul-laet-pom
Gleis (n)	길	gil
Eisenbahnsignal (n)	신호기	sin-ho-gi
Station (f)	역	yeok
Lokomotivführer (m)	기관사	gi-gwan-sa
Träger (m)	포터	po-teo
Schaffner (m)	차장	cha-jang
Fahrgast (m)	승객	seung-gaek
Fahrkartenkontrolleur (m)	검표원	geom-pyo-won
Flur (m)	통로	tong-no
Notbremse (f)	비상 브레이크	bi-sang beu-re-i-keu
Abteil (n)	침대차	chim-dae-cha
Liegeplatz (m), Schlafkoje (f)	침대	chim-dae
oberer Liegeplatz (m)	윗침대	wit-chim-dae
unterer Liegeplatz (m)	아래 침대	a-rae chim-dae
Bettwäsche (f)	침구	chim-gu
Fahrkarte (f)	표	pyo
Fahrplan (m)	시간표	si-gan-pyo
Anzeigetafel (f)	안내 전광판	an-nae jeon-gwang-pan
abfahren (der Zug)	떠난다	tteo-na-da
Abfahrt (f)	출발	chul-bal
ankommen (der Zug)	도착하다	do-chak-a-da
Ankunft (f)	도착	do-chak
mit dem Zug kommen	기차로 도착하다	gi-cha-ro do-chak-a-da
in den Zug einsteigen	기차에 타다	gi-cha-e ta-da
aus dem Zug aussteigen	기차에서 내리다	gi-cha-e-seo nae-ri-da
Zugunglück (n)	기차 사고	gi-cha sa-go
Dampflok (f)	증기 기관차	jeung-gi gi-gwan-cha
Heizer (m)	화부	hwa-bu
Feuerbüchse (f)	화실	hwa-sil
Kohle (f)	석탄	seok-tan

171. Schiff

Schiff (n)	배	bae
Fahrzeug (n)	배	bae
Dampfer (m)	증기선	jeung-gi-seon
Motorschiff (n)	강배	gang-bae
Kreuzfahrtschiff (n)	크루즈선	keu-ru-jeu-seon
Kreuzer (m)	순양함	su-nyang-ham
Jacht (f)	요트	yo-teu
Schlepper (m)	예인선	ye-in-seon
Segelschiff (n)	범선	beom-seon
Brigantine (f)	쌍돛대 범선	ssang-dot-dae beom-seon
Eisbrecher (m)	쇄빙선	swae-bing-seon
U-Boot (n)	잠수함	jam-su-ham
Boot (n)	보트	bo-teu
Dingi (n), Beiboot (n)	종선	jong-seon
Rettungsboot (n)	구조선	gu-jo-seon
Motorboot (n)	모터보트	mo-teo-bo-teu
Kapitän (m)	선장	seon-jang
Matrose (m)	수부	su-bu
Seemann (m)	선원	seon-won
Besatzung (f)	승무원	seung-mu-won
Bootsmann (m)	갑판장	gap-pan-jang
Schiffskoch (m)	요리사	yo-ri-sa
Schiffsarzt (m)	선의	seon-ui
Deck (n)	갑판	gap-pan
Mast (m)	돛대	dot-dae
Segel (n)	돛	dot
Schiffsraum (m)	화물칸	hwa-mul-kan
Bug (m)	이물	i-mul
Heck (n)	고물	go-mul
Ruder (n)	노	no
Schraube (f)	스크루	seu-keu-ru
Kajüte (f)	선실	seon-sil
Messe (f)	사관실	sa-gwan-sil
Maschinenraum (m)	엔진실	en-jin-sil
Funkraum (m)	무전실	mu-jeon-sil
Radiowelle (f)	전파	jeon-pa
Fernrohr (n)	망원경	mang-won-gyeong
Glocke (f)	종	jong
Fahne (f)	기	gi
Seil (n)	밧줄	bat-jul
Knoten (m)	매듭	mae-deup

Geländer (n)	난간	nan-gan
Treppe (f)	사다리	sa-da-ri
Anker (m)	닻	dat
den Anker lichten	닻을 올리다	da-cheul rol-li-da
Anker werfen	닻을 내리다	da-cheul lae-ri-da
Ankerkette (f)	닻줄	dat-jul
Hafen (m)	항구	hang-gu
Anlegestelle (f)	부두	bu-du
anlegen (vi)	정박시키다	jeong-bak-si-ki-da
abstoßen (vt)	출항하다	chul-hang-ha-da
Reise (f)	여행	yeo-haeng
Kreuzfahrt (f)	크루즈	keu-ru-jeu
Kurs (m), Richtung (f)	항로	hang-no
Reiseroute (f)	노선	no-seon
Fahrwasser (n)	항로	hang-no
Untiefe (f)	얕은 곳	ya-teun got
stranden (vi)	좌초하다	jwa-cho-ha-da
Sturm (m)	폭풍우	pok-pung-u
Signal (n)	신호	sin-ho
untergehen (vi)	가라앉다	ga-ra-an-da
SOS	조난 신호	jo-nan sin-ho
Rettungsring (m)	구명부환	gu-myeong-bu-hwan

172. Flughafen

Flughafen (m)	공항	gong-hang
Flugzeug (n)	비행기	bi-haeng-gi
Fluggesellschaft (f)	항공사	hang-gong-sa
Fluglotse (m)	관제사	gwan-je-sa
Abflug (m)	출발	chul-bal
Ankunft (f)	도착	do-chak
anfliegen (vi)	도착하다	do-chak-a-da
Abflugzeit (f)	출발시간	chul-bal-si-gan
Ankunftszeit (f)	도착시간	do-chak-si-gan
sich verspäten	연기되다	yeon-gi-doe-da
Abflugverspätung (f)	항공기 지연	hang-gong-gi ji-yeon
Anzeigetafel (f)	안내 전광판	an-nae jeon-gwang-pan
Information (f)	정보	jeong-bo
ankündigen (vt)	알리다	al-li-da
Flug (m)	비행편	bi-haeng-pyeon
Zollamt (n)	세관	se-gwan
Zollbeamter (m)	세관원	se-gwan-won
Zolldeklaration (f)	세관신고서	se-gwan-sin-go-seo
die Zollerklärung ausfüllen	세관 신고서를 작성하다	se-gwan sin-go-seo-reul jak-seong-ha-da

Passkontrolle (f)	여권 검사	yeo-gwon geom-sa
Gepäck (n)	짐, 수하물	jim, su-ha-mul
Handgepäck (n)	휴대 가능 수하물	hyu-dae ga-neung su-ha-mul
Kofferkuli (m)	수하물 카트	su-ha-mul ka-teu
Landung (f)	착륙	chang-nyuk
Landebahn (f)	활주로	hwal-ju-ro
landen (vi)	착륙하다	chang-nyuk-a-da
Fluggasttreppe (f)	승강계단	seung-gang-gye-dan
Check-in (n)	체크인	che-keu-in
Check-in-Schalter (m)	체크인 카운터	che-keu-in ka-un-teo
sich registrieren lassen	체크인하다	che-keu-in-ha-da
Bordkarte (f)	탑승권	tap-seung-gwon
Abfluggate (n)	탑승구	tap-seung-gu
Transit (m)	트랜싯, 환승	teu-raen-sit, hwan-seung
warten (vi)	기다리다	gi-da-ri-da
Wartesaal (m)	공항 라운지	gong-hang na-un-ji
begleiten (vt)	배웅하다	bae-ung-ha-da
sich verabschieden	작별인사를 하다	jak-byeo-rin-sa-reul ha-da

173. Fahrrad. Motorrad

Fahrrad (n)	자전거	ja-jeon-geo
Motorroller (m)	스쿠터	seu-ku-teo
Motorrad (n)	오토바이	o-to-ba-i
Rad fahren	자전거로 가다	ja-jeon-geo-ro ga-da
Lenkstange (f)	핸들	haen-deul
Pedal (n)	페달	pe-dal
Bremsen (pl)	브레이크	beu-re-i-keu
Sattel (m)	안장	an-jang
Pumpe (f)	펌프	peom-peu
Gepäckträger (m)	짐 선반	jim seon-ban
Scheinwerfer (m)	라이트	ra-i-teu
Helm (m)	헬멧	hel-met
Rad (n)	바퀴	ba-kwi
Schutzblech (n)	펜더	pen-deo
Felge (f)	테	te
Speiche (f)	바퀴살	ba-kwi-sal

Autos

174. Autotypen

Auto (n)	자동차	ja-dong-cha
Sportwagen (m)	스포츠카	seu-po-cheu-ka
Limousine (f)	리무진	ri-mu-jin
Geländewagen (m)	오프로드 카	o-peu-ro-deu ka
Kabriolett (n)	오픈카	o-peun-ka
Kleinbus (m)	승합차	seung-hap-cha
Krankenwagen (m)	응급차	eung-geup-cha
Schneepflug (m)	제설차	je-seol-cha
Lastkraftwagen (m)	트럭	teu-reok
Tankwagen (m)	유조차	yu-jo-cha
Kastenwagen (m)	유개 화물차	yu-gae hwa-mul-cha
Sattelzug (m)	트랙터	teu-raek-teo
Anhänger (m)	트레일러	teu-re-il-leo
komfortabel	편안한	pyeon-an-han
gebraucht	중고의	jung-go-ui

175. Autos. Karosserie

Motorhaube (f)	보닛	bo-nit
Kotflügel (m)	펜더	pen-deo
Dach (n)	지붕	ji-bung
Windschutzscheibe (f)	전면 유리	jeon-myeon nyu-ri
Rückspiegel (m)	백미러	baeng-mi-reo
Scheibenwaschanlage (f)	워셔	wo-syeo
Scheibenwischer (m)	와이퍼	wa-i-peo
Seitenscheibe (f)	옆 유리창	yeop pyu-ri-chang
Fensterheber (m)	파워윈도우	pa-wo-win-do-u
Antenne (f)	안테나	an-te-na
Schiebedach (n)	선루프	seol-lu-peu
Stoßstange (f)	범퍼	beom-peo
Kofferraum (m)	트렁크	teu-reong-keu
Wagenschlag (m)	차문	cha-mun
Türgriff (m)	도어핸들	do-eo-haen-deul
Türschloss (n)	도어락	do-eo-rak
Nummernschild (n)	번호판	beon-ho-pan
Auspufftopf (m)	머플러	meo-peul-leo

Benzintank (m)	연료 탱크	yeol-lyo taeng-keu
Auspuffrohr (n)	배기관	bae-gi-gwan
Gas (n)	액셀	aek-sel
Pedal (n)	페달	pe-dal
Gaspedal (n)	액셀 페달	aek-sel pe-dal
Bremse (f)	브레이크	beu-re-i-keu
Bremspedal (n)	브레이크 페달	beu-re-i-keu pe-dal
bremsen (vi)	브레이크를 밟다	beu-re-i-keu-reul bap-da
Handbremse (f)	주차 브레이크	ju-cha beu-re-i-keu
Kupplung (f)	클러치	keul-leo-chi
Kupplungspedal (n)	클러치 페달	keul-leo-chi pe-dal
Kupplungsscheibe (f)	클러치 디스크	keul-leo-chi di-seu-keu
Stoßdämpfer (m)	완충장치	wan-chung-jang-chi
Rad (n)	바퀴	ba-kwi
Reserverad (n)	스페어 타이어	seu-pe-eo ta-i-eo
Reifen (m)	타이어	ta-i-eo
Radkappe (f)	휠캡	hwil-kaep
Triebräder (pl)	구동륜	gu-dong-nyun
mit Vorderantrieb	전륜 구동의	jeol-lyun gu-dong-ui
mit Hinterradantrieb	후륜 구동의	hu-ryun gu-dong-ui
mit Allradantrieb	사륜 구동의	sa-ryun gu-dong-ui
Getriebe (n)	변속기	byeon-sok-gi
Automatik-	자동의	ja-dong-ui
Schalt-	기계식의	gi-gye-si-gui
Schalthebel (m)	기어	gi-eo
Scheinwerfer (m)	헤드라이트	he-deu-ra-i-teu
Scheinwerfer (pl)	헤드라이트	he-deu-ra-i-teu
Abblendlicht (n)	하향등	ha-hyang-deung
Fernlicht (n)	상향등	sang-hyang-deung
Stopplicht (n)	브레이크 등	beu-re-i-keu deung
Standlicht (n)	미등	mi-deung
Warnblinker (m)	비상등	bi-sang-deung
Nebelscheinwerfer (pl)	안개등	an-gae-deung
Blinker (m)	방향지시등	bang-hyang-ji-si-deung
Rückfahrscheinwerfer (m)	후미등	hu-mi-deung

176. Autos. Fahrgastraum

Wageninnere (n)	내부	nae-bu
Leder-	가죽의	ga-ju-gui
aus Velours	벨루어의	bel-lu-eo-ui
Polster (n)	커버	keo-beo
Instrument (n)	계기	gye-gi
Armaturenbrett (n)	계기반	gye-gi-ban

Tachometer (m)	속도계	sok-do-gye
Nadel (f)	지침	ji-chim
Kilometerzähler (m)	주행기록계	ju-haeng-gi-rok-gye
Anzeige (Temperatur-)	센서	sen-seo
Pegel (m)	레벨	re-bel
Kontrollleuchte (f)	경고등	gyeong-go-deung
Steuerrad (n)	핸들	haen-deul
Hupe (f)	경적	gyeong-jeok
Knopf (m)	버튼	beo-teun
Umschalter (m)	스위치	seu-wi-chi
Sitz (m)	좌석	jwa-seok
Rückenlehne (f)	등받이	deung-ba-ji
Kopfstütze (f)	머리 받침	meo-ri bat-chim
Sicherheitsgurt (m)	안전 벨트	an-jeon bel-teu
sich anschnallen	안전 벨트를 매다	an-jeon bel-teu-reul mae-da
Einstellung (f)	조절	jo-jeol
Airbag (m)	에어백	e-eo-baek
Klimaanlage (f)	에어컨	e-eo-keon
Radio (n)	라디오	ra-di-o
CD-Spieler (m)	씨디 플레이어	ssi-di peul-le-i-eo
einschalten (vt)	켜다	kyeo-da
Antenne (f)	안테나	an-te-na
Handschuhfach (n)	글러브 박스	geul-leo-beu bak-seu
Aschenbecher (m)	재떨이	jae-tteo-ri

177. Autos. Motor

Triebwerk (n)	엔진	en-jin
Motor (m)	모터	mo-teo
Diesel-	디젤의	di-je-rui
Benzin-	가솔린	ga-sol-lin
Hubraum (m)	배기량	bae-gi-ryang
Leistung (f)	출력	chul-lyeok
Pferdestärke (f)	마력	ma-ryeok
Kolben (m)	피스톤	pi-seu-ton
Zylinder (m)	실린더	sil-lin-deo
Ventil (n)	밸브	bael-beu
Injektor (m)	연료 분사기	yeol-lyo bun-sa-gi
Generator (m)	발전기	bal-jeon-gi
Vergaser (m)	카뷰레터	ka-byu-re-teo
Motoröl (n)	엔진 오일	en-jin o-il
Kühler (m)	라디에이터	ra-di-e-i-teo
Kühlflüssigkeit (f)	냉매	naeng-mae
Ventilator (m)	냉각팬	paen
Autobatterie (f)	배터리	bae-teo-ri
Anlasser (m)	시동기	si-dong-gi

Zündung (f)	점화 장치	jeom-hwa jang-chi
Zündkerze (f)	점화플러그	jeom-hwa-peul-leo-geu
Klemme (f)	전극	jeon-geuk
Pluspol (m)	플러스	peul-leo-seu
Minuspol (m)	마이너스	ma-i-neo-seu
Sicherung (f)	퓨즈	pyu-jeu
Luftfilter (m)	공기 필터	gong-gi pil-teo
Ölfilter (m)	오일 필터	o-il pil-teo
Treibstofffilter (m)	연료 필터	yeol-lyo pil-teo

178. Autos. Unfall. Reparatur

Unfall (m)	사고	sa-go
Verkehrsunfall (m)	교통 사고	gyo-tong sa-go
fahren gegen ...	들이받다	deu-ri-bat-da
verunglücken (vi)	부서지다	bu-seo-ji-da
Schaden (m)	피해	pi-hae
heil (Adj)	손상 없는	son-sang eom-neun
kaputtgehen (vi)	고장 나다	go-jang na-da
Abschleppseil (n)	견인줄	gyeon-in-jul
Reifenpanne (f)	펑크	peong-keu
platt sein	펑크 나다	peong-keu na-da
pumpen (vt)	타이어 부풀리다	ta-i-eo bu-pul-li-da
Reifendruck (m)	압력	am-nyeok
prüfen (vt)	확인하다	hwa-gin-ha-da
Reparatur (f)	수리	su-ri
Reparaturwerkstatt (f)	정비소	jeong-bi-so
Ersatzteil (n)	예비 부품	ye-bi bu-pum
Einzelteil (n)	부품	bu-pum
Bolzen (m)	볼트	bol-teu
Schraube (f)	나사	na-sa
Schraubenmutter (f)	너트	neo-teu
Scheibe (f)	와셔	wa-syeo
Lager (n)	베어링	be-eo-ring
Rohr (Abgas-)	파이프	pa-i-peu
Dichtung (f)	개스킷	gae-seu-kit
Draht (m)	전선	jeon-seon
Wagenheber (m)	잭	jaek
Schraubenschlüssel (m)	스패너	seu-pae-neo
Hammer (m)	망치	mang-chi
Pumpe (f)	펌프	peom-peu
Schraubenzieher (m)	나사돌리개	na-sa-dol-li-gae
Feuerlöscher (m)	소화기	so-hwa-gi
Warndreieck (n)	안전 삼각대	an-jeon sam-gak-dae
abwürgen (Motor)	멎다	meot-da

Anhalten (~ des Motors)	정지	jeong-ji
kaputt sein	부서지다	bu-seo-ji-da
überhitzt werden (Motor)	과열되다	gwa-yeol-doe-da
verstopft sein	막히다	mak-i-da
einfrieren (Schloss, Rohr)	얼다	eol-da
zerplatzen (vi)	터지다	teo-ji-da
Druck (m)	압력	am-nyeok
Pegel (m)	레벨	re-bel
schlaff (z.B. -e Riemen)	느슨한	neu-seun-han
Delle (f)	덴트	den-teu
Klopfen (n)	똑똑거리는 소음	ttok-ttok-geo-ri-neun so-eum
Riß (m)	균열	gyu-nyeol
Kratzer (m)	긁힘	geuk-him

179. Autos. Straßen

Fahrbahn (f)	도로	do-ro
Schnellstraße (f)	고속도로	go-sok-do-ro
Autobahn (f)	고속도로	go-sok-do-ro
Richtung (f)	방향	bang-hyang
Entfernung (f)	거리	geo-ri
Brücke (f)	다리	da-ri
Parkplatz (m)	주차장	ju-cha-jang
Platz (m)	광장	gwang-jang
Autobahnkreuz (n)	인터체인지	in-teo-che-in-ji
Tunnel (m)	터널	teo-neol
Tankstelle (f)	주유소	ju-yu-so
Parkplatz (m)	주차장	ju-cha-jang
Zapfsäule (f)	가솔린 펌프	ga-sol-lin peom-peu
Reparaturwerkstatt (f)	정비소	jeong-bi-so
tanken (vt)	기름을 넣다	gi-reu-meul leo-ta
Treibstoff (m)	연료	yeol-lyo
Kanister (m)	통	tong
Asphalt (m)	아스팔트	a-seu-pal-teu
Markierung (f)	노면 표지	no-myeon pyo-ji
Bordstein (m)	도로 경계석	do-ro gyeong-gye-seok
Leitplanke (f)	가드레일	ga-deu-re-il
Graben (m)	도랑	do-rang
Straßenrand (m)	길가	gil-ga
Straßenlaterne (f)	가로등	ga-ro-deung
fahren (vt)	운전하다	un-jeon-ha-da
abbiegen (nach links ~)	돌다	dol-da
umkehren (vi)	유턴하다	yu-teon-ha-da
Rückwärtsgang (m)	후진 기어	hu-jin gi-eo
hupen (vi)	경적을 울리다	gyeong-jeo-geul rul-li-da
Hupe (f)	경적	gyeong-jeok

stecken (im Schlamm ~)	빠지다	ppa-ji-da
durchdrehen (Räder)	미끄러지다	mi-kkeu-reo-ji-da
abstellen (Motor ~)	멈추다	meom-chu-da
Geschwindigkeit (f)	속도	sok-do
Geschwindigkeit überschreiten	과속으로 달리다	gwa-so-geu-ro dal-li-da
bestrafen (vt)	딱지를 떼다	ttak-ji-reul tte-da
Ampel (f)	신호등	sin-ho-deung
Führerschein (m)	운전 면허증	un-jeon myeon-heo-jeung
Bahnübergang (m)	십자로	sip-ja-ro
Straßenkreuzung (f)	교차로	gyo-cha-ro
Fußgängerüberweg (m)	횡단 보도	hoeng-dan bo-do
Kehre (f)	커브	keo-beu
Fußgängerzone (f)	보행자 공간	bo-haeng-ja gong-gan

180. Verkehrszeichen

Verkehrsregeln (pl)	교통 규칙	gyo-tong gyu-chik
Verkehrszeichen (n)	도로 표지	do-ro pyo-ji
Überholen (n)	추월	chu-wol
Kurve (f)	커브	keo-beu
Wende (f)	유턴	yu-teon
Kreisverkehr (m)	로터리	ro-teo-ri
Einfahrt verboten	진입 금지	ji-nip geum-ji
Verkehr verboten	통행금지	tong-haeng-geum-ji
Überholverbot	추월 금지	chu-wol geum-ji
Parken verboten	주차금지	ju-cha-geum-ji
Halteverbot	정차 금지	jeong-cha geum-ji
gefährliche Kurve (f)	급커브	geup-keo-beu
Gefälle (n)	내리막경사	nae-ri-mak-gyeong-sa
Einbahnstraße (f)	일방통행	il-bang-tong-haeng
Fußgängerüberweg (m)	횡단 보도	hoeng-dan bo-do
Schleudergefahr	미끄러운 도로	mi-kkeu-reo-un do-ro
Vorfahrt gewähren!	양보	yang-bo

MENSCHEN. LEBENSEREIGNISSE

Lebensereignisse

181. Feiertage. Ereignis

Fest (n)	휴일	hyu-il
Nationalfeiertag (m)	국경일	guk-gyeong-il
Feiertag (m)	공휴일	gong-hyu-il
feiern (vt)	기념하다	gi-nyeom-ha-da
Ereignis (n)	사건	sa-geon
Veranstaltung (f)	이벤트	i-ben-teu
Bankett (n)	연회	yeon-hoe
Empfang (m)	리셉션	ri-sep-syeon
Festmahl (n)	연회	yeon-hoe
Jahrestag (m)	기념일	gi-nyeom-il
Jubiläumsfeier (f)	기념일	gi-nyeom-il
begehen (vt)	경축하다	gyeong-chuk-a-da
Neujahr (n)	새해	sae-hae
Frohes Neues Jahr!	새해 복 많이 받으세요!	sae-hae bok ma-ni ba-deu-se-yo!
Weihnachtsmann (m)	산타클로스	san-ta-keul-lo-seu
Weihnachten (n)	크리스마스	keu-ri-seu-ma-seu
Frohe Weihnachten!	성탄을 축하합니다!	seong-ta-neul chuk-a-ham-ni-da!
Tannenbaum (m)	크리스마스트리	keu-ri-seu-ma-seu-teu-ri
Feuerwerk (n)	불꽃놀이	bul-kkon-no-ri
Hochzeit (f)	결혼식	gyeol-hon-sik
Bräutigam (m)	신랑	sil-lang
Braut (f)	신부	sin-bu
einladen (vt)	초대하다	cho-dae-ha-da
Einladung (f)	초대장	cho-dae-jang
Gast (m)	손님	son-nim
besuchen (vt)	방문하다	bang-mun-ha-da
Gäste empfangen	손님을 맞이하다	son-ni-meul ma-ji-ha-da
Geschenk (n)	선물	seon-mul
schenken (vt)	선물 하다	seon-mul ha-da
Geschenke bekommen	선물 받다	seon-mul bat-da
Blumenstrauß (m)	꽃다발	kkot-da-bal
Glückwunsch (m)	축하를	chuk-a-reul
gratulieren (vi)	축하하다	chuk-a-ha-da

Glückwunschkarte (f)	축하 카드	chuk-a ka-deu
eine Karte abschicken	카드를 보내다	ka-deu-reul bo-nae-da
eine Karte erhalten	카드 받다	ka-deu bat-da
Trinkspruch (m)	축배	chuk-bae
anbieten (vt)	대접하다	dae-jeo-pa-da
Champagner (m)	샴페인	syam-pe-in
sich amüsieren	즐기다	jeul-gi-da
Fröhlichkeit (f)	즐거움	jeul-geo-um
Freude (f)	기쁨, 즐거움	gi-ppeun, jeul-geo-um
Tanz (m)	춤	chum
tanzen (vi, vt)	춤추다	chum-chu-da
Walzer (m)	왈츠	wal-cheu
Tango (m)	탱고	taeng-go

182. Bestattungen. Begräbnis

Friedhof (m)	묘지	myo-ji
Grab (n)	무덤	mu-deom
Kreuz (n)	십자가	sip-ja-ga
Grabstein (m)	묘석	myo-seok
Zaun (m)	울타리	ul-ta-ri
Kapelle (f)	채플	chae-peul
Tod (m)	죽음	ju-geum
sterben (vi)	죽다	juk-da
Verstorbene (m)	고인	go-in
Trauer (f)	상	sang
begraben (vt)	묻다	mut-da
Bestattungsinstitut (n)	장례식장	jang-nye-sik-jang
Begräbnis (n)	장례식	jang-nye-sik
Kranz (m)	화환	hwa-hwan
Sarg (m)	관	gwan
Katafalk (m)	영구차	yeong-gu-cha
Totenhemd (n)	수의	su-ui
Urne (f)	유골 단지	yu-gol dan-ji
Krematorium (n)	화장장	hwa-jang-jang
Nachruf (m)	부고	bu-go
weinen (vi)	울다	ul-da
schluchzen (vi)	흐느껴 울다	heu-neu-kkyeo ul-da

183. Krieg. Soldaten

Zug (m)	소대	so-dae
Kompanie (f)	중대	jung-dae

Regiment (n)	연대	yeon-dae
Armee (f)	군대	gun-dae
Division (f)	사단	sa-dan
Abteilung (f)	분대	bun-dae
Heer (n)	군대	gun-dae
Soldat (m)	군인	gun-in
Offizier (m)	장교	jang-gyo
Soldat (m)	일병	il-byeong
Feldwebel (m)	병장	byeong-jang
Leutnant (m)	중위	jung-wi
Hauptmann (m)	대위	dae-wi
Major (m)	소령	so-ryeong
Oberst (m)	대령	dae-ryeong
General (m)	장군	jang-gun
Matrose (m)	선원	seon-won
Kapitän (m)	대위	dae-wi
Bootsmann (m)	갑판장	gap-pan-jang
Artillerist (m)	포병	po-byeong
Fallschirmjäger (m)	낙하산 부대원	nak-a-san bu-dae-won
Pilot (m)	조종사	jo-jong-sa
Steuermann (m)	항법사	hang-beop-sa
Mechaniker (m)	정비공	jeong-bi-gong
Pionier (m)	공병대원	gong-byeong-dae-won
Fallschirmspringer (m)	낙하산병	nak-a-san-byeong
Aufklärer (m)	정찰대	jeong-chal-dae
Scharfschütze (m)	저격병	jeo-gyeok-byeong
Patrouille (f)	순찰	sun-chal
patrouillieren (vi)	순찰하다	sun-chal-ha-da
Wache (f)	경비병	gyeong-bi-byeong
Krieger (m)	전사	jeon-sa
Patriot (m)	애국자	ae-guk-ja
Held (m)	영웅	yeong-ung
Heldin (f)	여걸	yeo-geol
Verräter (m)	매국노	mae-gung-no
Deserteur (m)	탈영병	ta-ryeong-byeong
desertieren (vi)	탈영하다	ta-ryeong-ha-da
Söldner (m)	용병	yong-byeong
Rekrut (m)	훈련병	hul-lyeon-byeong
Freiwillige (m)	지원병	ji-won-byeong
Getoetete (m)	사망자	sa-mang-ja
Verwundete (m)	부상자	bu-sang-ja
Kriegsgefangene (m)	포로	po-ro

184. Krieg. Militärische Aktionen. Teil 1

Krieg (m)	전쟁	jeon-jaeng
Krieg führen	참전하다	cham-jeon-ha-da
Bürgerkrieg (m)	내전	nae-jeon
heimtückisch (Adv)	비겁하게	bi-geo-pa-ge
Kriegserklärung (f)	선전 포고	seon-jeon po-go
erklären (den Krieg ~)	선포하다	seon-po-ha-da
Aggression (f)	침략	chim-nyak
einfallen (Staat usw.)	공격하다	gong-gyeo-ka-da
einfallen (in ein Land ~)	침략하다	chim-nyak-a-da
Invasoren (pl)	침략자	chim-nyak-ja
Eroberer (m), Sieger (m)	정복자	jeong-bok-ja
Verteidigung (f)	방어	bang-eo
verteidigen (vt)	방어하다	bang-eo-ha-da
sich verteidigen	··· 를 방어하다	... reul bang-eo-ha-da
Feind (m)	적	jeok
Gegner (m)	원수	won-su
Feind-	적의	jeo-gui
Strategie (f)	전략	jeol-lyak
Taktik (f)	전술	jeon-sul
Befehl (m)	명령	myeong-nyeong
Anordnung (f)	명령	myeong-nyeong
befehlen (vt)	명령하다	myeong-nyeong-ha-da
Auftrag (m)	임무	im-mu
geheim (Adj)	비밀의	bi-mi-rui
Gefecht (n)	전투	jeon-tu
Schlacht (f)	전투	jeon-tu
Kampf (m)	전투	jeon-tu
Angriff (m)	공격	gong-gyeok
Sturm (m)	돌격	dol-gyeok
stürmen (vt)	습격하다	seup-gyeok-a-da
Belagerung (f)	포위 공격	po-wi gong-gyeok
Angriff (m)	공세	gong-se
angreifen (vt)	공격하다	gong-gyeo-ka-da
Rückzug (m)	퇴각	toe-gak
sich zurückziehen	퇴각하다	toe-gak-a-da
Einkesselung (f)	포위	po-wi
einkesseln (vt)	둘러싸다	dul-leo-ssa-da
Bombenangriff (m)	폭격	pok-gyeok
eine Bombe abwerfen	폭탄을 투하하다	pok-ta-neul tu-ha-ha-da
bombardieren (vt)	폭격하다	pok-gyeok-a-da
Explosion (f)	폭발	pok-bal

Schuss (m)	발포	bal-po
schießen (vt)	쏘다	sso-da
Schießerei (f)	사격	sa-gyeok
zielen auf ...	겨냥대다	gyeo-nyang-dae-da
richten (die Waffe)	총을 겨누다	chong-eul gyeo-nu-da
treffen (ins Schwarze ~)	맞히다	ma-chi-da
versenken (vt)	가라앉히다	ga-ra-an-chi-da
Loch (im Schiffsrumpf)	구멍	gu-meong
versinken (Schiff)	가라앉히다	ga-ra-an-chi-da
Front (f)	전선	jeon-seon
Evakuierung (f)	철수	cheol-su
evakuieren (vt)	대피시키다	dae-pi-si-ki-da
Schützengraben (m)	참호	cham-ho
Stacheldraht (m)	가시철사	ga-si-cheol-sa
Sperre (z.B. Panzersperre)	장애물	jang-ae-mul
Wachtturm (m)	감시탑	gam-si-tap
Lazarett (n)	군 병원	gun byeong-won
verwunden (vt)	부상을 입히다	bu-sang-eul ri-pi-da
Wunde (f)	부상	bu-sang
Verwundete (m)	부상자	bu-sang-ja
verletzt sein	부상을 입다	bu-sang-eul rip-da
schwer (-e Verletzung)	심각한	sim-gak-an

185. Krieg. Militärische Aktionen. Teil 2

Gefangenschaft (f)	사로잡힘	sa-ro-ja-pim
gefangen nehmen (vt)	포로로 하다	po-ro-ro ha-da
in Gefangenschaft sein	사로잡히어	sa-ro-ja-pi-eo
in Gefangenschaft geraten	포로가 되다	po-ro-ga doe-da
Konzentrationslager (n)	강제 수용소	gang-je su-yong-so
Kriegsgefangene (m)	포로	po-ro
fliehen (vi)	탈출하다	tal-chul-ha-da
verraten (vt)	팔아먹다	pa-ra-meok-da
Verräter (m)	배반자	bae-ban-ja
Verrat (m)	배반	bae-ban
erschießen (vt)	총살하다	chong-sal-ha-da
Erschießung (f)	총살형	chong-sal-hyeong
Ausrüstung (persönliche ~)	군장	gun-jang
Schulterstück (n)	계급 견장	gye-geup gyeon-jang
Gasmaske (f)	가스 마스크	ga-seu ma-seu-keu
Funkgerät (n)	군용무전기	gu-nyong-mu-jeon-gi
Chiffre (f)	암호	am-ho
Geheimhaltung (f)	비밀 유지	bi-mil ryu-ji
Kennwort (n)	비밀번호	bi-mil-beon-ho

Mine (f)	지뢰	ji-roe
Minen legen	지뢰를 매설하다	ji-roe-reul mae-seol-ha-da
Minenfeld (n)	지뢰밭	ji-roe-bat
Luftalarm (m)	공습 경보	gong-seup gyeong-bo
Alarm (m)	경보	gyeong-bo
Signal (n)	신호	sin-ho
Signalrakete (f)	신호탄	sin-ho-tan
Hauptquartier (n)	본부	bon-bu
Aufklärung (f)	정찰	jeong-chal
Lage (f)	정세	jeong-se
Bericht (m)	보고	bo-go
Hinterhalt (m)	기습	gi-seup
Verstärkung (f)	강화	gang-hwa
Zielscheibe (f)	과녁	gwa-nyeok
Schießplatz (m)	성능 시험장	seong-neung si-heom-jang
Manöver (n)	군사 훈련	gun-sa hul-lyeon
Panik (f)	공황	gong-hwang
Verwüstung (f)	파멸	pa-myeol
Trümmer (pl)	파괴	pa-goe
zerstören (vt)	파괴하다	pa-goe-ha-da
überleben (vi)	살아남다	sa-ra-nam-da
entwaffnen (vt)	무장해제하다	mu-jang-hae-je-ha-da
handhaben (vt)	다루다	da-ru-da
Stillgestanden!	차려!	cha-ryeo!
Rühren!	쉬어!	swi-eo!
Heldentat (f)	무훈	mu-hun
Eid (m), Schwur (m)	맹세	maeng-se
schwören (vi, vt)	맹세하다	maeng-se-ha-da
Lohn (Orden, Medaille)	훈장	hun-jang
auszeichnen (mit Orden)	훈장을 주다	hun-jang-eul ju-da
Medaille (f)	메달	me-dal
Orden (m)	훈장	hun-jang
Sieg (m)	승리	seung-ni
Niederlage (f)	패배	pae-bae
Waffenstillstand (m)	휴전	hyu-jeon
Fahne (f)	기	gi
Ruhm (m)	영광	yeong-gwang
Parade (f)	퍼레이드	peo-re-i-deu
marschieren (vi)	행진하다	haeng-jin-ha-da

186. Waffen

Waffe (f)	무기	mu-gi
Schusswaffe (f)	화기	hwa-gi

chemischen Waffen (pl)	화학 병기	hwa-hak byeong-gi
Kern-, Atom-	핵의	hae-gui
Kernwaffe (f)	핵무기	haeng-mu-gi
Bombe (f)	폭탄	pok-tan
Atombombe (f)	원자폭탄	won-ja-pok-tan
Pistole (f)	권총	gwon-chong
Gewehr (n)	장총	jang-chong
Maschinenpistole (f)	기관단총	gi-gwan-dan-chong
Maschinengewehr (n)	기관총	gi-gwan-chong
Mündung (f)	총구	chong-gu
Lauf (Gewehr-)	총열	chong-yeol
Kaliber (n)	구경	gu-gyeong
Abzug (m)	방아쇠	bang-a-soe
Visier (n)	가늠자	ga-neum-ja
Kolben (m)	개머리	gae-meo-ri
Handgranate (f)	수류탄	su-ryu-tan
Sprengstoff (m)	폭약	po-gyak
Kugel (f)	총알	chong-al
Patrone (f)	탄약통	ta-nyak-tong
Ladung (f)	화약	hwa-yak
Munition (f)	탄약	ta-nyak
Bomber (m)	폭격기	pok-gyeok-gi
Kampfflugzeug (n)	전투기	jeon-tu-gi
Hubschrauber (m)	헬리콥터	hel-li-kop-teo
Flugabwehrkanone (f)	대공포	dae-gong-po
Panzer (m)	전차	jeon-cha
Artillerie (f)	대포	dae-po
Kanone (f)	대포	dae-po
richten (die Waffe)	총을 겨누다	chong-eul gyeo-nu-da
Geschoß (n)	탄피	tan-pi
Wurfgranate (f)	박격포탄	bak-gyeok-po-tan
Granatwerfer (m)	박격포	bak-gyeok-po
Splitter (m)	포탄파편	po-tan-pa-pyeon
U-Boot (n)	잠수함	jam-su-ham
Torpedo (m)	어뢰	eo-roe
Rakete (f)	미사일	mi-sa-il
laden (Gewehr)	장탄하다	jang-tan-ha-da
schießen (vi)	쏘다	sso-da
zielen auf ...	총을 겨누다	chong-eul gyeo-nu-da
Bajonett (n)	총검	chong-geom
Degen (m)	레이피어	re-i-pi-eo
Säbel (m)	군도	gun-do
Speer (m)	창	chang

Bogen (m)	활	hwal
Pfeil (m)	화살	hwa-sal
Muskete (f)	머스킷	meo-seu-kit
Armbrust (f)	석궁	seok-gung

187. Menschen der Antike

vorzeitlich	원시적인	won-si-jeo-gin
prähistorisch	선사시대의	seon-sa-si-dae-ui
alt (antik)	고대의	go-dae-ui
Steinzeit (f)	석기 시대	seok-gi si-dae
Bronzezeit (f)	청동기 시대	cheong-dong-gi si-dae
Eiszeit (f)	빙하 시대	bing-ha si-dae
Stamm (m)	부족	bu-jok
Kannibale (m)	식인종	si-gin-jong
Jäger (m)	사냥꾼	sa-nyang-kkun
jagen (vi)	사냥하다	sa-nyang-ha-da
Mammut (n)	매머드	mae-meo-deu
Höhle (f)	동굴	dong-gul
Feuer (n)	불	bul
Lagerfeuer (n)	모닥불	mo-dak-bul
Höhlenmalerei (f)	동굴 벽화	dong-gul byeok-wa
Werkzeug (n)	도구	do-gu
Speer (m)	창	chang
Steinbeil (n), Steinaxt (f)	돌도끼	dol-do-kki
Krieg führen	참전하다	cham-jeon-ha-da
domestizieren (vt)	길들이다	gil-deu-ri-da
Idol (n)	우상	u-sang
anbeten (vt)	숭배하다	sung-bae-ha-da
Aberglaube (m)	미신	mi-sin
Evolution (f)	진화	jin-hwa
Entwicklung (f)	개발	gae-bal
Verschwinden (n)	멸종	myeol-jong
sich anpassen	적응하다	jeo-geung-ha-da
Archäologie (f)	고고학	go-go-hak
Archäologe (m)	고고학자	go-go-hak-ja
archäologisch	고고학의	go-go-ha-gui
Ausgrabungsstätte (f)	발굴 현장	bal-gul hyeon-jang
Ausgrabungen (pl)	발굴	bal-gul
Fund (m)	발견물	bal-gyeon-mul
Fragment (n)	파편	pa-pyeon

188. Mittelalter

Volk (n)	민족	min-jok
Völker (pl)	민족	min-jok

Stamm (m)	부족	bu-jok
Stämme (pl)	부족들	bu-jok-deul
Barbaren (pl)	오랑캐	o-rang-kae
Gallier (pl)	갈리아인	gal-li-a-in
Goten (pl)	고트족	go-teu-jok
Slawen (pl)	슬라브족	seul-la-beu-jok
Wikinger (pl)	바이킹	ba-i-king
Römer (pl)	로마 사람	ro-ma sa-ram
römisch	로마의	ro-ma-ui
Byzantiner (pl)	비잔티움 사람들	bi-jan-ti-um sa-ram-deul
Byzanz (n)	비잔티움	bi-jan-ti-um
byzantinisch	비잔틴의	bi-jan-tin-ui
Kaiser (m)	황제	hwang-je
Häuptling (m)	추장	chu-jang
mächtig (Kaiser usw.)	강력한	gang-nyeo-kan
König (m)	왕	wang
Herrscher (Monarch)	통치자	tong-chi-ja
Ritter (m)	기사	gi-sa
Feudalherr (m)	봉건 영주	bong-geon nyeong-ju
feudal, Feudal-	봉건적인	bong-geon-jeo-gin
Vasall (m)	봉신	bong-sin
Herzog (m)	공작	gong-jak
Graf (m)	백작	baek-jak
Baron (m)	남작	nam-jak
Bischof (m)	주교	ju-gyo
Rüstung (f)	갑옷	ga-bot
Schild (m)	방패	bang-pae
Schwert (n)	검	geom
Visier (n)	얼굴 가리개	eol-gul ga-ri-gae
Panzerhemd (n)	미늘 갑옷	mi-neul ga-bot
Kreuzzug (m)	십자군	sip-ja-gun
Kreuzritter (m)	십자군 전사	sip-ja-gun jeon-sa
Territorium (n)	영토	yeong-to
einfallen (vt)	공격하다	gong-gyeo-ka-da
erobern (vt)	정복하다	jeong-bok-a-da
besetzen (Land usw.)	점령하다	jeom-nyeong-ha-da
Belagerung (f)	포위 공격	po-wi gong-gyeok
belagert	포위당한	po-wi-dang-han
belagern (vt)	포위하다	po-wi-ha-da
Inquisition (f)	이단심문	i-dan-sim-mun
Inquisitor (m)	종교 재판관	jong-gyo jae-pan-gwan
Folter (f)	고문	go-mun
grausam (-e Folter)	잔혹한	jan-hok-an
Häretiker (m)	이단자	i-dan-ja
Häresie (f)	이단으로	i-da-neu-ro

Seefahrt (f)	항해	hang-hae
Seeräuber (m)	해적	hae-jeok
Seeräuberei (f)	해적 행위	hae-jeok aeng-wi
Enterung (f)	널판장	neol-pan-jang
Beute (f)	노획물	no-hoeng-mul
Schätze (pl)	보물	bo-mul
Entdeckung (f)	발견	bal-gyeon
entdecken (vt)	발견하다	bal-gyeon-ha-da
Expedition (f)	탐험	tam-heom
Musketier (m)	총병	chong-byeong
Kardinal (m)	추기경	chu-gi-gyeong
Heraldik (f)	문장학	mun-jang-hak
heraldisch	문장학의	mun-jang-ha-gui

189. Führungspersonen. Chef. Behörden

König (m)	왕	wang
Königin (f)	여왕	yeo-wang
königlich	왕족의	wang-jo-gui
Königreich (n)	왕국	wang-guk
Prinz (m)	왕자	wang-ja
Prinzessin (f)	공주	gong-ju
Präsident (m)	대통령	dae-tong-nyeong
Vizepräsident (m)	부통령	bu-tong-nyeong
Senator (m)	상원의원	sang-won-ui-won
Monarch (m)	군주	gun-ju
Herrscher (m)	통치자	tong-chi-ja
Diktator (m)	독재자	dok-jae-ja
Tyrann (m)	폭군	pok-gun
Magnat (m)	거물	geo-mul
Direktor (m)	사장	sa-jang
Chef (m)	추장	chu-jang
Leiter (einer Abteilung)	지배인	ji-bae-in
Boss (m)	상사	sang-sa
Eigentümer (m)	소유자	so-yu-ja
Leiter (Delegations-)	책임자	chae-gim-ja
Behörden (pl)	당국	dang-guk
Vorgesetzten (pl)	상사	sang-sa
Gouverneur (m)	주지사	ju-ji-sa
Konsul (m)	영사	yeong-sa
Diplomat (m)	외교관	oe-gyo-gwan
Bürgermeister (m)	시장	si-jang
Sheriff (m)	보안관	bo-an-gwan
Kaiser (m)	황제	hwang-je
Zar (m)	황제	hwang-je

Pharao (m)	파라오	pa-ra-o
Khan (m)	칸	kan

190. Straße. Weg. Richtungen

Fahrbahn (f)	도로	do-ro
Weg (m)	길	gil
Autobahn (f)	고속도로	go-sok-do-ro
Schnellstraße (f)	고속도로	go-sok-do-ro
Bundesstraße (f)	광역	gwang-yeok
Hauptstraße (f)	대로	dae-ro
Feldweg (m)	비포장도로	bi-po-jang-do-ro
Pfad (m)	길	gil
Fußweg (m)	오솔길	o-sol-gil
Wo?	어디?	eo-di?
Wohin?	어디로?	eo-di-ro?
Woher?	어디로부터?	eo-di-ro-bu-teo?
Richtung (f)	방향	bang-hyang
zeigen (vt)	가리키다	ga-ri-ki-da
nach links	왼쪽으로	oen-jjo-geu-ro
nach rechts	오른쪽으로	o-reun-jjo-geu-ro
geradeaus	똑바로	ttok-ba-ro
zurück	뒤로	dwi-ro
Kurve (f)	커브	keo-beu
abbiegen (nach links ~)	돌다	dol-da
umkehren (vi)	유턴하다	yu-teon-ha-da
sichtbar sein	보이다	bo-i-da
erscheinen (vi)	나타나다	na-ta-na-da
Aufenthalt (m)	정지	jeong-ji
sich erholen	쉬다	swi-da
Erholung (f)	휴양	hyu-yang
sich verirren	길을 잃다	gi-reul ril-ta
führen nach ... (Straße usw.)	... 로 이어지다	... ro i-eo-ji-da
ankommen in ...	나가다	na-ga-da
Strecke (f)	구간	gu-gan
Asphalt (m)	아스팔트	a-seu-pal-teu
Bordstein (m)	도로 경계석	do-ro gyeong-gye-seok
Graben (m)	도랑	do-rang
Gully (m)	맨홀	maen-hol
Straßenrand (m)	길가	gil-ga
Schlagloch (n)	패인 곳	pae-in got
gehen (zu Fuß gehen)	가다	ga-da
überholen (vt)	추월하다	chu-wol-ha-da

Schritt (m)	걸음	geo-reum
zu Fuß	도보로	do-bo-ro
blockieren (Straße usw.)	길을 막다	gi-reul mak-da
Schlagbaum (m)	차단기	cha-dan-gi
Sackgasse (f)	막다른길	mak-da-reun-gil

191. Gesetzesverstoß Verbrecher. Teil 1

Bandit (m)	산적	san-jeok
Verbrechen (n)	범죄	beom-joe
Verbrecher (m)	범죄자	beom-joe-ja
Dieb (m)	도둑	do-duk
stehlen (vt)	훔치다	hum-chi-da
Diebstahl (Aktivität)	절도	jeol-do
Stehlen (n)	도둑질	do-duk-jil
kidnappen (vt)	납치하다	nap-chi-ha-da
Kidnapping (n)	유괴	yu-goe
Kidnapper (m)	유괴범	yu-goe-beom
Lösegeld (n)	몸값	mom-gap
Lösegeld verlangen	몸값을 요구하다	mom-gap-seul ryo-gu-ha-da
rauben (vt)	뺏다	ppaet-da
Räuber (m)	강도	gang-do
erpressen (vt)	갈취하다	gal-chwi-ha-da
Erpresser (m)	갈취자	gal-chwi-ja
Erpressung (f)	갈취	gal-chwi
morden (vt)	죽이다	ju-gi-da
Mord (m)	살인	sa-rin
Mörder (m)	살인자	sa-rin-ja
Schuss (m)	발포	bal-po
schießen (vt)	쏘다	sso-da
erschießen (vt)	쏘아 죽이다	sso-a ju-gi-da
feuern (vi)	쏘다	sso-da
Schießerei (f)	발사	bal-sa
Vorfall (m)	사건	sa-geon
Schlägerei (f)	몸싸움	mom-ssa-um
Opfer (n)	희생자	hui-saeng-ja
beschädigen (vt)	해치다	hae-chi-da
Schaden (m)	피해	pi-hae
Leiche (f)	시신	si-sin
schwer (-es Verbrechen)	중대한	jung-dae-han
angreifen (vt)	공격하다	gong-gyeo-ka-da
schlagen (vt)	때리다	ttae-ri-da
verprügeln (vt)	조지다	jo-ji-da

wegnehmen (vt)	훔치다	hum-chi-da
erstechen (vt)	찔러 죽이다	jjil-leo ju-gi-da
verstümmeln (vt)	불구로 만들다	bul-gu-ro man-deul-da
verwunden (vt)	부상을 입히다	bu-sang-eul ri-pi-da
Erpressung (f)	공갈	gong-gal
erpressen (vt)	공갈하다	gong-gal-ha-da
Erpresser (m)	공갈범	gong-gal-beom
Schutzgelderpressung (f)	폭력단의 갈취 행위	pong-nyeok-dan-ui gal-chwi haeng-wi
Erpresser (Racketeer)	모리배	mo-ri-bae
Gangster (m)	갱	gaeng
Mafia (f)	마피아	ma-pi-a
Taschendieb (m)	소매치기	so-mae-chi-gi
Einbrecher (m)	빈집털이범	bin-jip-teo-ri-beom
Schmuggel (m)	밀수입	mil-su-ip
Schmuggler (m)	밀수입자	mil-su-ip-ja
Fälschung (f)	위조	wi-jo
fälschen (vt)	위조하다	wi-jo-ha-da
gefälscht	가짜의	ga-jja-ui

192. Gesetzesbruch. Verbrecher. Teil 2

Vergewaltigung (f)	강간	gang-gan
vergewaltigen (vt)	강간하다	gang-gan-ha-da
Gewalttäter (m)	강간범	gang-gan-beom
Besessene (m)	미치광이	mi-chi-gwang-i
Prostituierte (f)	매춘부	mae-chun-bu
Prostitution (f)	매춘	mae-chun
Zuhälter (m)	포주	po-ju
Drogenabhängiger (m)	마약 중독자	ma-yak jung-dok-ja
Drogenhändler (m)	마약 밀매자	ma-yak mil-mae-ja
sprengen (vt)	폭발하다	pok-bal-ha-da
Explosion (f)	폭발	pok-bal
in Brand stecken	방화하다	bang-hwa-ha-da
Brandstifter (m)	방화범	bang-hwa-beom
Terrorismus (m)	테러리즘	te-reo-ri-jeum
Terrorist (m)	테러리스트	te-reo-ri-seu-teu
Geisel (m, f)	볼모	bol-mo
betrügen (vt)	속이다	so-gi-da
Betrug (m)	사기	sa-gi
Betrüger (m)	사기꾼	sa-gi-kkun
bestechen (vt)	뇌물을 주다	noe-mu-reul ju-da
Bestechlichkeit (f)	뇌물 수수	noe-mul su-su
Bestechungsgeld (n)	뇌물	noe-mul

Gift (n)	독	dok
vergiften (vt)	독살하다	dok-sal-ha-da
sich vergiften	음독하다	eum-dok-a-da
Selbstmord (m)	자살	ja-sal
Selbstmörder (m)	자살자	ja-sal-ja
drohen (vi)	협박하다	hyeop-bak-a-da
Drohung (f)	협박	hyeop-bak
versuchen (vt)	살해를 꾀하다	sal-hae-reul kkoe-ha-da
Attentat (n)	미수	mi-su
stehlen (Auto ~)	훔치는	hum-chi-da
entführen (Flugzeug ~)	납치하다	nap-chi-ha-da
Rache (f)	복수	bok-su
sich rächen	복수하다	bok-su-ha-da
foltern (vt)	고문하다	go-mun-ha-da
Folter (f)	고문	go-mun
quälen (vt)	괴롭히다	goe-ro-pi-da
Seeräuber (m)	해적	hae-jeok
Rowdy (m)	난동꾼	nan-dong-kkun
bewaffnet	무장한	mu-jang-han
Gewalt (f)	폭력	pong-nyeok
Spionage (f)	간첩행위	gan-cheo-paeng-wi
spionieren (vi)	간첩 행위를 하다	gan-cheop paeng-wi-reul ha-da

193. Polizei Recht. Teil 1

Justiz (f)	정의	jeong-ui
Gericht (n)	법정	beop-jeong
Richter (m)	판사	pan-sa
Geschworenen (pl)	배심원	bae-sim-won
Geschworenengericht (n)	배심 재판	bae-sim jae-pan
richten (vt)	재판에 부치다	jae-pan-e bu-chi-da
Rechtsanwalt (m)	변호사	byeon-ho-sa
Angeklagte (m)	피고	pi-go
Anklagebank (f)	피고인석	pi-go-in-seok
Anklage (f)	혐의	hyeom-ui
Beschuldigte (m)	형사 피고인	pi-go-in
Urteil (n)	형량	hyeong-nyang
verurteilen (vt)	선고하다	seon-go-ha-da
Schuldige (m)	유죄	yu-joe
bestrafen (vt)	처벌하다	cheo-beol-ha-da
Strafe (f)	벌	beol

Geldstrafe (f)	벌금	beol-geum
lebenslange Haft (f)	종신형	jong-sin-hyeong
Todesstrafe (f)	사형	sa-hyeong
elektrischer Stuhl (m)	전기 의자	jeon-gi ui-ja
Galgen (m)	교수대	gyo-su-dae
hinrichten (vt)	집행하다	ji-paeng-ha-da
Hinrichtung (f)	처형	cheo-hyeong
Gefängnis (n)	교도소	gyo-do-so
Zelle (f)	감방	gam-bang
Eskorte (f)	호송	ho-song
Gefängniswärter (m)	간수	gan-su
Gefangene (m)	죄수	joe-su
Handschellen (pl)	수갑	su-gap
Handschellen anlegen	수갑을 채우다	su-ga-beul chae-u-da
Ausbruch (Flucht)	탈옥	ta-rok
ausbrechen (vi)	탈옥하다	ta-rok-a-da
verschwinden (vi)	사라지다	sa-ra-ji-da
aus … entlassen	출옥하다	chu-rok-a-da
Amnestie (f)	사면	sa-myeon
Polizei (f)	경찰	gyeong-chal
Polizist (m)	경찰관	gyeong-chal-gwan
Polizeiwache (f)	경찰서	gyeong-chal-seo
Gummiknüppel (m)	경찰봉	gyeong-chal-bong
Sprachrohr (n)	메가폰	me-ga-pon
Streifenwagen (m)	순찰차	sun-chal-cha
Sirene (f)	사이렌	sa-i-ren
die Sirene einschalten	사이렌을 켜다	sa-i-re-neul kyeo-da
Sirenengeheul (n)	사이렌 소리	sa-i-ren so-ri
Tatort (m)	범죄현장	beom-joe-hyeon-jang
Zeuge (m)	목격자	mok-gyeok-ja
Freiheit (f)	자유	ja-yu
Komplize (m)	공범자	gong-beom-ja
verschwinden (vi)	달아나다	da-ra-na-da
Spur (f)	흔적	heun-jeok

194. Polizei. Recht. Teil 2

Fahndung (f)	조사	jo-sa
suchen (vt)	… 를 찾다	… reul chat-da
Verdacht (m)	혐의	hyeom-ui
verdächtig (Adj)	의심스러운	ui-sim-seu-reo-un
anhalten (Polizei)	멈추다	meom-chu-da
verhaften (vt)	구류하다	gu-ryu-ha-da
Fall (m), Klage (f)	판례	pal-lye
Untersuchung (f)	조사	jo-sa

Detektiv (m)	형사	hyeong-sa
Ermittlungsrichter (m)	조사관	jo-sa-gwan
Version (f)	가설	ga-seol
Motiv (n)	동기	dong-gi
Verhör (n)	심문	sim-mun
verhören (vt)	신문하다	sin-mun-ha-da
vernehmen (vt)	심문하다	sim-mun-ha-da
Kontrolle (Personen-)	확인	hwa-gin
Razzia (f)	일제 검거	il-je geom-geo
Durchsuchung (f)	수색	su-saek
Verfolgung (f)	추적	chu-jeok
nachjagen (vi)	추적하다	chu-jeok-a-da
verfolgen (vt)	추적하다	chu-jeok-a-da
Verhaftung (f)	체포	che-po
verhaften (vt)	체포하다	che-po-ha-da
fangen (vt)	붙잡다	but-jap-da
Festnahme (f)	체포	che-po
Dokument (n)	서류	seo-ryu
Beweis (m)	증거	jeung-geo
beweisen (vt)	증명하다	jeung-myeong-ha-da
Fußspur (f)	발자국	bal-ja-guk
Fingerabdrücke (pl)	지문	ji-mun
Beweisstück (n)	증거물	jeung-geo-mul
Alibi (n)	알리바이	al-li-ba-i
unschuldig	무죄인	mu-joe-in
Ungerechtigkeit (f)	부정	bu-jeong
ungerecht	부당한	bu-dang-han
Kriminal-	범죄의	beom-joe-ui
beschlagnahmen (vt)	몰수하다	mol-su-ha-da
Droge (f)	마약	ma-yak
Waffe (f)	무기	mu-gi
entwaffnen (vt)	무장해제하다	mu-jang-hae-je-ha-da
befehlen (vt)	명령하다	myeong-nyeong-ha-da
verschwinden (vi)	사라지다	sa-ra-ji-da
Gesetz (n)	법률	beom-nyul
gesetzlich	합법적인	hap-beop-jeo-gin
ungesetzlich	불법적인	bul-beop-jeo-gin
Verantwortlichkeit (f)	책임	chae-gim
verantwortlich	책임 있는	chae-gim in-neun

NATUR

Die Erde. Teil 1

195. Weltall

Kosmos (m)	우주	u-ju
kosmisch, Raum-	우주의	u-ju-ui
Weltraum (m)	우주 공간	u-ju gong-gan
All (n)	세계	se-gye
Universum (n)	우주	u-ju
Galaxie (f)	은하	eun-ha
Stern (m)	별, 항성	byeol, hang-seong
Gestirn (n)	별자리	byeol-ja-ri
Planet (m)	행성	haeng-seong
Satellit (m)	인공위성	in-gong-wi-seong
Meteorit (m)	운석	un-seok
Komet (m)	혜성	hye-seong
Asteroid (m)	소행성	so-haeng-seong
Umlaufbahn (f)	궤도	gwe-do
sich drehen	회전한다	hoe-jeon-han-da
Atmosphäre (f)	대기	dae-gi
Sonne (f)	태양	tae-yang
Sonnensystem (n)	태양계	tae-yang-gye
Sonnenfinsternis (f)	일식	il-sik
Erde (f)	지구	ji-gu
Mond (m)	달	dal
Mars (m)	화성	hwa-seong
Venus (f)	금성	geum-seong
Jupiter (m)	목성	mok-seong
Saturn (m)	토성	to-seong
Merkur (m)	수성	su-seong
Uran (m)	천왕성	cheon-wang-seong
Neptun (m)	해왕성	hae-wang-seong
Pluto (m)	명왕성	myeong-wang-seong
Milchstraße (f)	은하수	eun-ha-su
Der Große Bär	큰곰자리	keun-gom-ja-ri
Polarstern (m)	북극성	buk-geuk-seong
Marsbewohner (m)	화성인	hwa-seong-in
Außerirdischer (m)	외계인	oe-gye-in

außerirdisches Wesen (n)	외계인	oe-gye-in
fliegende Untertasse (f)	비행 접시	bi-haeng jeop-si
Raumschiff (n)	우주선	u-ju-seon
Raumstation (f)	우주 정거장	u-ju jeong-nyu-jang
Triebwerk (n)	엔진	en-jin
Düse (f)	노즐	no-jeul
Treibstoff (m)	연료	yeol-lyo
Kabine (f)	조종석	jo-jong-seok
Antenne (f)	안테나	an-te-na
Bullauge (n)	현창	hyeon-chang
Sonnenbatterie (f)	태양 전지	tae-yang jeon-ji
Raumanzug (m)	우주복	u-ju-bok
Schwerelosigkeit (f)	무중력	mu-jung-nyeok
Sauerstoff (m)	산소	san-so
Ankopplung (f)	도킹	do-king
koppeln (vi)	도킹하다	do-king-ha-da
Observatorium (n)	천문대	cheon-mun-dae
Teleskop (n)	망원경	mang-won-gyeong
beobachten (vt)	관찰하다	gwan-chal-ha-da
erforschen (vt)	탐험하다	tam-heom-ha-da

196. Die Erde

Erde (f)	지구	ji-gu
Erdkugel (f)	지구	ji-gu
Planet (m)	행성	haeng-seong
Atmosphäre (f)	대기	dae-gi
Geographie (f)	지리학	ji-ri-hak
Natur (f)	자연	ja-yeon
Globus (m)	지구의	ji-gu-ui
Landkarte (f)	지도	ji-do
Atlas (m)	지도첩	ji-do-cheop
Europa (n)	유럽	yu-reop
Asien (n)	아시아	a-si-a
Afrika (n)	아프리카	a-peu-ri-ka
Australien (n)	호주	ho-ju
Amerika (n)	아메리카 대륙	a-me-ri-ka dae-ryuk
Nordamerika (n)	북아메리카	bu-ga-me-ri-ka
Südamerika (n)	남아메리카	nam-a-me-ri-ka
Antarktis (f)	남극 대륙	nam-geuk dae-ryuk
Arktis (f)	극지방	geuk-ji-bang

197. Himmelsrichtungen

Norden (m)	북쪽	buk-jjok
nach Norden	북쪽으로	buk-jjo-geu-ro
im Norden	북쪽에	buk-jjo-ge
nördlich	북쪽의	buk-jjo-gui
Süden (m)	남쪽	nam-jjok
nach Süden	남쪽으로	nam-jjo-geu-ro
im Süden	남쪽에	nam-jjo-ge
südlich	남쪽의	nam-jjo-gui
Westen (m)	서쪽	seo-jjok
nach Westen	서쪽으로	seo-jjo-geu-ro
im Westen	서쪽에	seo-jjo-ge
westlich, West-	서쪽의	seo-jjo-gui
Osten (m)	동쪽	dong-jjok
nach Osten	동쪽으로	dong-jjo-geu-ro
im Osten	동쪽에	dong-jjo-ge
östlich	동쪽의	dong-jjo-gui

198. Meer. Ozean

Meer (n), See (f)	바다	ba-da
Ozean (m)	대양	dae-yang
Golf (m)	만	man
Meerenge (f)	해협	hae-hyeop
Kontinent (m)	대륙	dae-ryuk
Insel (f)	섬	seom
Halbinsel (f)	반도	ban-do
Archipel (m)	군도	gun-do
Bucht (f)	만	man
Hafen (m)	항구	hang-gu
Lagune (f)	석호	seok-o
Kap (n)	곶	got
Atoll (n)	환초	hwan-cho
Riff (n)	암초	am-cho
Koralle (f)	산호	san-ho
Korallenriff (n)	산호초	san-ho-cho
tief (Adj)	깊은	gi-peun
Tiefe (f)	깊이	gi-pi
Graben (m)	해구	hae-gu
Strom (m)	해류	hae-ryu
umspülen (vt)	둘러싸다	dul-leo-ssa-da
Ufer (n)	해변	hae-byeon
Küste (f)	바닷가	ba-dat-ga

Flut (f)	밀물	mil-mul
Ebbe (f)	썰물	sseol-mul
Sandbank (f)	모래톱	mo-rae-top
Boden (m)	해저	hae-jeo
Welle (f)	파도	pa-do
Wellenkamm (m)	물마루	mul-ma-ru
Schaum (m)	거품	geo-pum
Orkan (m)	허리케인	heo-ri-ke-in
Tsunami (m)	해일	hae-il
Windstille (f)	고요함	go-yo-ham
ruhig	고요한	go-yo-han
Pol (m)	극	geuk
Polar-	극지의	geuk-ji-ui
Breite (f)	위도	wi-do
Länge (f)	경도	gyeong-do
Breitenkreis (m)	위도선	wi-do-seon
Äquator (m)	적도	jeok-do
Himmel (m)	하늘	ha-neul
Horizont (m)	수평선	su-pyeong-seon
Luft (f)	공기	gong-gi
Leuchtturm (m)	등대	deung-dae
tauchen (vi)	뛰어들다	ttwi-eo-deul-da
versinken (vi)	가라앉다	ga-ra-an-da
Schätze (pl)	보물	bo-mul

199. Namen der Meere und Ozeane

Atlantischer Ozean (m)	대서양	dae-seo-yang
Indischer Ozean (m)	인도양	in-do-yang
Pazifischer Ozean (m)	태평양	tae-pyeong-yang
Arktischer Ozean (m)	북극해	buk-geuk-ae
Schwarzes Meer (n)	흑해	heuk-ae
Rotes Meer (n)	홍해	hong-hae
Gelbes Meer (n)	황해	hwang-hae
Weißes Meer (n)	백해	baek-ae
Kaspisches Meer (n)	카스피 해	ka-seu-pi hae
Totes Meer (n)	사해	sa-hae
Mittelmeer (n)	지중해	ji-jung-hae
Ägäisches Meer (n)	에게 해	e-ge hae
Adriatisches Meer (n)	아드리아 해	a-deu-ri-a hae
Arabisches Meer (n)	아라비아 해	a-ra-bi-a hae
Japanisches Meer (n)	동해	dong-hae
Beringmeer (n)	베링 해	be-ring hae
Südchinesisches Meer (n)	남중국해	nam-jung-guk-ae

Korallenmeer (n)	산호해	san-ho-hae
Tasmansee (f)	태즈먼 해	tae-jeu-meon hae
Karibisches Meer (n)	카리브 해	ka-ri-beu hae
Barentssee (f)	바렌츠 해	ba-ren-cheu hae
Karasee (f)	카라 해	ka-ra hae
Nordsee (f)	북해	buk-ae
Ostsee (f)	발트 해	bal-teu hae
Nordmeer (n)	노르웨이 해	no-reu-we-i hae

200. Berge

Berg (m)	산	san
Gebirgskette (f)	산맥	san-maek
Bergrücken (m)	능선	neung-seon
Gipfel (m)	정상	jeong-sang
Spitze (f)	봉우리	bong-u-ri
Bergfuß (m)	기슭	gi-seuk
Abhang (m)	경사면	gyeong-sa-myeon
Vulkan (m)	화산	hwa-san
tätiger Vulkan (m)	활화산	hwal-hwa-san
schlafender Vulkan (m)	사화산	sa-hwa-san
Ausbruch (m)	폭발	pok-bal
Krater (m)	분화구	bun-hwa-gu
Magma (n)	마그마	ma-geu-ma
Lava (f)	용암	yong-am
glühend heiß (-e Lava)	녹은	no-geun
Cañon (m)	협곡	hyeop-gok
Schlucht (f)	협곡	hyeop-gok
Spalte (f)	갈라진	gal-la-jin
Gebirgspass (m)	산길	san-gil
Plateau (n)	고원	go-won
Fels (m)	절벽	jeol-byeok
Hügel (m)	언덕, 작은 산	eon-deok, ja-geun san
Gletscher (m)	빙하	bing-ha
Wasserfall (m)	폭포	pok-po
Geiser (m)	간헐천	gan-heol-cheon
See (m)	호수	ho-su
Ebene (f)	평원	pyeong-won
Landschaft (f)	경관	gyeong-gwan
Echo (n)	메아리	me-a-ri
Bergsteiger (m)	등산가	deung-san-ga
Kletterer (m)	암벽 등반가	am-byeok deung-ban-ga
bezwingen (vt)	정복하다	jeong-bok-a-da
Aufstieg (m)	등반	deung-ban

201. Namen der Berge

Alpen (pl)	알프스 산맥	al-peu-seu san-maek
Montblanc (m)	몽블랑 산	mong-beul-lang san
Pyrenäen (pl)	피레네 산맥	pi-re-ne san-maek
Karpaten (pl)	카르파티아 산맥	ka-reu-pa-ti-a san-maek
Uralgebirge (n)	우랄 산맥	u-ral san-maek
Kaukasus (m)	코카서스 산맥	ko-ka-seo-seu san-maek
Elbrus (m)	엘브루스 산	el-beu-ru-seu san
Altai (m)	알타이 산맥	al-ta-i san-maek
Tian Shan (m)	텐샨 산맥	ten-syan san-maek
Pamir (m)	파미르 고원	pa-mi-reu go-won
Himalaja (m)	히말라야 산맥	hi-mal-la-ya san-maek
Everest (m)	에베레스트 산	e-be-re-seu-teu san
Anden (pl)	안데스 산맥	an-de-seu san-maek
Kilimandscharo (m)	킬리만자로 산	kil-li-man-ja-ro san

202. Flüsse

Fluss (m)	강	gang
Quelle (f)	샘	saem
Flussbett (n)	강바닥	gang-ba-dak
Stromgebiet (n)	유역	yu-yeok
einmünden in …	… 로 흘러가다	… ro heul-leo-ga-da
Nebenfluss (m)	지류	ji-ryu
Ufer (n)	둑	duk
Strom (m)	흐름	heu-reum
stromabwärts	하류로	gang ha-ryu-ro
stromaufwärts	상류로	sang-nyu-ro
Überschwemmung (f)	홍수	hong-su
Hochwasser (n)	홍수	hong-su
aus den Ufern treten	범람하다	beom-nam-ha-da
überfluten (vt)	범람하다	beom-nam-ha-da
Sandbank (f)	얕은 곳	ya-teun got
Stromschnelle (f)	여울	yeo-ul
Damm (m)	댐	daem
Kanal (m)	운하	un-ha
Stausee (m)	저수지	jeo-su-ji
Schleuse (f)	수문	su-mun
Gewässer (n)	저장 수량	jeo-jang su-ryang
Sumpf (m), Moor (n)	늪, 소택지	neup, so-taek-ji
Marsch (f)	수렁	su-reong
Strudel (m)	소용돌이	so-yong-do-ri
Bach (m)	개울, 시내	gae-ul, si-nae

Trink- (z.B. Trinkwasser)	마실 수 있는	ma-sil su in-neun
Süß- (Wasser)	민물의	min-mu-rui
Eis (n)	얼음	eo-reum
zufrieren (vi)	얼다	eol-da

203. Namen der Flüsse

Seine (f)	센 강	sen gang
Loire (f)	루아르 강	ru-a-reu gang
Themse (f)	템스 강	tem-seu gang
Rhein (m)	라인 강	ra-in gang
Donau (f)	도나우 강	do-na-u gang
Wolga (f)	볼가 강	bol-ga gang
Don (m)	돈 강	don gang
Lena (f)	레나 강	re-na gang
Gelber Fluss (m)	황허강	hwang-heo-gang
Jangtse (m)	양자강	yang-ja-gang
Mekong (m)	메콩 강	me-kong gang
Ganges (m)	갠지스 강	gaen-ji-seu gang
Nil (m)	나일 강	na-il gang
Kongo (m)	콩고 강	kong-go gang
Okavango (m)	오카방고 강	o-ka-bang-go gang
Sambesi (m)	잠베지 강	jam-be-ji gang
Limpopo (m)	림포포 강	rim-po-po gang

204. Wald

Wald (m)	숲	sup
Wald-	산림의	sal-li-mui
Dickicht (n)	밀림	mil-lim
Gehölz (n)	작은 숲	ja-geun sup
Lichtung (f)	빈터	bin-teo
Dickicht (n)	덤불	deom-bul
Gebüsch (n)	관목지	gwan-mok-ji
Fußweg (m)	오솔길	o-sol-gil
Erosionsrinne (f)	도랑	do-rang
Baum (m)	나무	na-mu
Blatt (n)	잎	ip
Laub (n)	나뭇잎	na-mun-nip
Laubfall (m)	낙엽	na-gyeop
fallen (Blätter)	떨어지다	tteo-reo-ji-da
Zweig (m)	가지	ga-ji

Ast (m)	큰 가지	keun ga-ji
Knospe (f)	잎눈	im-nun
Nadel (f)	바늘	ba-neul
Zapfen (m)	솔방울	sol-bang-ul
Höhlung (f)	구멍	gu-meong
Nest (n)	둥지	dung-ji
Höhle (f)	굴	gul
Stamm (m)	몸통	mom-tong
Wurzel (f)	뿌리	ppu-ri
Rinde (f)	껍질	kkeop-jil
Moos (n)	이끼	i-kki
entwurzeln (vt)	수목을 통째 뽑다	su-mo-geul tong-jjae ppop-da
fällen (vt)	자르다	ja-reu-da
abholzen (vt)	삼림을 없애다	sam-ni-meul reop-sae-da
Baumstumpf (m)	그루터기	geu-ru-teo-gi
Lagerfeuer (n)	모닥불	mo-dak-bul
Waldbrand (m)	산불	san-bul
löschen (vt)	끄다	kkeu-da
Förster (m)	산림경비원	sal-lim-gyeong-bi-won
Schutz (m)	보호	bo-ho
beschützen (vt)	보호하다	bo-ho-ha-da
Wilddieb (m)	밀렵자	mil-lyeop-ja
Falle (f)	덫	deot
sammeln, pflücken (vt)	따다	tta-da
sich verirren	길을 잃다	gi-reul ril-ta

205. natürliche Lebensgrundlagen

Naturressourcen (pl)	천연 자원	cheo-nyeon ja-won
Vorkommen (n)	매장량	mae-jang-nyang
Feld (Ölfeld usw.)	지역	ji-yeok
gewinnen (vt)	채광하다	chae-gwang-ha-da
Gewinnung (f)	막장일	mak-jang-il
Erz (n)	광석	gwang-seok
Bergwerk (n)	광산	gwang-san
Schacht (m)	갱도	gaeng-do
Bergarbeiter (m)	광부	gwang-bu
Erdgas (n)	가스	ga-seu
Gasleitung (f)	가스관	ga-seu-gwan
Erdöl (n)	석유	seo-gyu
Erdölleitung (f)	석유 파이프라인	seo-gyu pa-i-peu-ra-in
Ölquelle (f)	유정	yu-jeong
Bohrturm (m)	유정탑	yu-jeong-tap
Tanker (m)	유조선	yu-jo-seon
Sand (m)	모래	mo-rae

Kalkstein (m)	석회석	seok-oe-seok
Kies (m)	자갈	ja-gal
Torf (m)	토탄	to-tan
Ton (m)	점토	jeom-to
Kohle (f)	석탄	seok-tan
Eisen (n)	철	cheol
Gold (n)	금	geum
Silber (n)	은	eun
Nickel (n)	니켈	ni-kel
Kupfer (n)	구리	gu-ri
Zink (n)	아연	a-yeon
Mangan (n)	망간	mang-gan
Quecksilber (n)	수은	su-eun
Blei (n)	납	nap
Mineral (n)	광물	gwang-mul
Kristall (m)	수정	su-jeong
Marmor (m)	대리석	dae-ri-seok
Uran (n)	우라늄	u-ra-nyum

Die Erde. Teil 2

206. Wetter

Wetter (n)	날씨	nal-ssi
Wetterbericht (m)	일기 예보	il-gi ye-bo
Temperatur (f)	온도	on-do
Thermometer (n)	온도계	on-do-gye
Barometer (n)	기압계	gi-ap-gye
Feuchtigkeit (f)	습함, 습기	seu-pam, seup-gi
Hitze (f)	더위	deo-wi
glutheiß	더운	deo-un
ist heiß	덥다	deop-da
ist warm	따뜻하다	tta-tteu-ta-da
warm (Adj)	따뜻한	tta-tteu-tan
ist kalt	춥다	chup-da
kalt (Adj)	추운	chu-un
Sonne (f)	해	hae
scheinen (vi)	빛나다	bin-na-da
sonnig (Adj)	화창한	hwa-chang-han
aufgehen (vi)	뜨다	tteu-da
untergehen (vi)	지다	ji-da
Wolke (f)	구름	gu-reum
bewölkt, wolkig	구름의	gu-reum-ui
trüb (-er Tag)	흐린	heu-rin
Regen (m)	비	bi
Es regnet	비가 오다	bi-ga o-da
regnerisch (-er Tag)	비가 오는	bi-ga o-neun
nieseln (vi)	이슬비가 내리다	i-seul-bi-ga nae-ri-da
strömender Regen (m)	억수	eok-su
Regenschauer (m)	호우	ho-u
stark (-er Regen)	심한	sim-han
Pfütze (f)	웅덩이	ung-deong-i
nass werden (vi)	젖다	jeot-da
Nebel (m)	안개	an-gae
neblig (-er Tag)	안개가 자욱한	an-gae-ga ja-uk-an
Schnee (m)	눈	nun
Es schneit	눈이 오다	nun-i o-da

207. Unwetter Naturkatastrophen

Gewitter (n)	뇌우	noe-u
Blitz (m)	번개	beon-gae
blitzen (vi)	번쩍이다	beon-jjeo-gi-da
Donner (m)	천둥	cheon-dung
donnern (vi)	천둥이 치다	cheon-dung-i chi-da
Es donnert	천둥이 치다	cheon-dung-i chi-da
Hagel (m)	싸락눈	ssa-rang-nun
Es hagelt	싸락눈이 내리다	ssa-rang-nun-i nae-ri-da
überfluten (vt)	범람하다	beom-nam-ha-da
Überschwemmung (f)	홍수	hong-su
Erdbeben (n)	지진	ji-jin
Erschütterung (f)	진동	jin-dong
Epizentrum (n)	진앙	jin-ang
Ausbruch (m)	폭발	pok-bal
Lava (f)	용암	yong-am
Wirbelsturm (m)	회오리바람	hoe-o-ri-ba-ram
Tornado (m)	토네이도	to-ne-i-do
Taifun (m)	태풍	tae-pung
Orkan (m)	허리케인	heo-ri-ke-in
Sturm (m)	폭풍우	pok-pung-u
Tsunami (m)	해일	hae-il
Brand (m)	불	bul
Katastrophe (f)	재해	jae-hae
Meteorit (m)	운석	un-seok
Lawine (f)	눈사태	nun-sa-tae
Schneelawine (f)	눈사태	nun-sa-tae
Schneegestöber (n)	눈보라	nun-bo-ra
Schneesturm (m)	눈보라	nun-bo-ra

208. Geräusche. Klänge

Stille (f)	고요함	go-yo-ham
Laut (m)	소리	so-ri
Lärm (m)	소음	so-eum
lärmen (vi)	소리를 내다	so-ri-reul lae-da
lärmend (Adj)	시끄러운	si-kkeu-reo-un
laut (in lautemTon)	큰 소리로	keun so-ri-ro
laut (eine laute Stimme)	시끄러운	si-kkeu-reo-un
ständig (Adj)	끊임없는	kkeu-nim-eom-neun
Schrei (m)	고함을	go-ha-meul
schreien (vi)	소리를 치다	so-ri-reul chi-da

Flüstern (n)	속삭임	sok-sa-gim
flüstern (vt)	속삭이다	sok-sa-gi-da
Gebell (n)	짖는 소리	jin-neun so-ri
bellen (vi)	짖다	jit-da
Stöhnen (n)	신음 소리	si-neum so-ri
stöhnen (vi)	신음하다	si-neum-ha-da
Husten (m)	기침	gi-chim
husten (vi)	기침을 하다	gi-chi-meul ha-da
Pfiff (m)	휘파람	hwi-pa-ram
pfeifen (vi)	휘파람을 불다	hwi-pa-ra-meul bul-da
Klopfen (n)	노크	no-keu
klopfen (vi)	두드리다	du-deu-ri-da
krachen (Laut)	날카로운 소리가 나다	nal-ka-ro-un so-ri-ga na-da
Krachen (n)	딱딱 튀는 소리	ttak-ttak twi-neun so-ri
Sirene (f)	사이렌	sa-i-ren
Pfeife (Zug usw.)	경적	gyeong-jeok
pfeifen (vi)	기적을 울리다	gi-jeo-geul rul-li-da
Hupe (f)	경적	gyeong-jeok
hupen (vi)	경적을 울리다	gyeong-jeo-geul rul-li-da

209. Winter

Winter (m)	겨울	gyeo-ul
Winter-	겨울의	gyeo-ul
im Winter	겨울에	gyeo-u-re
Schnee (m)	눈	nun
Es schneit	눈이 오다	nun-i o-da
Schneefall (m)	강설	gang-seol
Schneewehe (f)	눈더미	nun-deo-mi
Schneeflocke (f)	눈송이	nun-song-i
Schneeball (m)	눈뭉치	nun-mung-chi
Schneemann (m)	눈사람	nun-sa-ram
Eiszapfen (m)	고드름	go-deu-reum
Dezember (m)	십이월	si-bi-wol
Januar (m)	일월	i-rwol
Februar (m)	이월	i-wol
Frost (m)	지독한 서리	ji-dok-an seo-ri
frostig, Frost-	서리가 내리는	seo-ri-ga nae-ri-neun
unter Null	영하	yeong-ha
Reif (m)	서리	seo-ri
Kälte (f)	추위	chu-wi
Es ist kalt	춥다	chup-da
Pelzmantel (m)	모피 외투	mo-pi oe-tu

Fausthandschuhe (pl)	벙어리장갑	beong-eo-ri-jang-gap
erkranken (vi)	병에 걸리다	byeong-e geol-li-da
Erkältung (f)	감기	gam-gi
sich erkälten	감기에 걸리다	gam-gi-e geol-li-da
Eis (n)	얼음	eo-reum
Glatteis (n)	빙판	bing-pan
zufrieren (vi)	얼다	eol-da
Eisscholle (f)	부빙	bu-bing
Ski (pl)	스키	seu-ki
Skiläufer (m)	스키 타는 사람	seu-ki ta-neun sa-ram
Ski laufen	스키를 타다	seu-ki-reul ta-da
Schlittschuh laufen	스케이트를 타다	seu-ke-i-teu-reul ta-da

Fauna

210. Säugetiere. Raubtiere

Raubtier (n)	육식 동물	yuk-sik dong-mul
Tiger (m)	호랑이	ho-rang-i
Löwe (m)	사자	sa-ja
Wolf (m)	이리	i-ri
Fuchs (m)	여우	yeo-u
Jaguar (m)	재규어	jae-gyu-eo
Leopard (m)	표범	pyo-beom
Gepard (m)	치타	chi-ta
Puma (m)	퓨마	pyu-ma
Schneeleopard (m)	눈표범	nun-pyo-beom
Luchs (m)	스라소니	seu-ra-so-ni
Kojote (m)	코요테	ko-yo-te
Schakal (m)	재칼	jae-kal
Hyäne (f)	하이에나	ha-i-e-na

211. Tiere in freier Wildbahn

Tier (n)	동물	dong-mul
Bestie (f)	짐승	jim-seung
Eichhörnchen (n)	다람쥐	da-ram-jwi
Igel (m)	고슴도치	go-seum-do-chi
Hase (m)	토끼	to-kki
Kaninchen (n)	굴토끼	gul-to-kki
Dachs (m)	오소리	o-so-ri
Waschbär (m)	너구리	neo-gu-ri
Hamster (m)	햄스터	haem-seu-teo
Murmeltier (n)	마멋	ma-meot
Maulwurf (m)	두더지	du-deo-ji
Maus (f)	생쥐	saeng-jwi
Ratte (f)	시궁쥐	si-gung-jwi
Fledermaus (f)	박쥐	bak-jwi
Hermelin (n)	북방족제비	buk-bang-jok-je-bi
Zobel (m)	검은담비	geo-meun-dam-bi
Marder (m)	담비	dam-bi
Nerz (m)	밍크	ming-keu
Biber (m)	비버	bi-beo
Fischotter (m)	수달	su-dal

Pferd (n)	말	mal
Elch (m)	엘크, 무스	el-keu, mu-seu
Hirsch (m)	사슴	sa-seum
Kamel (n)	낙타	nak-ta
Bison (m)	미국들소	mi-guk-deul-so
Wisent (m)	유럽들소	yu-reop-deul-so
Büffel (m)	물소	mul-so
Zebra (n)	얼룩말	eol-lung-mal
Antilope (f)	영양	yeong-yang
Reh (n)	노루	no-ru
Damhirsch (m)	다마사슴	da-ma-sa-seum
Gämse (f)	샤모아	sya-mo-a
Wildschwein (n)	멧돼지	met-dwae-ji
Wal (m)	고래	go-rae
Seehund (m)	바다표범	ba-da-pyo-beom
Walroß (n)	바다코끼리	ba-da-ko-kki-ri
Seebär (m)	물개	mul-gae
Delfin (m)	돌고래	dol-go-rae
Bär (m)	곰	gom
Eisbär (m)	북극곰	buk-geuk-gom
Panda (m)	판다	pan-da
Affe (m)	원숭이	won-sung-i
Schimpanse (m)	침팬지	chim-paen-ji
Orang-Utan (m)	오랑우탄	o-rang-u-tan
Gorilla (m)	고릴라	go-ril-la
Makak (m)	마카크	ma-ka-keu
Gibbon (m)	긴팔원숭이	gin-pa-rwon-sung-i
Elefant (m)	코끼리	ko-kki-ri
Nashorn (n)	코뿔소	ko-ppul-so
Giraffe (f)	기린	gi-rin
Flusspferd (n)	하마	ha-ma
Känguru (n)	캥거루	kaeng-geo-ru
Koala (m)	코알라	ko-al-la
Manguste (f)	몽구스	mong-gu-seu
Chinchilla (n)	친칠라	chin-chil-la
Stinktier (n)	스컹크	seu-keong-keu
Stachelschwein (n)	호저	ho-jeo

212. Haustiere

Katze (f)	고양이	go-yang-i
Kater (m)	수고양이	su-go-yang-i
Pferd (n)	말	mal
Hengst (m)	수말, 종마	su-mal, jong-ma
Stute (f)	암말	am-mal

Kuh (f)	암소	am-so
Stier (m)	황소	hwang-so
Ochse (m)	수소	su-so
Schaf (n)	양, 암양	yang, a-myang
Widder (m)	수양	su-yang
Ziege (f)	염소	yeom-so
Ziegenbock (m)	숫염소	sun-nyeom-so
Esel (m)	당나귀	dang-na-gwi
Maultier (n)	노새	no-sae
Schwein (n)	돼지	dwae-ji
Ferkel (n)	돼지 새끼	dwae-ji sae-kki
Kaninchen (n)	집토끼	jip-to-kki
Huhn (n)	암탉	am-tak
Hahn (m)	수탉	su-tak
Ente (f)	집오리	ji-bo-ri
Enterich (m)	수오리	su-o-ri
Gans (f)	집거위	jip-geo-wi
Puter (m)	수칠면조	su-chil-myeon-jo
Pute (f)	칠면조	chil-myeon-jo
Haustiere (pl)	가축	ga-chuk
zahm	길들여진	gil-deu-ryeo-jin
zähmen (vt)	길들이다	gil-deu-ri-da
züchten (vt)	사육하다, 기르다	sa-yuk-a-da, gi-reu-da
Farm (f)	농장	nong-jang
Geflügel (n)	가금	ga-geum
Vieh (n)	가축	ga-chuk
Herde (f)	떼	tte
Pferdestall (m)	마구간	ma-gu-gan
Schweinestall (m)	돼지 우리	dwae-ji u-ri
Kuhstall (m)	외양간	oe-yang-gan
Kaninchenstall (m)	토끼장	to-kki-jang
Hühnerstall (m)	닭장	dak-jang

213. Hunde. Hunderassen

Hund (m)	개	gae
Schäferhund (m)	양치기 개	yang-chi-gi gae
Pudel (m)	푸들	pu-deul
Dachshund (m)	닥스훈트	dak-seu-hun-teu
Bulldogge (f)	불독	bul-dok
Boxer (m)	복서	bok-seo
Mastiff (m)	매스티프	mae-seu-ti-peu
Rottweiler (m)	로트와일러	ro-teu-wa-il-leo
Dobermann (m)	도베르만	do-be-reu-man

Basset (m)	바셋 하운드	ba-set ta-un-deu
Bobtail (m)	밥테일	bap-te-il
Dalmatiner (m)	달마시안	dal-ma-si-an
Cocker-Spaniel (m)	코커 스패니얼	ko-keo seu-pae-ni-eol
Neufundländer (m)	뉴펀들랜드	nyu-peon-deul-laen-deu
Bernhardiner (m)	세인트버나드	se-in-teu-beo-na-deu
Eskimohund (m)	허스키	heo-seu-ki
Spitz (m)	스피츠	seu-pi-cheu
Mops (m)	퍼그	peo-geu

214. Tierlaute

Gebell (n)	짖는 소리	jin-neun so-ri
bellen (vi)	짖다	jit-da
miauen (vi)	야옹 하고 울다	ya-ong ha-go ul-da
schnurren (Katze)	목을 가르랑거리다	mo-geul ga-reu-rang-geo-ri-da
muhen (vi)	음매 울다	eum-mae ul-da
brüllen (Stier)	우렁찬 소리를 내다	u-reong-chan so-ri-reul lae-da
knurren (Hund usw.)	으르렁거리다	eu-reu-reong-geo-ri-da
Heulen (n)	울부짖음	ul-bu-ji-jeum
heulen (vi)	울다	ul-da
winseln (vi)	낑낑거리다	kking-kking-geo-ri-da
meckern (Ziege)	매애하고 울다	mae-ae-ha-go ul-da
grunzen (vi)	꿀꿀거리다	kkul-kkul-geo-ri-da
kreischen (vi)	하는 소리를 내다	ha-neun so-ri-reul lae-da
quaken (vi)	개골개골하다	gae-gol-gae-gol-ha-da
summen (Insekt)	윙윙거리다	wing-wing-geo-ri-da
zirpen (vi)	찌르찌르 울다	jji-reu-jji-reu ul-da

215. Jungtiere

Tierkind (n)	새끼	sae-kki
Kätzchen (n)	새끼고양이	sae-kki-go-yang-i
Mausjunge (n)	아기 생쥐	a-gi saeng-jwi
Hündchen (n), Welpe (m)	강아지	gang-a-ji
Häschen (n)	토끼의 새끼	to-kki-ui sae-kki
Kaninchenjunge (n)	집토끼의 새끼	jip-to-kki-ui sae-kki
Wolfsjunge (n)	이리 새끼	i-ri sae-kki
Fuchsjunge (n)	여우 새끼	yeo-u sae-kki
Bärenjunge (n)	곰 새끼	gom sae-kki
Löwenjunge (n)	사자의 새끼	sa-ja-ui sae-kki
junger Tiger (m)	호랑이 새끼	ho-rang-i sae-kki

Elefantenjunge (n)	코끼리의 새끼	ko-kki-ri-ui sae-kki
Ferkel (n)	돼지 새끼	dwae-ji sae-kki
Kalb (junge Kuh)	송아지	song-a-ji
Ziegenkitz (n)	염소의 새끼	yeom-so-ui sae-kki
Lamm (n)	어린 양	eo-rin nyang
Hirschkalb (n)	새끼 사슴	sae-kki sa-seum
Kamelfohlen (n)	낙타새끼	nak-ta-sae-kki
junge Schlange (f)	새끼 뱀	sae-kki baem
Fröschlein (n)	새끼 개구리	sae-kki gae-gu-ri
junger Vogel (m)	새 새끼	sae sae-kki
Küken (n)	병아리	byeong-a-ri
Entlein (n)	오리새끼	o-ri-sae-kki

216. Vögel

Vogel (m)	새	sae
Taube (f)	비둘기	bi-dul-gi
Spatz (m)	참새	cham-sae
Meise (f)	박새	bak-sae
Elster (f)	까치	kka-chi
Rabe (m)	갈가마귀	gal-ga-ma-gwi
Krähe (f)	까마귀	kka-ma-gwi
Dohle (f)	갈가마귀	gal-ga-ma-gwi
Saatkrähe (f)	떼까마귀	ttae-kka-ma-gwi
Ente (f)	오리	o-ri
Gans (f)	거위	geo-wi
Fasan (m)	꿩	kkwong
Adler (m)	독수리	dok-su-ri
Habicht (m)	매	mae
Falke (m)	매	mae
Greif (m)	독수리, 콘도르	dok-su-ri, kon-do-reu
Kondor (m)	콘도르	kon-do-reu
Schwan (m)	백조	baek-jo
Kranich (m)	두루미	du-ru-mi
Storch (m)	황새	hwang-sae
Papagei (m)	앵무새	aeng-mu-sae
Kolibri (m)	벌새	beol-sae
Pfau (m)	공작	gong-jak
Strauß (m)	타조	ta-jo
Reiher (m)	왜가리	wae-ga-ri
Flamingo (m)	플라밍고	peul-la-ming-go
Pelikan (m)	펠리컨	pel-li-keon
Nachtigall (f)	나이팅게일	na-i-ting-ge-il
Schwalbe (f)	제비	je-bi
Drossel (f)	지빠귀	ji-ppa-gwi

Singdrossel (f)	노래지빠귀	no-rae-ji-ppa-gwi
Amsel (f)	대륙검은지빠귀	dae-ryuk-geo-meun-ji-ppa-gwi
Segler (m)	칼새	kal-sae
Lerche (f)	종다리	jong-da-ri
Wachtel (f)	메추라기	me-chu-ra-gi
Specht (m)	딱따구리	ttak-tta-gu-ri
Kuckuck (m)	뻐꾸기	ppeo-kku-gi
Eule (f)	올빼미	ol-ppae-mi
Uhu (m)	수리부엉이	su-ri-bu-eong-i
Auerhahn (m)	큰뇌조	keun-noe-jo
Birkhahn (m)	멧닭	met-dak
Rebhuhn (n)	자고	ja-go
Star (m)	찌르레기	jji-reu-re-gi
Kanarienvogel (m)	카나리아	ka-na-ri-a
Buchfink (m)	되새	doe-sae
Gimpel (m)	피리새	pi-ri-sae
Möwe (f)	갈매기	gal-mae-gi
Albatros (m)	신천옹	sin-cheon-ong
Pinguin (m)	펭귄	peng-gwin

217. Vögel. Gesang und Laute

singen (vt)	노래하다	no-rae-ha-da
schreien (vi)	울다	ul-da
kikeriki schreien	꼬끼오 하고 울다	kko-kki-o ha-go ul-da
kikeriki	꼬끼오	kko-kki-o
gackern (vi)	꼬꼬댁거리다	kko-kko-daek-geo-ri-da
krächzen (vi)	까악까악 울다	kka-ak-kka-ak gul-da
schnattern (Ente)	꽥꽥 울다	kkwaek-kkwaek gul-da
piepsen (vi)	삐약삐약 울다	ppi-yak-ppi-yak gul-da
zwitschern (vi)	짹짹 울다	jjaek-jjaek gul-da

218. Fische. Meerestiere

Brachse (f)	도미류	do-mi-ryu
Karpfen (m)	잉어	ing-eo
Barsch (m)	농어의 일종	nong-eo-ui il-jong
Wels (m)	메기	me-gi
Hecht (m)	북부민물꼬치고기	buk-bu-min-mul-kko-chi-go-gi
Lachs (m)	연어	yeon-eo
Stör (m)	철갑상어	cheol-gap-sang-eo
Hering (m)	청어	cheong-eo
atlantische Lachs (m)	대서양 연어	dae-seo-yang yeon-eo
Makrele (f)	고등어	go-deung-eo

Scholle (f)	넙치	neop-chi
Dorsch (m)	대구	dae-gu
Tunfisch (m)	참치	cham-chi
Forelle (f)	송어	song-eo
Aal (m)	뱀장어	baem-jang-eo
Zitterrochen (m)	시끈가오리	si-kkeun-ga-o-ri
Muräne (f)	곰치	gom-chi
Piranha (m)	피라니아	pi-ra-ni-a
Hai (m)	상어	sang-eo
Delfin (m)	돌고래	dol-go-rae
Wal (m)	고래	go-rae
Krabbe (f)	게	ge
Meduse (f)	해파리	hae-pa-ri
Krake (m)	낙지	nak-ji
Seestern (m)	불가사리	bul-ga-sa-ri
Seeigel (m)	성게	seong-ge
Seepferdchen (n)	해마	hae-ma
Auster (f)	굴	gul
Garnele (f)	새우	sae-u
Hummer (m)	바닷가재	ba-dat-ga-jae
Languste (f)	대하	dae-ha

219. Amphibien Reptilien

Schlange (f)	뱀	baem
Gift-, giftig	독이 있는	do-gi in-neun
Viper (f)	살무사	sal-mu-sa
Kobra (f)	코브라	ko-beu-ra
Python (m)	비단뱀	bi-dan-baem
Boa (f)	보아	bo-a
Ringelnatter (f)	풀뱀	pul-baem
Klapperschlange (f)	방울뱀	bang-ul-baem
Anakonda (f)	아나콘다	a-na-kon-da
Eidechse (f)	도마뱀	do-ma-baem
Leguan (m)	이구아나	i-gu-a-na
Salamander (m)	도롱뇽	do-rong-nyong
Chamäleon (n)	카멜레온	ka-mel-le-on
Skorpion (m)	전갈	jeon-gal
Schildkröte (f)	거북	geo-buk
Frosch (m)	개구리	gae-gu-ri
Kröte (f)	두꺼비	du-kkeo-bi
Krokodil (n)	악어	a-geo

220. Insekten

Insekt (n)	곤충	gon-chung
Schmetterling (m)	나비	na-bi
Ameise (f)	개미	gae-mi
Fliege (f)	파리	pa-ri
Mücke (f)	모기	mo-gi
Käfer (m)	딱정벌레	ttak-jeong-beol-le
Wespe (f)	말벌	mal-beol
Biene (f)	꿀벌	kkul-beol
Hummel (f)	호박벌	ho-bak-beol
Bremse (f)	쇠파리	soe-pa-ri
Spinne (f)	거미	geo-mi
Spinnennetz (n)	거미줄	geo-mi-jul
Libelle (f)	잠자리	jam-ja-ri
Grashüpfer (m)	메뚜기	me-ttu-gi
Schmetterling (m)	나방	na-bang
Schabe (f)	바퀴벌레	ba-kwi-beol-le
Zecke (f)	진드기	jin-deu-gi
Floh (m)	벼룩	byeo-ruk
Kriebelmücke (f)	깔따구	kkal-tta-gu
Heuschrecke (f)	메뚜기	me-ttu-gi
Schnecke (f)	달팽이	dal-paeng-i
Heimchen (n)	귀뚜라미	gwi-ttu-ra-mi
Leuchtkäfer (m)	개똥벌레	gae-ttong-beol-le
Marienkäfer (m)	무당벌레	mu-dang-beol-le
Maikäfer (m)	왕풍뎅이	wang-pung-deng-i
Blutegel (m)	거머리	geo-meo-ri
Raupe (f)	애벌레	ae-beol-le
Wurm (m)	지렁이	ji-reong-i
Larve (f)	애벌레	ae-beol-le

221. Tiere. Körperteile

Schnabel (m)	부리	bu-ri
Flügel (pl)	날개	nal-gae
Fuß (m)	다리	da-ri
Gefieder (n)	깃털	git-teol
Feder (f)	깃털	git-teol
Haube (f)	볏	byeot
Kiemen (pl)	아가미	a-ga-mi
Laich (m)	알을 낳다	a-reul la-ta
Larve (f)	애벌레	ae-beol-le
Flosse (f)	지느러미	ji-neu-reo-mi
Schuppe (f)	비늘	bi-neul
Stoßzahn (m)	송곳니	song-gon-ni

Pfote (f)	발	bal
Schnauze (f)	주둥이	ju-dung-i
Rachen (m)	입	ip
Schwanz (m)	꼬리	kko-ri
Barthaar (n)	수염	su-yeom
Huf (m)	발굽	bal-gup
Horn (n)	뿔	ppul
Panzer (m)	등딱지	deung-ttak-ji
Muschel (f)	조개 껍질	jo-gae kkeop-jil
Schale (f)	달걀 껍질	dal-gyal kkeop-jil
Fell (n)	털	teol
Haut (f)	가죽	ga-juk

222. Tierverhalten

fliegen (vi)	날다	nal-da
herumfliegen (vi)	선회하다	seon-hoe-ha-da
wegfliegen (vi)	날아가버리다	na-ra-ga-beo-ri-da
schlagen (mit den Flügeln ~)	날개를 치다	nal-gae-reul chi-da
picken (vt)	쪼다	jjo-da
bebrüten (vt)	알을 품다	a-reul pum-da
ausschlüpfen (vi)	까다	kka-da
ein Nest bauen	보금자리를 짓다	bo-geum-ja-ri-reul jit-da
kriechen (vi)	기다	gi-da
stechen (Insekt)	물다	mul-da
beißen (vt)	물다	mul-da
schnüffeln (vt)	냄새맡다	naem-sae-mat-da
bellen (vi)	짖다	jit-da
zischen (vi)	쉬익하는 소리를 내다	swi-ik-a-neun so-ri-reul lae-da
erschrecken (vt)	겁주다	geop-ju-da
angreifen (vt)	공격하다	gong-gyeo-ka-da
nagen (vi)	쏠다	ssol-da
kratzen (vt)	할퀴다	hal-kwi-da
sich verstecken	숨기다	sum-gi-da
spielen (vi)	놀다	nol-da
jagen (vi)	사냥하다	sa-nyang-ha-da
Winterschlaf halten	동면하다	dong-myeon-ha-da
aussterben (vi)	멸종하다	myeol-jong-ha-da

223. Tiere. Lebensräume

Lebensraum (f)	서식지	seo-sik-ji
Wanderung (f)	이동	i-dong

Berg (m)	산	san
Riff (n)	암초	am-cho
Fels (m)	절벽	jeol-byeok
Wald (m)	숲	sup
Dschungel (m, n)	정글	jeong-geul
Savanne (f)	대초원	dae-cho-won
Tundra (f)	툰드라	tun-deu-ra
Steppe (f)	스텝 지대	seu-tep ji-dae
Wüste (f)	사막	sa-mak
Oase (f)	오아시스	o-a-si-seu
Meer (n), See (f)	바다	ba-da
See (m)	호수	ho-su
Ozean (m)	대양	dae-yang
Sumpf (m)	늪, 소택지	neup, so-taek-ji
Süßwasser-	민물의	min-mu-rui
Teich (m)	연못	yeon-mot
Fluss (m)	강	gang
Höhle (f), Bau (m)	굴	gul
Nest (n)	둥지	dung-ji
Höhlung (f)	구멍	gu-meong
Loch (z.B. Wurmloch)	굴	gul
Ameisenhaufen (m)	개미탑	gae-mi-tap

224. Tierpflege

Zoo (m)	동물원	dong-mu-rwon
Schutzgebiet (n)	자연 보호구역	ja-yeon bo-ho-gu-yeok
Zucht (z.B. Hunde~)	사육장	sa-yuk-jang
Freigehege (n)	야외 사육장	ya-oe sa-yuk-jang
Käfig (m)	우리	u-ri
Hundehütte (f)	개집	gae-jip
Taubenschlag (m)	비둘기장	bi-dul-gi-jang
Aquarium (n)	어항	eo-hang
züchten (vt)	사육하다, 기르다	sa-yuk-a-da, gi-reu-da
Wurf (m)	한 배 새끼	han bae sae-kki
zähmen (vt)	길들이다	gil-deu-ri-da
dressieren (vt)	가르치다	ga-reu-chi-da
Futter (n)	먹이	meo-gi
füttern (vt)	먹이다	meo-gi-da
Zoohandlung (f)	애완 동물 상점	ae-wan dong-mul sang-jeom
Maulkorb (m)	입마개	im-ma-gae
Halsband (n)	개목걸이	gae-mok-geo-ri
Rufname (m)	이름	i-reum
Stammbaum (m)	족보	gye-tong yeon-gu

225. Tiere. Verschiedenes

Rudel (Wölfen)	떼	tte
Vogelschwarm (m)	새 떼	sae tte
Schwarm (~ Heringe usw.)	떼	tte
Pferdeherde (f)	무리	mu-ri
Männchen (n)	수컷	su-keot
Weibchen (n)	암컷	am-keot
hungrig	배고픈	bae-go-peun
wild	야생의	ya-saeng-ui
gefährlich	위험한	wi-heom-han

226. Pferde

Rasse (f)	품종	pum-jong
Fohlen (n)	망아지	mang-a-ji
Stute (f)	암말	am-mal
Mustang (m)	무스탕	mu-seu-tang
Pony (n)	조랑말	jo-rang-mal
schweres Zugpferd (n)	짐수레말	jim-su-re-mal
Mähne (f)	갈기	gal-gi
Schwanz (m)	꼬리	kko-ri
Huf (m)	발굽	bal-gup
Hufeisen (n)	편자	pyeon-ja
beschlagen (vt)	편자를 박다	pyeon-ja-reul bak-da
Schmied (m)	편자공	pyeon-ja-gong
Sattel (m)	안장	an-jang
Steigbügel (m)	등자	deung-ja
Zaum (m)	굴레	gul-le
Zügel (pl)	고삐	go-ppi
Peitsche (f)	채찍	chae-jjik
Reiter (m)	기수는	gi-su-neun
satteln (vt)	안장을 얹다	an-jang-eul reon-da
besteigen (vt)	말에 타다	ma-re ta-da
Galopp (m)	갤럽	gael-leop
galoppieren (vi)	전속력으로 달리다	jeon-song-nyeo-geu-ro dal-li-da
Trab (m)	속보	sok-bo
im Trab	속보로	sok-bo-ro
Rennpferd (n)	경마용 말	gyeong-ma-yong mal
Rennen (n)	경마	gyeong-ma
Pferdestall (m)	마구간	ma-gu-gan
füttern (vt)	먹이다	meo-gi-da

Heu (n)	건초	geon-cho
tränken (vt)	물을 먹이다	mu-reul meo-gi-da
striegeln (vt)	씻기다	ssit-gi-da
weiden (vi)	풀을 뜯다	pu-reul tteut-da
wiehern (vi)	울다	ul-da
ausschlagen (Pferd)	걷어차다	geo-deo-cha-da

Flora

227. Bäume

Baum (m)	나무	na-mu
Laub-	낙엽수의	na-gyeop-su-ui
Nadel-	침엽수의	chi-myeop-su-ui
immergrün	상록의	sang-no-gui
Apfelbaum (m)	사과나무	sa-gwa-na-mu
Birnbaum (m)	배나무	bae-na-mu
Kirschbaum (m)	벚나무	beon-na-mu
Pflaumenbaum (m)	자두나무	ja-du-na-mu
Birke (f)	자작나무	ja-jang-na-mu
Eiche (f)	오크	o-keu
Linde (f)	보리수	bo-ri-su
Espe (f)	사시나무	sa-si-na-mu
Ahorn (m)	단풍나무	dan-pung-na-mu
Fichte (f)	가문비나무	ga-mun-bi-na-mu
Kiefer (f)	소나무	so-na-mu
Lärche (f)	낙엽송	na-gyeop-song
Tanne (f)	전나무	jeon-na-mu
Zeder (f)	시다	si-da
Pappel (f)	포플러	po-peul-leo
Vogelbeerbaum (m)	마가목	ma-ga-mok
Weide (f)	버드나무	beo-deu-na-mu
Erle (f)	오리나무	o-ri-na-mu
Buche (f)	너도밤나무	neo-do-bam-na-mu
Ulme (f)	느릅나무	neu-reum-na-mu
Esche (f)	물푸레나무	mul-pu-re-na-mu
Kastanie (f)	밤나무	bam-na-mu
Magnolie (f)	목련	mong-nyeon
Palme (f)	야자나무	ya-ja-na-mu
Zypresse (f)	사이프러스	sa-i-peu-reo-seu
Mangrovenbaum (m)	맹그로브	maeng-geu-ro-beu
Baobab (m)	바오밥나무	ba-o-bam-na-mu
Eukalyptus (m)	유칼립투스	yu-kal-lip-tu-seu
Mammutbaum (m)	세쿼이아	se-kwo-i-a

228. Büsche

Strauch (m)	덤불	deom-bul
Gebüsch (n)	관목	gwan-mok

Weinstock (m)	포도 덩굴	po-do deong-gul
Weinberg (m)	포도밭	po-do-bat
Himbeerstrauch (m)	라즈베리	ra-jeu-be-ri
rote Johannisbeere (f)	레드커런트 나무	re-deu-keo-reon-teu na-mu
Stachelbeerstrauch (m)	구스베리 나무	gu-seu-be-ri na-mu
Akazie (f)	아카시아	a-ka-si-a
Berberitze (f)	매자나무	mae-ja-na-mu
Jasmin (m)	재스민	jae-seu-min
Wacholder (m)	두송	du-song
Rosenstrauch (m)	장미 덤불	jang-mi deom-bul
Heckenrose (f)	찔레나무	jjil-le-na-mu

229. Pilze

Pilz (m)	버섯	beo-seot
essbarer Pilz (m)	식용 버섯	si-gyong beo-seot
Giftpilz (m)	독버섯	dok-beo-seot
Hut (m)	버섯의 갓	beo-seos-ui gat
Stiel (m)	줄기	jul-gi
Rotkappe (f)	등색껄껄이그물버섯	deung-saek-kkeol-kkeo-ri-geu-mul-beo-seot
Birkenpilz (m)	거친껄껄이그물버섯	geo-chin-kkeol-kkeo-ri-geu-mul-beo-seot
Pfifferling (m)	살구버섯	sal-gu-beo-seot
Täubling (m)	무당버섯	mu-dang-beo-seot
Morchel (f)	곰보버섯	gom-bo-beo-seot
Fliegenpilz (m)	광대버섯	gwang-dae-beo-seot
Grüner Knollenblätterpilz	알광대버섯	al-gwang-dae-beo-seot

230. Obst. Beeren

Apfel (m)	사과	sa-gwa
Birne (f)	배	bae
Pflaume (f)	자두	ja-du
Erdbeere (f)	딸기	ttal-gi
Sauerkirsche (f)	신양	si-nyang
Süßkirsche (f)	양벚나무	yang-beon-na-mu
Weintrauben (pl)	포도	po-do
Himbeere (f)	라즈베리	ra-jeu-be-ri
schwarze Johannisbeere (f)	블랙커렌트	beul-laek-keo-ren-teu
rote Johannisbeere (f)	레드커렌트	re-deu-keo-ren-teu
Stachelbeere (f)	구스베리	gu-seu-be-ri
Moosbeere (f)	크랜베리	keu-raen-be-ri
Apfelsine (f)	오렌지	o-ren-ji
Mandarine (f)	귤	gyul

Ananas (f)	파인애플	pa-in-ae-peul
Banane (f)	바나나	ba-na-na
Dattel (f)	대추야자	dae-chu-ya-ja
Zitrone (f)	레몬	re-mon
Aprikose (f)	살구	sal-gu
Pfirsich (m)	복숭아	bok-sung-a
Kiwi (f)	키위	ki-wi
Grapefruit (f)	자몽	ja-mong
Beere (f)	장과	jang-gwa
Beeren (pl)	장과류	jang-gwa-ryu
Preiselbeere (f)	월귤나무	wol-gyul-la-mu
Walderdbeere (f)	야생딸기	ya-saeng-ttal-gi
Heidelbeere (f)	빌베리	bil-be-ri

231. Blumen. Pflanzen

Blume (f)	꽃	kkot
Blumenstrauß (m)	꽃다발	kkot-da-bal
Rose (f)	장미	jang-mi
Tulpe (f)	튤립	tyul-lip
Nelke (f)	카네이션	ka-ne-i-syeon
Gladiole (f)	글라디올러스	geul-la-di-ol-leo-seu
Kornblume (f)	수레국화	su-re-guk-wa
Glockenblume (f)	실잔대	sil-jan-dae
Löwenzahn (m)	민들레	min-deul-le
Kamille (f)	캐모마일	kae-mo-ma-il
Aloe (f)	알로에	al-lo-e
Kaktus (m)	선인장	seon-in-jang
Gummibaum (m)	고무나무	go-mu-na-mu
Lilie (f)	백합	baek-ap
Geranie (f)	제라늄	je-ra-nyum
Hyazinthe (f)	히아신스	hi-a-sin-seu
Mimose (f)	미모사	mi-mo-sa
Narzisse (f)	수선화	su-seon-hwa
Kapuzinerkresse (f)	한련	hal-lyeon
Orchidee (f)	난초	nan-cho
Pfingstrose (f)	모란	mo-ran
Veilchen (n)	바이올렛	ba-i-ol-let
Stiefmütterchen (n)	팬지	paen-ji
Vergissmeinnicht (n)	물망초	mul-mang-cho
Gänseblümchen (n)	데이지	de-i-ji
Mohn (m)	양귀비	yang-gwi-bi
Hanf (m)	삼	sam
Minze (f)	박하	bak-a

Maiglöckchen (n)	은방울꽃	eun-bang-ul-kkot
Schneeglöckchen (n)	스노드롭	seu-no-deu-rop
Brennnessel (f)	쐐기풀	sswae-gi-pul
Sauerampfer (m)	수영	su-yeong
Seerose (f)	수련	su-ryeon
Farn (m)	고사리	go-sa-ri
Flechte (f)	이끼	i-kki
Gewächshaus (n)	온실	on-sil
Rasen (m)	잔디	jan-di
Blumenbeet (n)	꽃밭	kkot-bat
Pflanze (f)	식물	sing-mul
Gras (n)	풀	pul
Grashalm (m)	풀잎	pu-rip
Blatt (n)	잎	ip
Blütenblatt (n)	꽃잎	kko-chip
Stiel (m)	줄기	jul-gi
Knolle (f)	구근	gu-geun
Jungpflanze (f)	새싹	sae-ssak
Dorn (m)	가시	ga-si
blühen (vi)	피우다	pi-u-da
welken (vi)	시들다	si-deul-da
Geruch (m)	향기	hyang-gi
abschneiden (vt)	자르다	ja-reu-da
pflücken (vt)	따다	tta-da

232. Getreide, Körner

Getreide (n)	곡물	gong-mul
Getreidepflanzen (pl)	곡류	gong-nyu
Ähre (f)	이삭	i-sak
Weizen (m)	밀	mil
Roggen (m)	호밀	ho-mil
Hafer (m)	귀리	gwi-ri
Hirse (f)	수수, 기장	su-su, gi-jang
Gerste (f)	보리	bo-ri
Mais (m)	옥수수	ok-su-su
Reis (m)	쌀	ssal
Buchweizen (m)	메밀	me-mil
Erbse (f)	완두	wan-du
weiße Bohne (f)	강낭콩	gang-nang-kong
Sojabohne (f)	콩	kong
Linse (f)	렌즈콩	ren-jeu-kong
Bohnen (pl)	콩	kong

233. Gemüse. Grünzeug

Gemüse (n)	채소	chae-so
grünes Gemüse (pl)	녹황색 채소	nok-wang-saek chae-so
Tomate (f)	토마토	to-ma-to
Gurke (f)	오이	o-i
Karotte (f)	당근	dang-geun
Kartoffel (f)	감자	gam-ja
Zwiebel (f)	양파	yang-pa
Knoblauch (m)	마늘	ma-neul
Kohl (m)	양배추	yang-bae-chu
Blumenkohl (m)	컬리플라워	keol-li-peul-la-wo
Rosenkohl (m)	방울다다기 양배추	bang-ul-da-da-gi yang-bae-chu
Rote Bete (f)	비트	bi-teu
Aubergine (f)	가지	ga-ji
Zucchini (f)	애호박	ae-ho-bak
Kürbis (m)	호박	ho-bak
Rübe (f)	순무	sun-mu
Petersilie (f)	파슬리	pa-seul-li
Dill (m)	딜	dil
Kopf Salat (m)	양상추	yang-sang-chu
Sellerie (m)	셀러리	sel-leo-ri
Spargel (m)	아스파라거스	a-seu-pa-ra-geo-seu
Spinat (m)	시금치	si-geum-chi
Erbse (f)	완두	wan-du
Bohnen (pl)	콩	kong
Mais (m)	옥수수	ok-su-su
weiße Bohne (f)	강낭콩	gang-nang-kong
Pfeffer (m)	피망	pi-mang
Radieschen (n)	무	mu
Artischocke (f)	아티초크	a-ti-cho-keu

REGIONALE GEOGRAPHIE

Länder. Nationalitäten

234. Westeuropa

Europa (n)	유럽	yu-reop
Europäische Union (f)	유럽 연합	yu-reop byeon-hap
Europäer (m)	유럽 사람	yu-reop sa-ram
europäisch	유럽의	yu-reo-bui
Österreich	오스트리아	o-seu-teu-ri-a
Österreicher (m)	오스트리아 사람	o-seu-teu-ri-a sa-ram
Österreicherin (f)	오스트리아 사람	o-seu-teu-ri-a sa-ram
österreichisch	오스트리아의	o-seu-teu-ri-a-ui
Großbritannien	영국	yeong-guk
England	잉글랜드	ing-geul-laen-deu
Brite (m)	영국 남자	yeong-guk nam-ja
Britin (f)	영국 여성	yeong-guk gyeo-ja
englisch	영국의	yeong-gu-gui
Belgien	벨기에	bel-gi-e
Belgier (m)	벨기에 사람	bel-gi-e sa-ram
Belgierin (f)	벨기에 사람	bel-gi-e sa-ram
belgisch	벨기에의	bel-gi-e-ui
Deutschland	독일	do-gil
Deutsche (m)	독일 사람	do-gil sa-ram
Deutsche (f)	독일 사람	do-gil sa-ram
deutsch	독일의	do-gi-rui
Niederlande (f)	네덜란드	ne-deol-lan-deu
Holland (n)	네덜란드	ne-deol-lan-deu
Holländer (m)	네덜란드 사람	ne-deol-lan-deu sa-ram
Holländerin (f)	네덜란드 사람	ne-deol-lan-deu sa-ram
holländisch	네덜란드의	ne-deol-lan-deu-ui
Griechenland	그리스	geu-ri-seu
Grieche (m)	그리스 사람	geu-ri-seu sa-ram
Griechin (f)	그리스 사람	geu-ri-seu sa-ram
griechisch	그리스의	geu-ri-seu-ui
Dänemark	덴마크	den-ma-keu
Däne (m)	덴마크 사람	den-ma-keu sa-ram
Dänin (f)	덴마크 사람	den-ma-keu sa-ram
dänisch	덴마크의	den-ma-keu-ui
Irland	아일랜드	a-il-laen-deu
Ire (m)	아일랜드 사람	a-il-laen-deu sa-ram

Irin (f)	아일랜드 사람	a-il-laen-deu sa-ram
irisch	아일랜드의	a-il-laen-deu-ui
Island	아이슬란드	a-i-seul-lan-deu
Isländer (m)	아이슬란드 사람	a-i-seul-lan-deu sa-ram
Isländerin (f)	아이슬란드 사람	a-i-seul-lan-deu sa-ram
isländisch	아이슬란드의	a-i-seul-lan-deu-ui
Spanien	스페인	seu-pe-in
Spanier (m)	스페인 사람	seu-pe-in sa-ram
Spanierin (f)	스페인 사람	seu-pe-in sa-ram
spanisch	스페인의	seu-pe-in-ui
Italien	이탈리아	i-tal-li-a
Italiener (m)	이탈리아 사람	i-tal-li-a sa-ram
Italienerin (f)	이탈리아 사람	i-tal-li-a sa-ram
italienisch	이탈리아의	i-tal-li-a-ui
Zypern	키프로스	ki-peu-ro-seu
Zypriot (m)	키프로스 사람	ki-peu-ro-seu sa-ram
Zypriotin (f)	키프로스 사람	ki-peu-ro-seu sa-ram
zyprisch	키프로스의	ki-peu-ro-seu-ui
Malta	몰타	mol-ta
Malteser (m)	몰타 사람	mol-ta sa-ram
Malteserin (f)	몰타 사람	mol-ta sa-ram
maltesisch	몰타의	mol-ta-ui
Norwegen	노르웨이	no-reu-we-i
Norweger (m)	노르웨이 사람	no-reu-we-i sa-ram
Norwegerin (f)	노르웨이사람	no-reu-we-i sa-ram
norwegisch	노르웨이의	no-reu-we-i-ui
Portugal	포르투갈	po-reu-tu-gal
Portugiese (m)	포르투갈 사람	po-reu-tu-gal sa-ram
Portugiesin (f)	포르투갈 사람	po-reu-tu-gal sa-ram
portugiesisch	포르투갈의	po-reu-tu-ga-rui
Finnland	핀란드	pil-lan-deu
Finne (m)	핀란드 사람	pil-lan-deu sa-ram
Finnin (f)	핀란드사람	pil-lan-deu-sa-ram
finnisch	핀란드의	pil-lan-deu-ui
Frankreich	프랑스	peu-rang-seu
Franzose (m)	프랑스 사람	peu-rang-seu sa-ram
Französin (f)	프랑스 사람	peu-rang-seu sa-ram
französisch	프랑스의	peu-rang-seu-ui
Schweden	스웨덴	seu-we-den
Schwede (m)	스웨덴 사람	seu-we-den sa-ram
Schwedin (f)	스웨덴 사람	seu-we-den sa-ram
schwedisch	스웨덴의	seu-we-den-ui
Schweiz (f)	스위스	seu-wi-seu
Schweizer (m)	스위스 사람	seu-wi-seu sa-ram
Schweizerin (f)	스위스 사람	seu-wi-seu sa-ram

schweizerisch	스위스의	seu-wi-seu-ui
Schottland	스코틀랜드	seu-ko-teul-laen-deu
Schotte (m)	스코틀랜드 사람	seu-ko-teul-laen-deu sa-ram
Schottin (f)	스코틀랜드 사람	seu-ko-teul-laen-deu sa-ram
schottisch	스코틀랜드의	seu-ko-teul-laen-deu-ui
Vatikan (m)	바티칸	ba-ti-kan
Liechtenstein	리히텐슈타인	ri-hi-ten-syu-ta-in
Luxemburg	룩셈부르크	ruk-sem-bu-reu-keu
Monaco	모나코	mo-na-ko

235. Mittel- und Osteuropa

Albanien	알바니아	al-ba-ni-a
Albaner (m)	알바니아 사람	al-ba-ni-a sa-ram
Albanerin (f)	알바니아 사람	al-ba-ni-a sa-ram
albanisch	알바니아의	al-ba-ni-a-ui
Bulgarien	불가리아	bul-ga-ri-a
Bulgare (m)	불가리아 사람	bul-ga-ri-a sa-ram
Bulgarin (f)	불가리아 사람	bul-ga-ri-a sa-ram
bulgarisch	불가리아의	bul-ga-ri-a-ui
Ungarn	헝가리	heong-ga-ri
Ungar (m)	헝가리 사람	heong-ga-ri sa-ram
Ungarin (f)	헝가리 사람	heong-ga-ri sa-ram
ungarisch	헝가리의	heong-ga-ri-ui
Lettland	라트비아	ra-teu-bi-a
Lette (m)	라트비아 사람	ra-teu-bi-a sa-ram
Lettin (f)	라트비아 사람	ra-teu-bi-a sa-ram
lettisch	라트비아의	ra-teu-bi-a-ui
Litauen	리투아니아	ri-tu-a-ni-a
Litauer (m)	리투아니아 사람	ri-tu-a-ni-a sa-ram
Litauerin (f)	리투아니아 사람	ri-tu-a-ni-a sa-ram
litauisch	리투아니아의	ri-tu-a-ni-a-ui
Polen	폴란드	pol-lan-deu
Pole (m)	폴란드 사람	pol-lan-deu sa-ram
Polin (f)	폴란드 사람	pol-lan-deu sa-ram
polnisch	폴란드의	pol-lan-deu-ui
Rumänien	루마니아	ru-ma-ni-a
Rumäne (m)	루마니아 사람	ru-ma-ni-a sa-ram
Rumänin (f)	루마니아 사람	ru-ma-ni-a sa-ram
rumänisch	루마니아의	ru-ma-ni-a-ui
Serbien	세르비아	se-reu-bi-a
Serbe (m)	세르비아 사람	se-reu-bi-a sa-ram
Serbin (f)	세르비아 사람	se-reu-bi-a sa-ram
serbisch	세르비아의	se-reu-bi-a-ui
Slowakei (f)	슬로바키아	seul-lo-ba-ki-a
Slowake (m)	슬로바키아 사람	seul-lo-ba-ki-a sa-ram

Slowakin (f)	슬로바키아 사람	seul-lo-ba-ki-a sa-ram
slowakisch	슬로바키아의	seul-lo-ba-ki-a-ui
Kroatien	크로아티아	keu-ro-a-ti-a
Kroate (m)	크로아티아 사람	keu-ro-a-ti-a sa-ram
Kroatin (f)	크로아티아 사람	keu-ro-a-ti-a sa-ram
kroatisch	크로아티아의	keu-ro-a-ti-a-ui
Tschechien	체코	che-ko
Tscheche (m)	체코 사람	che-ko sa-ram
Tschechin (f)	체코 사람	che-ko sa-ram
tschechisch	체코의	che-ko-ui
Estland	에스토니아	e-seu-to-ni-a
Este (m)	에스토니아 사람	e-seu-to-ni-a sa-ram
Estin (f)	에스토니아 사람	e-seu-to-ni-a sa-ram
estnisch	에스토니아의	e-seu-to-ni-a-ui
Bosnien und Herzegowina	보스니아 헤르체코비나	bo-seu-ni-a he-reu-che-ko-bi-na
Makedonien	마케도니아	ma-ke-do-ni-a
Slowenien	슬로베니아	seul-lo-be-ni-a
Montenegro	몬테네그로	mon-te-ne-geu-ro

236. Frühere UdSSR Republiken

Aserbaidschan	아제르바이잔	a-je-reu-ba-i-jan
Aserbaidschaner (m)	아제르바이잔 사람	a-je-reu-ba-i-jan sa-ram
Aserbaidschanerin (f)	아제르바이잔 사람	a-je-reu-ba-i-jan sa-ram
aserbaidschanisch	아제르바이잔의	a-je-reu-ba-i-jan-ui
Armenien	아르메니아	a-reu-me-ni-a
Armenier (m)	아르메니아 사람	a-reu-me-ni-a sa-ram
Armenierin (f)	아르메니아 사람	a-reu-me-ni-a sa-ram
armenisch	아르메니아의	a-reu-me-ni-a-ui
Weißrussland	벨로루시	bel-lo-ru-si
Weißrusse (m)	벨로루시 사람	bel-lo-ru-si sa-ram
Weißrussin (f)	벨로루시 사람	bel-lo-ru-si sa-ram
weißrussisch	벨로루시의	bel-lo-ru-si-ui
Georgien	그루지야	geu-ru-ji-ya
Georgier (m)	그루지야 사람	geu-ru-ji-ya sa-ram
Georgierin (f)	그루지야 사람	geu-ru-ji-ya sa-ram
georgisch	그루지야의	geu-ru-ji-ya-ui
Kasachstan	카자흐스탄	ka-ja-heu-seu-tan
Kasache (m)	카자흐스탄 사람	ka-ja-heu-seu-tan sa-ram
Kasachin (f)	카자흐스탄 사람	ka-ja-heu-seu-tan sa-ram
kasachisch	카자흐스탄의	ka-ja-heu-seu-tan-ui
Kirgisien	키르기스스탄	ki-reu-gi-seu-seu-tan
Kirgise (m)	키르기스스탄 사람	ki-reu-gi-seu-seu-tan sa-ram
Kirgisin (f)	키르기스스탄 사람	ki-reu-gi-seu-seu-tan sa-ram

kirgisisch	키르기스스탄의	ki-reu-gi-seu-seu-tan-ui
Moldawien	몰도바	mol-do-ba
Moldauer (m)	몰도바 사람	mol-do-ba sa-ram
Moldauerin (f)	몰도바 사람	mol-do-ba sa-ram
moldauisch	몰도바의	mol-do-ba-ui
Russland	러시아	reo-si-a
Russe (m)	러시아 사람	reo-si-a sa-ram
Russin (f)	러시아 사람	reo-si-a sa-ram
russisch	러시아의	reo-si-a-ui
Tadschikistan	타지키스탄	ta-ji-ki-seu-tan
Tadschike (m)	타지키스탄 사람	ta-ji-ki-seu-tan sa-ram
Tadschikin (f)	타지키스탄 사람	ta-ji-ki-seu-tan sa-ram
tadschikisch	타지키스탄의	ta-ji-ki-seu-tan-ui
Turkmenistan	투르크메니스탄	tu-reu-keu-me-ni-seu-tan
Turkmene (m)	투르크메니스탄 사람	tu-reu-keu-me-ni-seu-tan sa-ram
Turkmenin (f)	투르크메니스탄 사람	tu-reu-keu-me-ni-seu-tan sa-ram
turkmenisch	투르크메니스탄의	tu-reu-keu-me-ni-seu-tan-ui
Usbekistan	우즈베키스탄	u-jeu-be-ki-seu-tan
Usbeke (m)	우즈베키스탄 사람	u-jeu-be-ki-seu-tan sa-ram
Usbekin (f)	우즈베키스탄 사람	u-jeu-be-ki-seu-tan sa-ram
usbekisch	우즈베키스탄의	u-jeu-be-ki-seu-tan-ui
Ukraine (f)	우크라이나	u-keu-ra-i-na
Ukrainer (m)	우크라이나 사람	u-keu-ra-i-na sa-ram
Ukrainerin (f)	우크라이나 사람	u-keu-ra-i-na sa-ram
ukrainisch	우크라이나의	u-keu-ra-i-na-ui

237. Asien

Asien	아시아	a-si-a
asiatisch	아시아의	a-si-a-ui
Vietnam	베트남	be-teu-nam
Vietnamese (m)	베트남 사람	be-teu-nam sa-ram
Vietnamesin (f)	베트남 사람	be-teu-nam sa-ram
vietnamesisch	베트남의	be-teu-nam-ui
Indien	인도	in-do
Inder (m)	인도 사람	in-do sa-ram
Inderin (f)	인도 사람	in-do sa-ram
indisch	인도의	in-do-ui
Israel	이스라엘	i-seu-ra-el
Israeli (m)	이스라엘 사람	i-seu-ra-el sa-ram
Israeli (f)	이스라엘 사람	i-seu-ra-el sa-ram
israelisch	이스라엘의	i-seu-ra-e-rui
Jude (m)	유대인	yu-dae-in
Jüdin (f)	유대인 여자	yu-dae-in nyeo-ja

jüdisch	유대인의	yu-dae-in-ui
China	중국	jung-guk
Chinese (m)	중국 사람	jung-guk sa-ram
Chinesin (f)	중국 사람	jung-guk sa-ram
chinesisch	중국의	jung-gu-gui
Koreaner (m)	한국 사람	han-guk sa-ram
Koreanerin (f)	한국 사람	han-guk sa-ram
koreanisch	한국의	han-gu-gui
Libanon (m)	레바논	re-ba-non
Libanese (m)	레바논 사람	re-ba-non sa-ram
Libanesin (f)	레바논 사람	re-ba-non sa-ram
libanesisch	레바논의	re-ba-non-ui
Mongolei (f)	몽골	mong-gol
Mongole (m)	몽골 사람	mong-gol sa-ram
Mongolin (f)	몽골 사람	mong-gol sa-ram
mongolisch	몽골의	mong-go-rui
Malaysia	말레이시아	mal-le-i-si-a
Malaie (m)	말레이시아 사람	mal-le-i-si-a sa-ram
Malaiin (f)	말레이시아 사람	mal-le-i-si-a sa-ram
malaiisch	말레이시아의	mal-le-i-si-a-ui
Pakistan	파키스탄	pa-ki-seu-tan
Pakistaner (m)	파키스탄 사람	pa-ki-seu-tan sa-ram
Pakistanerin (f)	파키스탄 사람	pa-ki-seu-tan sa-ram
pakistanisch	파키스탄의	pa-ki-seu-tan-ui
Saudi-Arabien	사우디아라비아	sa-u-di-a-ra-bi-a
Araber (m)	아랍 사람	a-rap sa-ram
Araberin (f)	아랍 사람	a-rap sa-ram
arabisch	아랍인의	sa-u-di-a-ra-bi-a-ui
Thailand	태국	tae-guk
Thailänder (m)	태국 사람	tae-guk sa-ram
Thailänderin (f)	태국 사람	tae-guk sa-ram
thailändisch	태국의	tae-gu-gui
Taiwan	대만	dae-man
Taiwaner (m)	대만 사람	dae-man sa-ram
Taiwanerin (f)	대만 사람	dae-man sa-ram
taiwanisch	대만의	dae-man-ui
Türkei (f)	터키	teo-ki
Türke (m)	터키 사람	teo-ki sa-ram
Türkin (f)	터키 사람	teo-ki sa-ram
türkisch	터키의	teo-ki-ui
Japan	일본	il-bon
Japaner (m)	일본 사람	il-bon sa-ram
Japanerin (f)	일본 사람	il-bon sa-ram
japanisch	일본의	il-bon-ui
Afghanistan	아프가니스탄	a-peu-ga-ni-seu-tan
Bangladesch	방글라데시	bang-geul-la-de-si

Indonesien	인도네시아	in-do-ne-si-a
Jordanien	요르단	yo-reu-dan
Irak	이라크	i-ra-keu
Iran	이란	i-ran
Kambodscha	캄보디아	kam-bo-di-a
Kuwait	쿠웨이트	ku-we-i-teu
Laos	라오스	ra-o-seu
Myanmar	미얀마	mi-yan-ma
Nepal	네팔	ne-pal
Vereinigten Arabischen Emirate	아랍에미리트	a-ra-be-mi-ri-teu
Syrien	시리아	si-ri-a
Palästina	팔레스타인	pal-le-seu-ta-in
Südkorea	한국	han-guk
Nordkorea	북한	buk-an

238. Nordamerika

Die Vereinigten Staaten	미국	mi-guk
Amerikaner (m)	미국 사람	mi-guk sa-ram
Amerikanerin (f)	미국 사람	mi-guk sa-ram
amerikanisch	미국의	mi-gu-gui
Kanada	캐나다	kae-na-da
Kanadier (m)	캐나다 사람	kae-na-da sa-ram
Kanadierin (f)	캐나다 사람	kae-na-da sa-ram
kanadisch	캐나다의	kae-na-da-ui
Mexiko	멕시코	mek-si-ko
Mexikaner (m)	멕시코 사람	mek-si-ko sa-ram
Mexikanerin (f)	멕시코 사람	mek-si-ko sa-ram
mexikanisch	멕시코의	mek-si-ko-ui

239. Mittel- und Südamerika

Argentinien	아르헨티나	a-reu-hen-ti-na
Argentinier (m)	아르헨티나 사람	a-reu-hen-ti-na sa-ram
Argentinierin (f)	아르헨티나 사람	a-reu-hen-ti-na sa-ram
argentinisch	아르헨티나의	a-reu-hen-ti-na-ui
Brasilien	브라질	beu-ra-jil
Brasilianer (m)	브라질 사람	beu-ra-jil sa-ram
Brasilianerin (f)	브라질 사람	beu-ra-jil sa-ram
brasilianisch	브라질의	beu-ra-ji-rui
Kolumbien	콜롬비아	kol-lom-bi-a
Kolumbianer (m)	콜롬비아 사람	kol-lom-bi-a sa-ram
Kolumbianerin (f)	콜롬비아 사람	kol-lom-bi-a sa-ram
kolumbianisch	콜롬비아의	kol-lom-bi-a-ui

Kuba	쿠바	ku-ba
Kubaner (m)	쿠바 사람	ku-ba sa-ram
Kubanerin (f)	쿠바 사람	ku-ba sa-ram
kubanisch	쿠바의	ku-ba-ui
Chile	칠레	chil-le
Chilene (m)	칠레 사람	chil-le sa-ram
Chilenin (f)	칠레 사람	chil-le sa-ram
chilenisch	칠레의	chil-le-ui
Bolivien	볼리비아	bol-li-bi-a
Venezuela	베네수엘라	be-ne-su-el-la
Paraguay	파라과이	pa-ra-gwa-i
Peru	페루	pe-ru
Suriname	수리남	su-ri-nam
Uruguay	우루과이	u-ru-gwa-i
Ecuador	에콰도르	e-kwa-do-reu
Die Bahamas	바하마	ba-ha-ma
Haiti	아이티	a-i-ti
Dominikanische Republik	도미니카 공화국	do-mi-ni-ka gong-hwa-guk
Panama	파나마	pa-na-ma
Jamaika	자메이카	ja-me-i-ka

240. Afrika

Ägypten	이집트	i-jip-teu
Ägypter (m)	이집트 사람	i-jip-teu sa-ram
Ägypterin (f)	이집트 사람	i-jip-teu sa-ram
ägyptisch	이집트의	i-jip-teu-ui
Marokko	모로코	mo-ro-ko
Marokkaner (m)	모로코 사람	mo-ro-ko sa-ram
Marokkanerin (f)	모로코 사람	mo-ro-ko sa-ram
marokkanisch	모로코의	mo-ro-ko-ui
Tunesien	튀니지	twi-ni-ji
Tunesier (m)	튀니지 사람	twi-ni-ji sa-ram
Tunesierin (f)	튀니지 사람	twi-ni-ji sa-ram
tunesisch	튀니지의	twi-ni-ji-ui
Ghana	가나	ga-na
Sansibar	잔지바르	jan-ji-ba-reu
Kenia	케냐	ke-nya
Libyen	리비아	ri-bi-a
Madagaskar	마다가스카르	ma-da-ga-seu-ka-reu
Namibia	나미비아	na-mi-bi-a
Senegal	세네갈	se-ne-gal
Tansania	탄자니아	tan-ja-ni-a
Republik Südafrika	남아프리카 공화국	nam-a-peu-ri-ka gong-hwa-guk
Afrikaner (m)	아프리카 사람	a-peu-ri-ka sa-ram

Afrikanerin (f)	아프리카 사람	a-peu-ri-ka sa-ram
afrikanisch	아프리카의	a-peu-ri-ka-ui

241. Australien. Ozeanien

Australien	호주	ho-ju
Australier (m)	호주 사람	ho-ju sa-ram
Australierin (f)	호주 사람	ho-ju sa-ram
australisch	호주의	ho-ju-ui
Neuseeland	뉴질랜드	nyu-jil-laen-deu
Neuseeländer (m)	뉴질랜드 사람	nyu-jil-laen-deu sa-ram
Neuseeländerin (f)	뉴질랜드 사람	nyu-jil-laen-deu sa-ram
neuseeländisch	뉴질랜드의	nyu-jil-laen-deu-ui
Tasmanien	태즈메이니아	tae-jeu-me-i-ni-a
Französisch-Polynesien	폴리네시아	pol-li-ne-si-a

242. Städte

Amsterdam	암스테르담	am-seu-te-reu-dam
Ankara	앙카라	ang-ka-ra
Athen	아테네	a-te-ne
Bagdad	바그다드	ba-geu-da-deu
Bangkok	방콕	bang-kok
Barcelona	바르셀로나	ba-reu-sel-lo-na
Beirut	베이루트	be-i-ru-teu
Berlin	베를린	be-reul-lin
Bombay	봄베이, 뭄바이	bom-be-i, mum-ba-i
Bonn	본	bon
Bordeaux	보르도	bo-reu-do
Bratislava	브라티슬라바	beu-ra-ti-seul-la-ba
Brüssel	브뤼셀	beu-rwi-sel
Budapest	부다페스트	bu-da-pe-seu-teu
Bukarest	부쿠레슈티	bu-ku-re-syu-ti
Chicago	시카고	si-ka-go
Daressalam	다르에스살람	da-reu-e-seu-sal-lam
Delhi	델리	del-li
Den Haag	헤이그	he-i-geu
Dubai	두바이	du-ba-i
Dublin	더블린	deo-beul-lin
Düsseldorf	뒤셀도르프	dwi-sel-do-reu-peu
Florenz	플로렌스	peul-lo-ren-seu
Frankfurt	프랑크푸르트	peu-rang-keu-pu-reu-teu
Genf	제네바	je-ne-ba
Hamburg	함부르크	ham-bu-reu-keu
Hanoi	하노이	ha-no-i

Havanna	아바나	a-ba-na
Helsinki	헬싱키	hel-sing-ki
Hiroshima	히로시마	hi-ro-si-ma
Hongkong	홍콩	hong-kong
Istanbul	이스탄불	i-seu-tan-bul
Jerusalem	예루살렘	ye-ru-sal-lem
Kairo	카이로	ka-i-ro
Kalkutta	캘커타	kael-keo-ta
Kiew	키예프	ki-ye-peu
Kopenhagen	코펜하겐	ko-pen-ha-gen
Kuala Lumpur	콸라룸푸르	kwal-la-rum-pu-reu
Lissabon	리스본	ri-seu-bon
London	런던	reon-deon
Los Angeles	로스앤젤레스	ro-seu-aen-jel-le-seu
Lyon	리옹	ri-ong
Madrid	마드리드	ma-deu-ri-deu
Marseille	마르세유	ma-reu-se-yu
Mexiko-Stadt	멕시코시티	mek-si-ko-si-ti
Miami	마이애미	ma-i-ae-mi
Montreal	몬트리올	mon-teu-ri-ol
Moskau	모스크바	mo-seu-keu-ba
München	뮌헨	mwin-hen
Nairobi	나이로비	na-i-ro-bi
Neapel	나폴리	na-pol-li
New York	뉴욕	nyu-yok
Nizza	니스	ni-seu
Oslo	오슬로	o-seul-lo
Ottawa	오타와	o-ta-wa
Paris	파리	pa-ri
Peking	베이징	be-i-jing
Prag	프라하	peu-ra-ha
Rio de Janeiro	리우데자네이루	ri-u-de-ja-ne-i-ru
Rom	로마	ro-ma
Sankt Petersburg	상트페테르부르크	sang-teu-pe-te-reu-bu-reu-keu
Schanghai	상하이	sang-ha-i
Seoul	서울	seo-ul
Singapur	싱가포르	sing-ga-po-reu
Stockholm	스톡홀름	seu-tok-ol-leum
Sydney	시드니	si-deu-ni
Taipeh	타이베이	ta-i-be-i
Tokio	도쿄	do-kyo
Toronto	토론토	to-ron-to
Venedig	베니스	be-ni-seu
Warschau	바르샤바	ba-reu-sya-ba
Washington	워싱턴	wo-sing-teon
Wien	빈	bin

243. Politik. Regierung. Teil 1

Politik (f)	정치	jeong-chi
politisch	정치의	jeong-chi-ui
Politiker (m)	정치가	jeong-chi-ga
Staat (m)	국가	guk-ga
Bürger (m)	시민	si-min
Staatsbürgerschaft (f)	시민권	si-min-gwon
Staatswappen (n)	국장	guk-jang
Nationalhymne (f)	국가	guk-ga
Regierung (f)	정부	jeong-bu
Staatschef (m)	국가 수장	guk-ga su-jang
Parlament (n)	의회	ui-hoe
Partei (f)	정당	jeong-dang
Kapitalismus (m)	자본주의	ja-bon-ju-ui
kapitalistisch	자본주의의	ja-bon-ju-ui-ui
Sozialismus (m)	사회주의	sa-hoe-ju-ui
sozialistisch	사회주의의	sa-hoe-ju-ui-ui
Kommunismus (m)	공산주의	gong-san-ju-ui
kommunistisch	공산주의의	gong-san-ju-ui-ui
Kommunist (m)	공산주의자	gong-san-ju-ui-ja
Demokratie (f)	민주주의	min-ju-ju-ui
Demokrat (m)	민주주의자	min-ju-ju-ui-ja
demokratisch	민주주의의	min-ju-ju-ui-ui
demokratische Partei (f)	민주당	min-ju-dang
Liberale (m)	자유주의자	ja-yu-ju-ui-ja
liberal	자유주의의	ja-yu-ju-ui-ui
Konservative (m)	보수주의자	bo-su-ju-ui-ja
konservativ	보수적인	bo-su-jeo-gin
Republik (f)	공화국	gong-hwa-guk
Republikaner (m)	공화당원	gong-hwa-dang-won
Republikanische Partei (f)	공화당	gong-hwa-dang
Wahlen (pl)	선거	seon-geo
wählen (vt)	선거하다	seon-geo-ha-da
Wähler (m)	유권자	yu-gwon-ja
Wahlkampagne (f)	선거 운동	seon-geo un-dong
Abstimmung (f)	선거	seon-geo
abstimmen (vi)	투표하다	tu-pyo-ha-da
Abstimmungsrecht (n)	투표권	tu-pyo-gwon
Kandidat (m)	후보자	hu-bo-ja
kandidieren (vi)	입후보하다	i-pu-bo-ha-da
Kampagne (f)	캠페인	kaem-pe-in
Oppositions-	반대의	ban-dae-ui

Opposition (f)	반대	ban-dae
Besuch (m)	방문	bang-mun
Staatsbesuch (m)	공식 방문	gong-sik bang-mun
international	국제적인	guk-je-jeo-gin
Verhandlungen (pl)	협상	hyeop-sang
verhandeln (vi)	협상하다	hyeop-sang-ha-da

244. Politik. Regierung. Teil 2

Gesellschaft (f)	사회	sa-hoe
Verfassung (f)	헌법	heon-beop
Macht (f)	권력	gwol-lyeok
Korruption (f)	부패	bu-pae
Gesetz (n)	법률	beom-nyul
gesetzlich (Adj)	합법적인	hap-beop-jeo-gin
Gerechtigkeit (f)	정의	jeong-ui
gerecht	공정한	gong-jeong-han
Komitee (n)	위원회	wi-won-hoe
Gesetzentwurf (m)	법안	beo-ban
Budget (n)	예산	ye-san
Politik (f)	정책	jeong-chaek
Reform (f)	개혁	gae-hyeok
radikal	급진적인	geup-jin-jeo-gin
Macht (f)	힘	him
mächtig (Adj)	강력한	gang-nyeo-kan
Anhänger (m)	지지자	ji-ji-ja
Einfluss (m)	영향	yeong-hyang
Regime (n)	정권	jeong-gwon
Konflikt (m)	갈등	gal-deung
Verschwörung (f)	음모	eum-mo
Provokation (f)	도발	do-bal
stürzen (vt)	타도하다	ta-do-ha-da
Sturz (m)	전복	jeon-bok
Revolution (f)	혁명	hyeong-myeong
Staatsstreich (m)	쿠데타	ku-de-ta
Militärputsch (m)	군사 쿠데타	gun-sa ku-de-ta
Krise (f)	위기	wi-gi
Rezession (f)	경기침체	gyeong-gi-chim-che
Demonstrant (m)	시위자	si-wi-ja
Demonstration (f)	데모	de-mo
Ausnahmezustand (m)	계엄령	gye-eom-nyeong
Militärbasis (f)	군사 거점	gun-sa geo-jeom
Stabilität (f)	안정	an-jeong
stabil	안정된	an-jeong-doen

Ausbeutung (f)	착취	chak-chwi
ausbeuten (vt)	착취하다	chak-chwi-ha-da
Rassismus (m)	인종차별주의	in-jong-cha-byeol-ju-ui
Rassist (m)	인종차별주의자	in-jong-cha-byeol-ju-ui-ja
Faschismus (m)	파시즘	pa-si-jeum
Faschist (m)	파시스트	pa-si-seu-teu

245. Länder. Verschiedenes

Ausländer (m)	외국인	oe-gu-gin
ausländisch	외국의	oe-gu-gui
im Ausland	해외로	hae-oe-ro
Auswanderer (m)	이민자	i-min-ja
Auswanderung (f)	이민	i-min
auswandern (vi)	이주하다	i-ju-ha-da
Westen (m)	서양	seo-yang
Osten (m)	동양	dong-yang
Ferner Osten (m)	극동	geuk-dong
Zivilisation (f)	문명	mun-myeong
Menschheit (f)	인류	il-lyu
Welt (f)	세계	se-gye
Frieden (m)	평화	pyeong-hwa
Welt-	세계의	se-gye-ui
Heimat (f)	고향	go-hyang
Volk (n)	국민	gung-min
Bevölkerung (f)	인구	in-gu
Leute (pl)	사람들	sa-ram-deul
Nation (f)	국가	guk-ga
Generation (f)	세대	se-dae
Territorium (n)	영토	yeong-to
Region (f)	지방, 지역	ji-bang, ji-yeok
Staat (z.B. ~ Alaska)	주	ju
Tradition (f)	전통	jeon-tong
Brauch (m)	풍습	pung-seup
Ökologie (f)	생태학	saeng-tae-hak
Indianer (m)	인디언	in-di-eon
Zigeuner (m)	집시	jip-si
Zigeunerin (f)	집시	jip-si
Zigeuner-	집시의	jip-si-ui
Reich (n)	제국	je-guk
Kolonie (f)	식민지	sing-min-ji
Sklaverei (f)	노예제도	no-ye-je-do
Einfall (m)	침략	chim-nyak
Hunger (m)	기근	gi-geun

246. Wichtige Religionsgruppen. Konfessionen

Religion (f)	종교	jong-gyo
religiös	종교의	jong-gyo-ui
Glaube (m)	믿음	mi-deum
glauben (vt)	믿다	mit-da
Gläubige (m)	신자	sin-ja
Atheismus (m)	무신론	mu-sin-non
Atheist (m)	무신론자	mu-sin-non-ja
Christentum (n)	기독교	gi-dok-gyo
Christ (m)	기독교도	gi-dok-gyo-do
christlich	기독교의	gi-dok-gyo-ui
Katholizismus (m)	가톨릭	ga-tol-lik
Katholik (m)	가톨릭 신자	ga-tol-lik sin-ja
katholisch	가톨릭의	ga-tol-li-gui
Protestantismus (m)	개신교	gae-sin-gyo
Protestantische Kirche (f)	개신교 교회	gae-sin-gyo gyo-hoe
Protestant (m)	개신교도	gae-sin-gyo-do
Orthodoxes Christentum (n)	동방정교	dong-bang-jeong-gyo
Orthodoxe Kirche (f)	동방정교회	dong-bang-jeong-gyo-hoe
orthodoxer Christ (m)	동방정교 신자	dong-bang-jeong-gyo sin-ja
Presbyterianismus (m)	장로교	jang-no-gyo
Presbyterianische Kirche (f)	장로교회	jang-no-gyo-hoe
Presbyterianer (m)	장로교 교인	jang-no-gyo gyo-in
Lutherische Kirche (f)	루터교회	ru-teo-gyo-hoe
Lutheraner (m)	루터 교회 신자	ru-teo gyo-hoe sin-ja
Baptismus (m)	침례교	chim-nye-gyo
Baptist (m)	침례교도	chim-nye-gyo-do
Anglikanische Kirche (f)	성공회	seong-gong-hoe
Anglikaner (m)	성공회 신자	seong-gong-hoe sin-ja
Mormonismus (m)	모르몬교	mo-reu-mon-gyo
Mormone (m)	모르몬 교도	mo-reu-mon gyo-do
Judentum (n)	유대교	yu-dae-gyo
Jude (m)	유대인	yu-dae-in
Buddhismus (m)	불교	bul-gyo
Buddhist (m)	불교도	bul-gyo-do
Hinduismus (m)	힌두교	hin-du-gyo
Hindu (m)	힌두교도	hin-du-gyo-do
Islam (m)	이슬람교	i-seul-lam-gyo
Moslem (m)	이슬람교도	i-seul-lam-gyo-ui
moslemisch	이슬람의	i-seul-la-mui

Schiismus (m)	시아파 이슬람	si-a-pa i-seul-lam
Schiit (m)	시아파 신도	si-a-pa sin-do
Sunnismus (m)	수니파 이슬람	su-ni-pa i-seul-lam
Sunnit (m)	수니파 신도	su-ni-pa sin-do

247. Religionen. Priester

Priester (m)	사제	sa-je
Papst (m)	교황	gyo-hwang
Mönch (m)	수도사	su-do-sa
Nonne (f)	수녀	su-nyeo
Abt (m)	수도원장	su-do-won-jang
Vikar (m)	교구 목사	gyo-gu mok-sa
Bischof (m)	주교	ju-gyo
Kardinal (m)	추기경	chu-gi-gyeong
Prediger (m)	전도사	jeon-do-sa
Predigt (f)	설교	seol-gyo
Gemeinde (f)	교구민	gyo-gu-min
Gläubige (m)	신자	sin-ja
Atheist (m)	무신론자	mu-sin-non-ja

248. Glauben. Christentum. Islam

Adam	아담	a-dam
Eva	이브	i-beu
Gott (m)	신	sin
Herr (m)	하나님	ha-na-nim
Der Allmächtige	전능의 신	jeon-neung-ui sin
Sünde (f)	죄	joe
sündigen (vi)	죄를 범하다	joe-reul beom-ha-da
Sünder (m)	죄인	joe-in
Sünderin (f)	죄인	joe-in
Hölle (f)	지옥	ji-ok
Paradies (n)	천국	cheon-guk
Jesus	예수	ye-su
Jesus Christus	예수 그리스도	ye-su geu-ri-seu-do
der Heiliger Geist	성령	seong-nyeong
der Erlöser	구세주	gu-se-ju
die Jungfrau Maria	성모 마리아	seong-mo ma-ri-a
Teufel (m)	악마	ang-ma
teuflisch	악마의	ang-ma-ui
Satan (m)	사탄	sa-tan

satanisch	사탄의	sa-tan-ui
Engel (m)	천사	cheon-sa
Schutzengel (m)	수호천사	su-ho-cheon-sa
Engel(s)-	천사의	cheon-sa-ui
Apostel (m)	사도	sa-do
Erzengel (m)	대천사	dae-cheon-sa
Antichrist (m)	적그리스도	jeok-geu-ri-seu-do
Kirche (f)	교회	gyo-hoe
Bibel (f)	성경	seong-gyeong
biblisch	성경의	seong-gyeong-ui
Altes Testament (n)	구약성서	gu-yak-seong-seo
Neues Testament (n)	신약성서	si-nyak-seong-seo
Evangelium (n)	복음	bo-geum
Heilige Schrift (f)	성서	seong-seo
Himmelreich (n)	하늘나라	ha-neul-la-ra
Gebot (n)	율법	yul-beop
Prophet (m)	예언자	ye-eon-ja
Prophezeiung (f)	예언	ye-eon
Allah	알라	al-la
Mohammed	마호메트	ma-ho-me-teu
Koran (m)	코란	ko-ran
Moschee (f)	모스크	mo-seu-keu
Mullah (m)	물라	mul-la
Gebet (n)	기도	gi-do
beten (vi)	기도하다	gi-do-ha-da
Wallfahrt (f)	순례 여행	sul-lye yeo-haeng
Pilger (m)	순례자	sul-lye-ja
Mekka (n)	메카	me-ka
Kirche (f)	교회	gyo-hoe
Tempel (m)	사원, 신전	sa-won, sin-jeon
Kathedrale (f)	대성당	dae-seong-dang
gotisch	고딕 양식의	go-dik gyang-si-gui
Synagoge (f)	유대교 회당	yu-dae-gyo hoe-dang
Moschee (f)	모스크	mo-seu-keu
Kapelle (f)	채플	chae-peul
Abtei (f)	수도원	su-do-won
Nonnenkloster (n)	수녀원	su-nyeo-won
Mönchskloster (n)	수도원	su-do-won
Glocke (f)	종	jong
Glockenturm (m)	종루	jong-nu
läuten (Glocken)	울리다	ul-li-da
Kreuz (n)	십자가	sip-ja-ga
Kuppel (f)	둥근 지붕	dung-geun ji-bung
Ikone (f)	성상	seong-sang
Seele (f)	영혼	yeong-hon

Schicksal (n)	운명	un-myeong
das Böse	악	ak
Gute (n)	선	seon
Vampir (m)	흡혈귀	heu-pyeol-gwi
Hexe (f)	마녀	ma-nyeo
Dämon (m)	악령	ang-nyeong
Geist (m)	정신, 영혼	jeong-sin, yeong-hon
Sühne (f)	구원	gu-won
sühnen (vt)	상환하다	sang-hwan-ha-da
Gottesdienst (m)	예배, 미사	ye-bae, mi-sa
die Messe lesen	미사를 올리다	mi-sa-reul rol-li-da
Beichte (f)	고해	go-hae
beichten (vi)	고해하다	go-hae-ha-da
Heilige (m)	성인	seong-in
heilig	신성한	sin-seong-han
Weihwasser (n)	성수	seong-su
Ritual (n)	의식	ui-sik
rituell	의식의	ui-si-gui
Opfer (n)	제물	je-mul
Aberglaube (m)	미신	mi-sin
abergläubisch	미신의	mi-sin-ui
Nachleben (n)	내세	nae-se
ewiges Leben (n)	영생	yeong-saeng

VERSCHIEDENES

249. Verschiedene nützliche Wörter

Anfang (m)	시작	si-jak
Anstrengung (f)	노력	no-ryeok
Anteil (m)	부분	bu-bun
Art (Typ, Sorte)	종류	jong-nyu
Auswahl (f)	선택	seon-taek
Barriere (f)	장벽	jang-byeok
Basis (f)	근거	geun-geo
Beispiel (n)	예	ye
bequem (gemütlich)	편안한	pyeon-an-han
Bilanz (f)	균형	gyun-hyeong
Ding (n)	물건	mul-geon
dringend (Adj)	긴급한	gin-geu-pan
dringend (Adv)	급히	geu-pi
Effekt (m)	효과	hyo-gwa
Eigenschaft (Werkstoff~)	특질	teuk-jil
Element (n)	요소	yo-so
Ende (n)	끝	kkeut
Entwicklung (f)	개발	gae-bal
Fachwort (n)	용어	yong-eo
Fehler (m)	실수	sil-su
Form (z.B. Kugel-)	모양	mo-yang
Fortschritt (m)	진척	jin-cheok
Gegenstand (m)	대상	dae-sang
Geheimnis (n)	비밀	bi-mil
Grad (Ausmaß)	정도	jeong-do
Halt (m), Pause (f)	정지	jeong-ji
häufig (Adj)	빈번한	bin-beon-han
Hilfe (f)	도움	do-um
Hindernis (n)	장애	jang-ae
Hintergrund (m)	배경	bae-gyeong
Ideal (n)	이상	i-sang
Kategorie (f)	범주	beom-ju
Kompensation (f)	배상	bae-sang
Labyrinth (n)	미궁	mi-gung
Lösung (Problem usw.)	해결	hae-gyeol
Moment (m)	순간	sun-gan
Nutzen (m)	유용성	yu-yong-seong
Original (Schriftstück)	원본	won-bon
Pause (kleine ~)	휴식	hyu-sik

Position (f)	위치	wi-chi
Prinzip (n)	원칙	won-chik
Problem (n)	문제	mun-je
Prozess (m)	과정	gwa-jeong
Reaktion (f)	반응	ba-neung
Reihe (Sie sind an der ~)	차례	cha-rye
Risiko (n)	위험	wi-heom
Serie (f)	일련	il-lyeon
Situation (f)	상황	sang-hwang
Standard-	기준의	gi-jun-ui
Standard (m)	기준	gi-jun
Stil (m)	스타일	seu-ta-il
System (n)	체계	che-gye
Tabelle (f)	표	pyo
Tatsache (f)	사실	sa-sil
Teilchen (n)	입자	ip-ja
Tempo (n)	완급	wan-geup
Typ (m)	형태, 종류	hyeong-tae, jong-nyu
Unterschied (m)	다름	da-reum
Ursache (z.B. Todes-)	이유	i-yu
Variante (f)	변종	byeon-jong
Vergleich (m)	비교	bi-gyo
Wachstum (n)	성장	seong-jang
Wahrheit (f)	진리	jil-li
Weise (Weg, Methode)	방법	bang-beop
Zone (f)	지대	ji-dae
Zufall (m)	우연	u-yeon

250. Bestimmungswörter. Adjektive. Teil 1

abgemagert	깡마른	kkang-ma-reun
ähnlich	비슷한	bi-seu-tan
alt (z.B. die -en Griechen)	고대의	go-dae-ui
alt, betagt	오래된	o-rae-doen
andauernd	장기적인	jang-gi-jeo-gin
angenehm	좋은	jo-eun
arm	가난한	ga-nan-han
ausgezeichnet	우수한, 완벽한	u-su-han, wan-byeok-an
ausländisch, Fremd-	외국의	oe-gu-gui
Außen-, äußer	외부의	oe-bu-ui
bedeutend	중요한	jung-yo-han
begrenzt	한정된	han-jeong-doen
beständig	영구적인	yeong-gu-jeo-gin
billig	싼	ssan
bitter	쓴	sseun
blind	눈먼	nun-meon

brauchbar	적합한	jeo-ka-pan
breit (Straße usw.)	넓은	neol-beun
bürgerlich	시민의	si-min-ui
dankbar	감사하는	gam-sa-ha-neun
das wichtigste	가장 중요한	ga-jang jung-yo-han
der letzte	마지막의	ma-ji-ma-gui
dicht (-er Nebel)	밀집한	mil-ji-pan
dick (-e Mauer usw.)	두툼한	du-tum-han
dick (-er Nebel)	짙은	ji-teun
dumm	미련한	mi-ryeon-han
dunkel (Raum usw.)	어두운	eo-du-un
dunkelhäutig	거무스레한	geo-mu-seu-re-han
durchsichtig	투명한	tu-myeong-han
düster	어둑어둑한	eo-du-geo-duk-an
einfach	단순한	dan-sun-han
einfach (Problem usw.)	쉬운	swi-un
einzigartig (einmalig)	독특한	dok-teuk-an
eng, schmal (Straße usw.)	좁은	jo-beun
ergänzend	추가의	chu-ga-ui
ermüdend (Arbeit usw.)	지치는	ji-chi-neun
feindlich	적대적인	jeok-dae-jeo-gin
fern (weit entfernt)	먼	meon
fern (weit)	먼	meon
fett (-es Essen)	지방이 많은	ji-bang-i ma-neun
feucht	습한	seu-pan
flüssig	액체의	aek-che-ui
frei (-er Eintritt)	한가한	han-ga-han
frisch (Brot usw.)	신선한	sin-seon-han
froh	명랑한	myeong-nang-han
fruchtbar (-er Böden)	비옥한	bi-ok-an
ganz (komplett)	전체의	jeon-che-ui
gebraucht	중고의	jung-go-ui
gebräunt (sonnen-)	햇볕에 탄	haet-byeo-te tan
gedämpft, matt (Licht)	희미한	hui-mi-han
gefährlich	위험한	wi-heom-han
gegensätzlich	반대의	ban-dae-ui
gegenwärtig	현재의	hyeon-jae-ui
gemeinsam	공동의	gong-dong-ui
genau, pünktlich	정확한	jeong-hwak-an
gerade, direkt	곧은	go-deun
geräumig (Raum)	넓은	neol-beun
geschlossen	닫힌	da-chin
gesetzlich	합법적인	hap-beop-jeo-gin
gewöhnlich	보통의	bo-tong-ui
glatt (z.B. poliert)	매끈한	mae-kkeun-han
glatt, eben	고른	go-reun

gleich (z.B. ~ groß)	같은	ga-teun
glücklich	행복한	haeng-bok-an
groß	큰	keun
gut (das Buch ist ~)	좋은	jo-eun
gut (gütig)	착한	cha-kan
hart (harter Stahl)	단단한	dan-dan-han
Haupt-	주요한	ju-yo-han
hauptsächlich	주요한	ju-yo-han
Heimat-	태어난 곳의	tae-eo-nan gos-ui
heiß	뜨거운	tteu-geo-un
Hinter-	뒤의	dwi-ui
höchst	가장 높은	ga-jang no-peun
höflich	공손한	gong-son-han
hungrig	배고픈	bae-go-peun
in Armut lebend	극빈한	geuk-bin-han
innen-	내부의	nae-bu-ui
jung	젊은	jeol-meun
kalt (Getränk usw.)	차가운	cha-ga-un
Kinder-	어린이의	eo-ri-ni-ui
klar (deutlich)	명쾌한	myeong-kwae-han
klein	작은	ja-geun
klug, clever	영리한	yeong-ni-han
kompatibel	호환이 되는	ho-hwan-i doe-neun
kostenlos, gratis	무료의	mu-ryo-ui
krank	병든	byeong-deun
kühl (-en morgen)	서늘한	seo-neul-han
künstlich	인공의	in-gong-ui
kurz (räumlich)	짧은	jjal-beun
kurz (zeitlich)	단기의	dan-gi-ui
kurzsichtig	근시의	geun-si-ui

251. Bestimmungswörter. Adjektive. Teil 2

lang (langwierig)	긴	gin
laut (-e Stimme)	시끄러운	si-kkeu-reo-un
lecker	맛있는	man-nin-neun
leer (kein Inhalt)	빈	bin
leicht (wenig Gewicht)	가벼운	ga-byeo-un
leise (~ sprechen)	낮은	na-jeun
licht (Farbe)	밝은	bal-geun
link (-e Seite)	왼쪽의	oen-jjo-gui
mager, dünn	야윈	ya-win
matt (Lack usw.)	무광의	mu-gwang-ui
möglich	가능한	ga-neung-han
müde (erschöpft)	피곤한	pi-gon-han
Nachbar-	이웃의	i-us-ui

nachlässig	부주의한	bu-ju-ui-han
nächst	가장 가까운	ga-jang ga-kka-un
nächst (am -en Tag)	다음의	da-eum-ui
nah	가까운	ga-kka-un
nass (-e Kleider)	젖은	jeo-jeun
negativ	부정적인	bu-jeong-jeo-gin
nervös	신경질의	sin-gyeong-ji-rui
nett (freundlich)	친절한	chin-jeol-han
neu	새로운	sae-ro-un
nicht groß	크지 않은	keu-ji a-neun
nicht schwierig	힘들지 않은	him-deul-ji a-neun
normal	평범한	pyeong-beom-han
nötig	필요한	pi-ryo-han
notwendig	필수적인	pil-su-jeo-gin
obligatorisch, Pflicht-	의무적인	ui-mu-jeo-gin
offen	열린	yeol-lin
öffentlich	공공의	gong-gong-ui
original (außergewöhnlich)	독창적인	dok-chang-jeo-gin
persönlich	개인의	gae-in-ui
platt (flach)	평평한	pyeong-pyeong-han
privat (in Privatbesitz)	사적인	sa-jeo-gin
pünktlich (Ich bin gerne ~)	시간을 지키는	si-ga-neul ji-ki-neun
rätselhaft	신비한	sin-bi-han
recht (-e Hand)	오른쪽의	o-reun-jjo-gui
reif (Frucht usw.)	익은	i-geun
richtig	맞는	man-neun
riesig	거대한	geo-dae-han
riskant	위험한	wi-heom-han
roh (nicht gekocht)	날것의	nal-geos-ui
ruhig	고요한	go-yo-han
salzig	짠	jjan
sauber (rein)	깨끗한	kkae-kkeu-tan
sauer	시큼한	si-keum-han
scharf (-e Messer usw.)	날카로운	nal-ka-ro-un
schlecht	나쁜	na-ppeun
schmutzig	더러운	deo-reo-un
schnell	빠른	ppa-reun
schön (-es Mädchen)	아름다운	a-reum-da-un
schön (-es Schloß usw.)	아름다운	a-reum-da-un
schwer (~ an Gewicht)	무거운	mu-geo-un
schwierig	어려운	eo-ryeo-un
schwierig (-es Problem)	어려운	eo-ryeo-un
seicht (nicht tief)	얕은	ya-teun
selten	드문	deu-mun
sicher (nicht gefährlich)	안전한	an-jeon-han
sonnig	화창한	hwa-chang-han
sorgfältig	꼼꼼한	kkom-kkom-han

sorgsam	배려하는	bae-ryeo-ha-neun
speziell, Spezial-	특별한	teuk-byeol-han
stark (-e Konstruktion)	튼튼한	teun-teun-han
stark (kräftig)	강한	gang-han
still, ruhig	조용한	jo-yong-han
süß	단	dan
Süß- (Wasser)	민물의	min-mu-rui
teuer	비싼	bi-ssan
tiefgekühlt	언	naeng-dong-doen
tot	죽은	ju-geun
traurig	슬픈	seul-peun
traurig, unglücklich	슬픈	seul-peun
trocken (Klima)	마른	ma-reun
übermäßig	과도한	gwa-do-han
unbedeutend	중요하지 않은	jung-yo-ha-ji a-neun
unbeweglich	동요되지 않는	dong-yo-doe-ji an-neun
undeutlich	불분명한	bul-bun-myeong-han
unerfahren	경험 없는	gyeong-heom eom-neun
unmöglich	불가능한	bul-ga-neung-han
Untergrund- (geheim)	은밀한	eun-mil-han
unterschiedlich	다른	da-reun
ununterbrochen	연속적인	yeon-sok-jeo-gin
unverständlich	이해할 수 없는	i-hae-hal su eom-neun
vergangen	지나간	ji-na-gan
verschieden	다양한	da-yang-han
voll (gefüllt)	가득 찬	ga-deuk chan
vorig (in der -en Woche)	지난	ji-nan
vorzüglich	우수한	u-su-han
wahrscheinlich	개연성 있는	gae-yeon-seong in-neun
warm (mäßig heiß)	따뜻한	tta-tteu-tan
weich (-e Wolle)	부드러운	bu-deu-reo-un
wichtig	중요한	jung-yo-han
wolkenlos	구름 없는	gu-reum eom-neun
zärtlich	자상한	ja-sang-han
zentral (in der Mitte)	중앙의	jung-ang-ui
zerbrechlich (Porzellan usw.)	깨지기 쉬운	kkae-ji-gi swi-un
zufrieden	만족한	man-jok-an
zufrieden (glücklich und ~)	만족한	man-jok-an

500 WICHTIGE VERBEN

252. Verben A-D

abbiegen (vi)	돌다	dol-da
abhacken (vt)	잘라내다	jal-la-nae-da
abhängen von ...	… 을 신뢰하다	... seul sil-loe-ha-da
ablegen (Schiff)	출항하다	chul-hang-ha-da
abnehmen (vt)	떼다	tte-da
abreißen (vt)	찢다	jjit-da
absagen (vt)	거부하다	geo-bu-ha-da
abschicken (vt)	보내다	bo-nae-da
abschneiden (vt)	자르다	ja-reu-da
adressieren (an ...)	말을 걸다	ma-reul geol-da
ähnlich sein	닮다	dam-da
amputieren (vt)	절단하다	jeol-dan-ha-da
amüsieren (vt)	즐겁게 하다	jeul-geop-ge ha-da
anbinden (vt)	… 에 묶다	... e muk-da
ändern (vt)	바꾸다	ba-kku-da
andeuten (vt)	암시하다	am-si-ha-da
anerkennen (vt)	알아보다	a-ra-bo-da
anflehen (vt)	애걸하다	ae-geol-ha-da
Angst haben (vor ...)	무서워하다	mu-seo-wo-ha-da
anklagen (vt)	비난하다	bi-nan-ha-da
anklopfen (vi)	두드리다	du-deu-ri-da
ankommen (der Zug)	도착하다	do-chak-a-da
anlegen (Schiff)	정박시키다	jeong-bak-si-ki-da
anstecken (~ mit ...)	감염시키다	gam-nyeom-si-ki-da
anstreben (vt)	… 를 열망하다	... reul ryeol-mang-ha-da
antworten (vi)	대답하다	dae-da-pa-da
anzünden (vt)	불을 붙이다	bu-reul bu-chi-da
applaudieren (vi)	박수를 치다	bak-su-reul chi-da
arbeiten (vi)	일하다	il-ha-da
ärgern (vt)	화나게 하다	hwa-na-ge ha-da
assistieren (vi)	원조하다	won-jo-ha-da
atmen (vi)	호흡하다	ho-heu-pa-da
attackieren (vt)	공격하다	gong-gyeo-ka-da
auf ... zählen	… 에 의지하다	... e ui-ji-ha-da
auf jmdn böse sein	… 에게 화내다	... e-ge hwa-nae-da
aufbringen (vt)	짜증나게 하다	jja-jeung-na-ge ha-da
aufräumen (vt)	청소하다	cheong-so-ha-da
aufschreiben (vt)	적다	jeok-da

aufseufzen (vi)	한숨을 쉬다	han-su-meul swi-da
aufstehen (vi)	일어나다	i-reo-na-da
auftauchen (U-Boot)	떠오르다	tteo-o-reu-da
ausdrücken (vt)	표현하다	pyo-hyeon-ha-da
ausgehen (vi)	나가다	na-ga-da
aushalten (vt)	참다	cham-da
ausradieren (vt)	지우다	ji-u-da
ausreichen (vi)	충분하다	chung-bun-ha-da
ausschalten (vt)	끄다	kkeu-da
ausschließen (vt)	제명하다	je-myeong-ha-da
aussprechen (vt)	발음하다	ba-reum-ha-da
austeilen (vt)	나누어 주다	na-nu-eo ju-da
auswählen (vt)	고르다	go-reu-da
auszeichnen (mit Orden)	훈장을 주다	hun-jang-eul ju-da
baden (vt)	목욕시키다	mo-gyok-si-ki-da
bedauern (vt)	후회하다	hu-hoe-ha-da
bedeuten (bezeichnen)	의미하다	ui-mi-ha-da
bedienen (vt)	서빙을 하다	seo-bing-eul ha-da
beeinflussen (vt)	영향을 미치다	yeong-hyang-eul mi-chi-da
beenden (vt)	끝내다	kkeun-nae-da
befehlen (vt)	명령하다	myeong-nyeong-ha-da
befestigen (vt)	강화하다	gang-hwa-ha-da
befreien (vt)	해방하다	hae-bang-ha-da
befriedigen (vt)	만족시키다	man-jok-si-ki-da
begießen (vt)	물을 주다	mu-reul ju-da
beginnen (vt)	시작하다	si-jak-a-da
begleiten (vt)	동반하다	dong-ban-ha-da
begrenzen (vt)	제한하다	je-han-ha-da
begrüßen (vt)	인사하다	in-sa-ha-da
behalten (alte Briefe)	보관하다	bo-gwan-ha-da
behandeln (vt)	치료하다	chi-ryo-ha-da
behaupten (vt)	확언하다	hwa-geon-ha-da
bekannt machen	소개하다	so-gae-ha-da
belauschen (Gespräch)	엿듣다	yeot-deut-da
beleidigen (vt)	모욕하다	mo-yok-a-da
beleuchten (vt)	비추다	bi-chu-da
bemerken (vt)	알아차리다	a-ra-cha-ri-da
beneiden (vt)	부러워하다	bu-reo-wo-ha-da
benennen (vt)	부르다	bu-reu-da
benutzen (vt)	… 를 사용하다	… reul sa-yong-ha-da
beobachten (vt)	지켜보다	ji-kyeo-bo-da
berichten (vt)	보고하다	bo-go-ha-da
bersten (vi)	갈라지다	gal-la-ji-da
beruhen auf …	… 에 근거하다	… e geun-geo-ha-da
beruhigen (vt)	진정시키다	jin-jeong-si-ki-da

berühren (vt)	만지다	man-ji-da
beseitigen (vt)	제거하다	je-geo-ha-da
besitzen (vt)	소유하다	so-yu-ha-da
besprechen (vt)	의논하다	ui-non-ha-da
bestehen auf	주장하다	ju-jang-ha-da
bestellen (im Restaurant)	주문하다	ju-mun-ha-da
bestrafen (vt)	벌주다, 처벌하다	beol-ju-da, cheo-beol-ha-da
beten (vi)	기도하다	gi-do-ha-da
beunruhigen (vt)	걱정하게 만들다	geok-jeong-ha-ge man-deul-da
bewachen (vt)	보호하다	bo-ho-ha-da
bewahren (vt)	보호하다	bo-ho-ha-da
beweisen (vt)	증명하다	jeung-myeong-ha-da
bewundern (vt)	존경하다	jon-gyeong-ha-da
bezeichnen (bedeuten)	의미하다	ui-mi-ha-da
bilden (vt)	이루다	i-ru-da
binden (vt)	묶다	muk-da
bitten (jmdn um etwas ~)	부탁하다	bu-tak-a-da
blenden (vt)	앞이 안 보이게 만들다	a-pi an bo-i-ge man-deul-da
brechen (vt)	깨뜨리다	kkae-tteu-ri-da
bügeln (vt)	다림질하다	da-rim-jil-ha-da

253. Verben E-H

danken (vi)	감사하다	gam-sa-ha-da
denken (vi, vt)	생각하다	saeng-gak-a-da
denunzieren (vt)	고발하다	go-bal-ha-da
dividieren (vt)	나누다	na-nu-da
dressieren (vt)	가르치다	ga-reu-chi-da
drohen (vi)	협박하다	hyeop-bak-a-da
eindringen (vi)	꿰뚫다	kkwe-ttul-ta
einen Fehler machen	실수하다	sil-su-ha-da
einen Schluss ziehen	결론을 내다	gyeol-lo-neul lae-da
einladen (zum Essen ~)	초대하다	cho-dae-ha-da
einpacken (vt)	포장하다	po-jang-ha-da
einrichten (vt)	설비하다	seol-bi-ha-da
einschalten (vt)	켜다	kyeo-da
einschreiben (vt)	적어 넣다	jeo-geo neo-ta
einsetzen (vt)	넣다	neo-ta
einstellen (Personal ~)	고용하다	go-yong-ha-da
einstellen (vt)	그만두다	geu-man-du-da
einwenden (vt)	반대하다	ban-dae-ha-da
empfehlen (vt)	추천하다	chu-cheon-ha-da
entdecken (Land usw.)	발견하다	bal-gyeon-ha-da
entfernen (Flecken ~)	없애다	eop-sae-da
entscheiden (vt)	결심하다	gyeol-sim-ha-da
entschuldigen (vt)	용서하다	yong-seo-ha-da

entzücken (vt)	매료하다	mae-ryo-ha-da
erben (vt)	상속하다	sang-sok-a-da
erblicken (vt)	잠깐 보다	jam-kkan bo-da
erfinden (das Rad neu ~)	발명하다	bal-myeong-ha-da
erinnern (vt)	... 을 생각나게 하다	... eul saeng-gang-na-ge ha-da
erklären (vt)	설명하다	seol-myeong-ha-da
erlauben (jemandem etwas)	허락하다	heo-rak-a-da
erlauben, gestatten (vt)	허락하다	heo-rak-a-da
erleichtern (vt)	쉽게 하다	swip-ge ha-da
ermorden (vt)	죽이다	ju-gi-da
ermüden (vt)	피곤하게 하다	pi-gon-ha-ge ha-da
ermutigen (vt)	영감을 주다	yeong-ga-meul ju-da
ernennen (vt)	지명하다	ji-myeong-ha-da
erörtern (vt)	조사하다	jo-sa-ha-da
erraten (vt)	추측하다	chu-cheuk-a-da
erreichen (Nordpol usw.)	이르다	i-reu-da
erröten (vi)	붉히다	buk-hi-da
erscheinen (am Horizont ~)	나타나다	na-ta-na-da
erscheinen (Buch usw.)	출간되다	chul-gan-doe-da
erschweren (vt)	복잡하게 하다	bok-ja-pa-ge ha-da
erstaunen (vt)	놀라게 하다	nol-la-ge ha-da
erstellen (einer Liste ~)	작성하다	jak-seong-ha-da
ertrinken (vi)	익사하다	ik-sa-ha-da
erwähnen (vt)	언급하다	eon-geu-pa-da
erwarten (vt)	예상하다	ye-sang-ha-da
erzählen (vt)	이야기하다	i-ya-gi-ha-da
erzielen (Ergebnis usw.)	달성하다	dal-seong-ha-da
essen (vi, vt)	먹다	meok-da
existieren (vi)	존재하다	jon-jae-ha-da
fahren (mit 90 km/h ~)	가다	ga-da
fallen lassen	떨어뜨리다	tteo-reo-tteu-ri-da
fangen (vt)	잡다	jap-da
finden (vt)	찾다	chat-da
fischen (vt)	낚시질하다	nak-si-jil-ha-da
fliegen (vi)	날다	nal-da
folgen (vi)	... 를 따라가다	... reul tta-ra-ga-da
fortbringen (vt)	가져가다	ga-jyeo-ga-da
fortsetzen (vt)	계속하다	gye-sok-a-da
fotografieren (vt)	사진을 찍다	sa-ji-neul jjik-da
frühstücken (vi)	아침을 먹다	a-chi-meul meok-da
fühlen (vt)	감지하다	gam-ji-ha-da
führen (vt)	이끌다	i-kkeul-da
füllen (mit Wasse usw.)	채우다	chae-u-da
füttern (vt)	먹이다	meo-gi-da
garantieren (vt)	보증하다	bo-jeung-ha-da

gebrauchen (vt)	사용하다	sa-yong-ha-da
gefallen (vi)	좋아하다	jo-a-ha-da
gehen (zu Fuß gehen)	가다	ga-da
gehorchen (vi)	복종하다	bok-jong-ha-da
gehören (vi)	… 에 속하다	... e sok-a-da
gelegen sein	놓여 있다	no-yeo it-da
genesen (vi)	회복하다	hoe-bok-a-da
gereizt sein	짜증을 부리다	jja-jeung-eul bu-ri-da
gernhaben (vt)	좋아하다	jo-a-ha-da
gestehen (Verbrecher)	고백하다	go-baek-a-da
gießen (Wasser ~)	따르다	tta-reu-da
glänzen (vi)	빛나다	bin-na-da
glauben (Er glaubt, dass ...)	믿다	mit-da
graben (vt)	파다	pa-da
gratulieren (vi)	축하하다	chuk-a-ha-da
gucken (spionieren)	엿보다	yeot-bo-da
haben (vt)	가지다	ga-ji-da
handeln (in Aktion treten)	행동하다	haeng-dong-ha-da
hängen (an der Wand usw.)	걸다	geol-da
heiraten (vi)	결혼하다	gyeol-hon-ha-da
helfen (vi)	도와주다	do-wa-ju-da
herabsteigen (vi)	내려오다	nae-ryeo-o-da
hereinkommen (vi)	들어가다	deu-reo-ga-da
herunterlassen (vt)	내리다	nae-ri-da
hinzufügen (vt)	추가하다	chu-ga-ha-da
hoffen (vi)	희망하다	hui-mang-ha-da
hören (Geräusch ~)	듣다	deut-da
hören (jmdm zuhören)	듣다	deut-da

254. Verben I-R

imitieren (vt)	모방하다	mo-bang-ha-da
impfen (vt)	접종하다	jeop-jong-ha-da
importieren (vt)	수입하다	su-i-pa-da
in Gedanken versinken	생각에 잠기다	saeng-ga-ge jam-gi-da
in Ordnung bringen	정리하다	jeong-ni-ha-da
informieren (vt)	알리다	al-li-da
instruieren (vt)	교육하다	gyo-yuk-a-da
interessieren (vt)	관심을 끌다	gwan-si-meul kkeul-da
isolieren (vt)	고립시키다	go-rip-si-ki-da
jagen (vi)	사냥하다	sa-nyang-ha-da
kämpfen (~ gegen)	싸우다	ssa-u-da
kämpfen (sich schlagen)	전투하다	jeon-tu-ha-da
kaufen (vt)	사다	sa-da
kennen (vt)	알다	al-da
kennenlernen (vt)	… 와 아는 사이가 되다	... wa a-neun sa-i-ga doe-da

klagen (vi)	불평하다	bul-pyeong-ha-da
kompensieren (vt)	보상하다	bo-sang-ha-da
komponieren (vt)	작곡하다	jak-gok-a-da
kompromittieren (vt)	위태롭게 하다	wi-tae-rop-ge ha-da
konkurrieren (vi)	경쟁하다	gyeong-jaeng-ha-da
können (v mod)	할 수 있다	hal su it-da
kontrollieren (vt)	제어하다	je-eo-ha-da
koordinieren (vt)	조정하다	jo-jeong-ha-da
korrigieren (vt)	고치다	go-chi-da
kosten (vt)	값이 … 이다	gap-si … i-da
kränken (vt)	모욕하다	mo-yok-a-da
kratzen (vt)	할퀴다	hal-kwi-da
Krieg führen	참전하다	cham-jeon-ha-da
lächeln (vi)	미소를 짓다	mi-so-reul jit-da
lachen (vi)	웃다	ut-da
laden (Ein Gewehr ~)	장탄하다	jang-tan-ha-da
laden (LKW usw.)	싣다	sit-da
lancieren (starten)	착수하다	chak-su-ha-da
laufen (vi)	달리다	dal-li-da
leben (vi)	살다	sal-da
lehren (vt)	가르치다	ga-reu-chi-da
leiden (vi)	고통을 겪다	go-tong-eul gyeok-da
leihen (Geld ~)	빌리다	bil-li-da
leiten (Betrieb usw.)	운영하다	u-nyeong-ha-da
lenken (ein Auto ~)	자동차를 운전하다	ja-dong-cha-reul run-jeon-ha-da
lernen (vt)	공부하다	gong-bu-ha-da
lesen (vi, vt)	읽다	ik-da
lieben (vt)	사랑하다	sa-rang-ha-da
liegen (im Bett usw.)	눕다	nup-da
losbinden (vt)	풀다	pul-da
löschen (Feuer)	끄다	kkeu-da
lösen (Aufgabe usw.)	해결하다	hae-gyeol-ha-da
loswerden (jmdm. od etwas)	… 를 제거하다	… reul je-geo-ha-da
lügen (vi)	거짓말하다	geo-jin-mal-ha-da
machen (vt)	하다	ha-da
markieren (vt)	표시하다	pyo-si-ha-da
meinen (glauben)	믿다	mit-da
memorieren (vt)	외우다	oe-u-da
mieten (ein Boot ~)	임대하다	im-dae-ha-da
mieten (Haus usw.)	임대하다	im-dae-ha-da
mischen (vt)	섞다	seok-da
mitbringen (vt)	가져오다	ga-jyeo-o-da
mitteilen (vt)	알리다	al-li-da
müde werden	피곤하다	pi-gon-ha-da
multiplizieren (vt)	곱하다	go-pa-da

müssen (v mod)	... 해야 하다	... hae-ya ha-da
nachgeben (vi)	굴복하다	gul-bok-a-da
nehmen (jmdm. etwas ~)	박탈하다	bak-tal-ha-da
nehmen (vt)	잡다	jap-da
noch einmal sagen	반복하다	ban-bok-a-da
nochmals tun (vt)	다시 하다	da-si ha-da
notieren (vt)	적다	jeok-da
nötig sein	필요하다	pi-ryo-ha-da
notwendig sein	필요하다	pi-ryo-ha-da
öffnen (vt)	열다	yeol-da
passen (Schuhe, Kleid)	어울리다	eo-ul-li-da
pflücken (Blumen)	따다	tta-da
planen (vt)	계획하다	gye-hoek-a-da
prahlen (vi)	자랑하다	ja-rang-ha-da
projektieren (vt)	설계하다	seol-gye-ha-da
protestieren (vi)	항의하다	hang-ui-ha-da
provozieren (vt)	도발하다	do-bal-ha-da
putzen (vt)	닦다	dak-da
raten (zu etwas ~)	조언하다	jo-eon-ha-da
rechnen (vt)	세다	se-da
regeln (vt)	해결하다	hae-gyeol-ha-da
reinigen (vt)	닦다	dak-da
reparieren (vt)	보수하다	bo-su-ha-da
reservieren (vt)	예약하다	ye-yak-a-da
retten (vt)	구조하다	gu-jo-ha-da
richten (den Weg zeigen)	안내하다	an-nae-ha-da
riechen (an etwas ~)	냄새를 맡다	naem-sae-reul mat-da
riechen (gut ~)	냄새가 나다	naem-sae-ga na-da
ringen (Sport)	레슬링하다	re-seul-ling-ha-da
riskieren (vt)	위험을 무릅쓰다	wi-heo-meul mu-reup-sseu-da
rufen (seinen Hund ~)	부르다	bu-reu-da
rufen (um Hilfe ~)	부르다, 요청하다	bu-reu-da, yo-cheong-ha-da

255. Verben S-U

säen (vt)	뿌리다	ppu-ri-da
sagen (vt)	말하다	mal-ha-da
schaffen (Etwas Neues zu ~)	창조하다	chang-jo-ha-da
schelten (vt)	꾸짖다	kku-jit-da
schieben (drängen)	밀다	mil-da
schießen (vi)	쏘다	sso-da
schlafen gehen	잠자리에 들다	jam-ja-ri-e deul-da
schlagen (mit ...)	싸우다	ssa-u-da
schlagen (vt)	때리다	ttae-ri-da
schließen (vt)	닫다	dat-da

schmeicheln (vi)	아첨하다	a-cheom-ha-da
schmücken (vt)	장식하다	jang-sik-a-da
schreiben (vi, vt)	쓰다	sseu-da
schreien (vi)	소리치다	so-ri-chi-da
schütteln (vt)	흔들다	heun-deul-da
schweigen (vi)	침묵을 지키다	chim-mu-geul ji-ki-da
schwimmen (vi)	수영하다	su-yeong-ha-da
schwimmen gehen	수영하다	su-yeong-ha-da
sehen (vt)	보다	bo-da
sein (vi)	있다	it-da
sich abwenden	돌아서다	do-ra-seo-da
sich amüsieren	즐기다	jeul-gi-da
sich anschließen	가입하다	ga-i-pa-da
sich anstecken	옮다	om-da
sich aufregen	걱정하다	geok-jeong-ha-da
sich ausruhen	쉬다	swi-da
sich beeilen	서두르다	seo-du-reu-da
sich benehmen	행동하다	haeng-dong-ha-da
sich beschmutzen	더러워지다	deo-reo-wo-ji-da
sich datieren	… 부터 시작되다	… bu-teo si-jak-doe-da
sich einmischen	간섭하다	gan-seo-pa-da
sich empören	분개하다	bun-gae-ha-da
sich entschuldigen	사과하다	sa-gwa-ha-da
sich erhalten	보존되다	bo-jon-doe-da
sich erinnern	기억하다	gi-eok-a-da
sich interessieren	… 에 관심을 가지다	… e gwan-si-meul ga-ji-da
sich kämmen	빗질하다	bit-jil-ha-da
sich konsultieren mit …	상담하다	sang-dam-ha-da
sich konzentrieren	집중하다	jip-jung-ha-da
sich langweilen	심심하다	sim-sim-ha-da
sich nach … erkundigen	… 에 관하여 묻다	… e gwan-ha-yeo mut-da
sich nähern	가까이 가다	ga-kka-i ga-da
sich rächen	복수하다	bok-su-ha-da
sich rasieren	깎다	kkak-da
sich setzen	앉다	an-da
sich Sorgen machen	걱정하다	geok-jeong-ha-da
sich überzeugen	확신하다	hwak-sin-ha-da
sich unterscheiden	다르다	da-reu-da
sich vergrößern	늘다	neul-da
sich verlieben	… 와 사랑에 빠지다	… wa sa-rang-e ppa-ji-da
sich verteidigen	자기 보호하다	ja-gi bo-ho-ha-da
sich vorstellen	상상하다	sang-sang-ha-da
sich waschen	목욕하다	mo-gyok-a-da
sitzen (vi)	앉다	an-da
spielen (Ball ~)	놀다	nol-da
spielen (eine Rolle ~)	연기하다	yeon-gi-ha-da

spotten (vi)	조롱하다	jo-rong-ha-da
sprechen mit ...	… 와 말하다	... wa mal-ha-da
spucken (vi)	뱉다	baet-da
starten (Flugzeug)	이륙하다	i-ryuk-a-da
stehlen (vt)	훔치다	hum-chi-da
stellen (ins Regal ~)	배치하다	bae-chi-ha-da
stimmen (vi)	투표하다	tu-pyo-ha-da
stoppen (haltmachen)	정지하다	jeong-ji-ha-da
stören (nicht ~!)	방해하다	bang-hae-ha-da
streicheln (vt)	쓰다듬다	sseu-da-deum-da
suchen (vt)	… 를 찾다	... reul chat-da
sündigen (vi)	죄를 범하다	joe-reul beom-ha-da
tauchen (vi)	뛰어들다	ttwi-eo-deul-da
tauschen (vt)	교환하다	gyo-hwan-ha-da
täuschen (vt)	속이다	so-gi-da
teilnehmen (vi)	참가하다	cham-ga-ha-da
trainieren (vi)	훈련하다	hul-lyeon-ha-da
trainieren (vt)	훈련하다	hul-lyeon-ha-da
transformieren (vt)	변형시키다	byeon-hyeong-si-ki-da
träumen (im Schlaf)	꿈을 꾸다	kku-meul kku-da
träumen (wünschen)	꿈꾸다	kkum-kku-da
trinken (vt)	마시다	ma-si-da
trocknen (vt)	말리다	mal-li-da
überragen (Schloss, Berg)	우뚝 솟다	u-ttuk sot-da
überrascht sein	놀라다	nol-la-da
überschätzen (vt)	과대평가하다	gwa-dae-pyeong-ga-ha-da
übersetzen (Buch usw.)	번역하다	beo-nyeok-a-da
überwiegen (vi)	발호하다	bal-ho-ha-da
überzeugen (vt)	납득시키다	nap-deuk-si-ki-da
umarmen (vt)	껴안다	kkyeo-an-da
umdrehen (vt)	뒤집다	dwi-jip-da
unternehmen (vt)	착수하다	chak-su-ha-da
unterschätzen (vt)	과소평가하다	gwa-so-pyeong-ga-ha-da
unterschreiben (vt)	서명하다	seo-myeong-ha-da
unterstreichen (vt)	밑줄을 긋다	mit-ju-reul geut-da
unterstützen (vt)	지지하다	ji-ji-ha-da

256. Verben V-Z

verachten (vt)	경멸하다	gyeong-myeol-ha-da
veranstalten (vt)	조직하다	jo-jik-a-da
verbieten (vt)	금지하다	geum-ji-ha-da
verblüfft sein	뻥뻥하다	ppeong-ppeong-ha-da
verbreiten (Broschüren usw.)	배포하다	bae-po-ha-da
verbreiten (Geruch)	발산하다	bal-san-ha-da

verbrennen (vt)	태우다	tae-u-da
verdächtigen (vt)	수상히 여기다	su-sang-hi yeo-gi-da
verdienen (Lob ~)	받을 만하다	ba-deul man-ha-da
verdoppeln (vt)	두 배로 하다	du bae-ro ha-da
vereinfachen (vt)	단순화하다	dan-sun-hwa-ha-da
vereinigen (vt)	연합하다	yeon-ha-pa-da
vergessen (vt)	잊다	it-da
vergießen (vt)	엎지르다	eop-ji-reu-da
vergleichen (vt)	비교하다	bi-gyo-ha-da
vergrößern (vt)	늘리다	neul-li-da
verhandeln (vi)	협상하다	hyeop-sang-ha-da
verjagen (vt)	몰아내다	mo-ra-nae-da
verkaufen (vt)	팔다	pal-da
verlangen (vt)	요구하다	yo-gu-ha-da
verlassen (vt)	두고 오다	du-go o-da
verlassen (vt)	떠나다	tteo-na-da
verlieren (Regenschirm usw.)	잃어버리다	i-reo-beo-ri-da
vermeiden (vt)	피하다	pi-ha-da
vermuten (vt)	추측하다	chu-cheuk-a-da
verneinen (vt)	거부하다	geo-bu-ha-da
vernichten (Dokumente usw.)	파괴하다	pa-goe-ha-da
verringern (vt)	줄이다	ju-ri-da
versäumen (vt)	결석하다	gyeol-seok-a-da
verschieben (Möbel usw.)	옮기다	om-gi-da
verschwinden (vi)	사라지다	sa-ra-ji-da
versprechen (vt)	약속하다	yak-sok-a-da
verstecken (vt)	숨기다	sum-gi-da
verstehen (vt)	이해하다	i-hae-ha-da
verstummen (vi)	말하기를 멈추다	mal-ha-gi-reul meom-chu-da
versuchen (vt)	해보다	hae-bo-da
verteidigen (vt)	방어하다	bang-eo-ha-da
vertrauen (vt)	신뢰하다	sil-loe-ha-da
verursachen (vt)	… 의 이유가 되다	… ui i-yu-ga doe-da
verurteilen (vt)	선고하다	seon-go-ha-da
vervielfältigen (vt)	복사하다	bok-sa-ha-da
verwechseln (vt)	혼동하다	hon-dong-ha-da
verwirklichen (vt)	현실로 만들다	hyeon-sil-lo man-deul-da
verzeihen (vt)	용서하다	yong-seo-ha-da
vorankommen	나아가다	na-a-ga-da
voraussehen (vt)	예상하다	ye-sang-ha-da
vorbeifahren (vi)	지나다	ji-na-da
vorbereiten (vt)	준비하다	jun-bi-ha-da
vorschlagen (vt)	제안하다	je-an-ha-da
vorstellen (vt)	소개하다	so-gae-ha-da
vorwerfen (vt)	책망하다	chaeng-mang-ha-da

vorziehen (vt)	선호하다	seon-ho-ha-da
wagen (vt)	감히 … 하다	gam-hi … ha-da
wählen (vt)	선택하다	seon-taek-a-da
wärmen (vt)	데우다	de-u-da
warnen (vt)	경고하다	gyeong-go-ha-da
warten (vi)	기다리다	gi-da-ri-da
waschen (das Auto ~)	씻다	ssit-da
waschen (Wäsche ~)	빨래하다	ppal-lae-ha-da
wechseln (vt)	교환하다	gyo-hwan-ha-da
wecken (vt)	깨우다	kkae-u-da
wegfahren (vi)	떠나다	tteo-na-da
weglassen (Wörter usw.)	생략하다	saeng-nyak-a-da
weglegen (vt)	치우다	chi-u-da
wehen (vi)	불다	bul-da
weinen (vi)	울다	ul-da
werben (Reklame machen)	광고하다	gwang-go-ha-da
werden (vi)	되다	doe-da
werfen (vt)	던지다	deon-ji-da
widmen (vt)	헌정하다	heon-jeong-ha-da
wiegen (vi)	무게를 달다	mu-ge-reul dal-da
winken (mit der Hand)	손을 흔들다	so-neul heun-deul-da
wissen (vt)	알다	al-da
Witz machen	농담하다	nong-dam-ha-da
wohnen (vi)	살다	sal-da
wollen (vt)	원하다	won-ha-da
wünschen (vt)	원하다	won-ha-da
zahlen (vt)	지불하다	ji-bul-ha-da
zeigen (den Weg ~)	가리키다	ga-ri-ki-da
zeigen (jemandem etwas ~)	보여주다	bo-yeo-ju-da
zerreißen (vi)	부러뜨리다	bu-reo-tteu-ri-da
zertreten (vt)	눌러서 뭉개다	nul-leo-seo mung-gae-da
ziehen (Seil usw.)	잡아당기다	ja-ba-dang-gi-da
zielen auf …	겨냥대다	gyeo-nyang-dae-da
zitieren (vt)	인용하다	i-nyong-ha-da
zittern (vi)	추워서 떨다	chu-wo-seo tteol-da
zu Abend essen	저녁을 먹다	jeo-nyeo-geul meok-da
zu Mittag essen	점심을 먹다	jeom-si-meul meok-da
zubereiten (vt)	요리하다	yo-ri-ha-da
züchten (Pflanzen)	기르다	gi-reu-da
zur Eile antreiben	재촉하다	jae-chok-a-da
zurückdenken (vi)	기억하다	gi-eok-a-da
zurückhalten (vt)	억누르다	eong-nu-reu-da
zurückkehren (vi)	되돌아가다	doe-do-ra-ga-da
zurückschicken (vt)	돌려보내다	dol-lyeo-bo-nae-da
zurückziehen (vt)	취소하다	chwi-so-ha-da

zusammenarbeiten (vi)	협동하다	hyeop-dong-ha-da
zusammenzucken (vi)	몸을 떨다	mo-meul tteol-da
zustimmen (vi)	동의하다	dong-ui-ha-da
zweifeln (vi)	의심하다	ui-sim-ha-da
zwingen (vt)	강요하다	gang-yo-ha-da

www.ingramcontent.com/pod-product-compliance
Lightning Source LLC
Chambersburg PA
CBHW071329090426
42738CB00012B/2834
* 9 7 8 1 7 8 6 1 6 5 7 1 8 *